KB218777

4545오라클 삶의 에너지를 만나다

나에게 생명의 근원 오라클은
무의식적인 나를 의식적인 나로 데려오는
나와 진짜 나의 비밀스러운 데이트,
사랑을 속삭이며 소울푸드를 소화, 흡수하고
내가 하나가 되는 기쁨과 충만함의 연속선에 있다.

4545오라클 삶의 에너지를 만나다

펴 낸 날/ 초판1쇄 2025년 4월 15일
지 은 이/ 레티시아 안드레·강수연

펴 낸 곳/ 도서출판 기역
편 집/ 책마을해리
출판등록/ 2010년 8월 2일(제313-2010-236)
주 소/ 경기도 파주시 회동길 363-8 출판도시
전북 고창군 해리면 월봉성산길 88 책마을해리
문 의/ (대표전화)070-4175-0914, (전송)070-4209-1709

ISBN 979-11-94533-02-3 (13180)

이 책은 친환경 재생용지로 만들었습니다.

생명의 근원 오라클 카드

4545 오라클

삶의 에너지를 만나다

레티시아 안드레·강수연 지음

ㄱ

삶의 에너지를 나눠요

에너지 치유 치료사이자 레이키 마스터인 저는 에너지 치료 세션을 진행하는 동안 이미지와 단어를 유도합니다. 이러한 채널링을 통해 제가 보고 느끼는 표현의 풍부함 그리고 그 에너지가 너무 강렬해서 기록하고 싶었습니다. 타로, 오라클 및 자기계발 프로그램에 대한 열정이 항상 있었기에 일러스트레이션으로 표현하는 것이 자연스러웠습니다. 그래서 연필, 붓, 수채화 물감으로 자유롭게 표현하도록 저를 놓아주었습니다. 그리고 카드가 탄생했습니다. 진지하게 이 카드 개발이 시작되자, 각 각의 카드는 저에게 공명을 일으키며 개인적인 성장을 끌어냈습니다.

자기계발의 길을 찾는 사람들에게 도움이 되도록 '생명의 근원 오라클(Oracle de la source de vie, 오라클 드 라 소스 드 비)' 카드를 만들고 싶었습니다. 이 오라클 카드는 다양한 카드 조합으로 내면의 작은 목소리를 들을 수 있습니다.

이 책은 '생명의 근원 오라클'의 논리적 순차로 이어집니다. 카드의 의미를 더 잘 이해하고, 삶의 문제에 직면하여 진화하고 균형을 잡는 데 가이드 역할을 할 것입니다. 이 책을 통해 카드를 나열하고 해석할 수 있는 다양한 방법을 찾을 수 있습니다. 우선, 쉽게 접근하기 위하여 키워드와 일부 신화적인 전체적 개요를 얻을 수 있으며, 일, 대인관계, 건강, 재정 및 영적 영역에서 점술 및 미래 예측도 포함됩니다.

다음과 같이 3단계로 자기계발이 이어집니다.

- 더 깊이 이해하기 위해 질문을 통한 자기성찰.
- 당신의 발전을 저해하는 신념과 삶의 패턴으로부터 당신을 자유롭게 하기 위한 균형주문.
- 각 카드에 따른 개인의 특정 주제에 구체적으로 나가갈 수 있도록 돕는 명상 또는 연습.

오늘날 이 오라클 카드와 책은 저의 에너지 힐링 테라피 과정의 일부이며, 제 직관력을 보완하기 위해 사용합니다.

힐링 세션과 워크숍에 저를 믿고 참여해주신 모든 분에게 감사드립니다. 여러분과 함께 나눈 경험 덕분에 오늘의 오라클 카드가 탄생하게 되었습니다. 오라클 카드와 책을 제작하는 데 도움을 주신 모든 분께 감사의 인사를 드립니다.

편집해 주신 니콜라 르 플로(Nicolas LeFlohic)과 커뮤니케이션444(Communication444)에 감사드립니다. 교정해 주신 안마리 데스테른(Anne- MarieDesternes), 데니스 안드레(Denis André), 베로트 드 라코르(Béa Delacoute), 나디아 비오(Nadia Viaud)에게 감사드립니다. 뿐만 아니라 델핀 라비에르 라비르(Delphine Rabussier), 나탈리 드반(Nathalie Debanne)와 프랑크 기머(Franck Gimer)는 오라클 카드의 창작 과정에서 조언과 격려에 대해 감사드립니다.

이 책을 읽고 오라클 카드를 사용하는 모든 분에게 감사의 인사를 전합니다. 이 카드가 여러분의 기대에 부응하고 자기 이해의 길에 동반자가 되기를 바랍니다. 이 길에서 매일 함께하시는 나의 가이드들에게도 감사의 인사를 드립니다.

레티시아 안드레(Laetitia André)

생명의 근원 오라클의 장에 온 것을 환영합니다

나의 서투른 삶에서 재발견한 소중한 생명, 그리고 우주, 즉 생명의 근원 에너지와 함께 조화되어가는 삶의 여정에 찾아온 신비한 에너지의 경험과 내면의 호기심은 〈생명의 근원 오라클 카드〉와 인연을 맺게 해주었다. 나는 많은 사람이 이 〈생명의 근원 오라클 카드〉를 가지고 놀면서 에너지에 대해 이해하고, 실생활에서 어떻게 이용하는지에 대한 기초를 다지기 바란다. 이 에너지에 대한 이해는 당신이 더욱 더 의식적으로 살 수 있는 삶에 큰 변화를 일으킬 것이기 때문이다.

나의 이야기를 어떻게 에세이에 담을지에 대한 질문을 하고, 뽑은 세 장의 카드로 흐름을 잡았다. 그리고 실제로 나의 인생에서 내가 처한 여러 상황에 반응했던 나의 감정과 행동을 반성하며 내가 힐링되는 과정과 자기계발 탐구과정을 써 내려갔다.

공연극은 주인공 중심으로 주변 인물들과의 상호작용, 사건의 전개를 통해 이야기가 진행되고, 극이 끝나면 배우들은 자기의 본성으로 돌아가 다음 무대를 준비한다. 나는 인생을 상황극의 연속이라고 생각한다. 상황에 따라 나는 천사가 되기도 하고 악녀가 되기도 하고, 혹은 엑스트라가 되기도 한다. 나의 주변 인물들은 나를 빛나게 하기 위해 악역을 맡아주었고, 내가 원할 때 천상의 동아

줄과 함께 스포트라이트를 내려주었다. 내가 원하지 않은 불편한 상황들과 주변 인물들은 내면에 내가 모르던 악함, 파괴 그리고 폭발적인 에너지의 무서움과 아픔을 발견하게 해주었다. 나를 둘러싼 환경, 그리고 나에게 배반당한 나는 몸과 마음을 어디에 둘지 모르고 방황하고 있었다. 그러나 나의 몸과 마음을 내려놓는 순간, 나의 짓눌렸던 생명에너지가 소용돌이치고 올라오는 것을 느낄 수 있었다.

나에게 특별한 엑스트라 손님이 있었다. 그 이름은 호박씨이다. 극도로 슬프고 외로운 순간에 나를 돌봐준 호박씨와 새싹들이 내게 준 감동과 용기는 평생 잊을 수 없는 메시지일 것이다.

내가 프랑스 산길, 생 기엠 르 데제르(Saint-Guilhem-le-Desert)에서 길 잃고 겁에 질려 있을 때, 새하얀 옷을 입은 덤블도어 모습의 프렌치 할아버지는 내게 "안녕하세요"라며 한국말로 인사말을 건네주었다. 그 순간 흘린 감동의 눈물은 참으로 뜨거웠다. 이 외에도 많은 경험을 통해 이 우주가 어떤 형태이든지 내게 필요한 메시지를 보내주고 나의 이야기를 듣고 있다는 것을 실감하며 지내고 있다.

예비 오라클 힐러 여러분, 생명의 근원 오라클의 장에 온 것을 환영한다. 당신은 생명의 근원으로부터 오는 메시지를 통해 다양한 당신의 내면이라는 생명의 근원 오라클에 접근할 것이다. 오라클 카드를 통해 당신의 고민과 질문에 대한 메시지를 전달받고, 당신의 성장과 변화에 기여할 수 있기를 바란다. 또한, 오라클 카드를 통해 당신의 심리적, 정신적, 신체적인 삶을 탐구하고, 당신의 '참나'를 발견하며, 내면의 지혜에 자문을 구할 수 있기를 기대한다.

맛있는 음식을 먹으면 사랑하는 누군가가 생각나듯이, 내가 이 카드를 통해 경험하고 느낀 감동을 혼자만 알고 있기에는 너무 안타까웠다. 그래서 이 오라클 카드를 소문내고 싶었다. 어쩌면 나처럼 삶의 혼돈에 지쳐있는 누군가에게, 또 진정한 자기계발을 원하는 누군가에게 정말 좋은 도구가 될 것이라고 자신하며 자랑스럽게 〈생명의 근원 오라클 카드〉를 기획하고 번역하였다. 내가 느낀 삶의 고통과 시련에서 해방되기 위한 노력이 모두 이 책에 함축되어 있다. 이를 통해 당신 자신의 해방과 발전은 물론이고, 당신이 사랑하는 사람들, 그리고 주변사람들에게 이 〈생명의 근원 오라클 카드〉를 함께 즐기면서 더 깊은 삶의 에너지를 나누는 선물의 시간이 되기를 희망한다.

생명의 근원 오라클은 당신의 깊은 잠재의식의 세계에 접근할 수 있는 도구로 활용될 수 있다. 당신을 깨우고 당신다움의 꽃을 피우는 그 길에 동행하는 진정한 친구인 '참나'에 대해 더 깊이 성찰하며 사랑이 되어가는 과정에서 직관능력이 더불어 향상될 것이다.

나의 '생명의 근원 오라클' 이야기를 시작한다.

프랑스 베리 마녀마을에서 에너지 힐러 강수연

차례

I

생명의 근원 오라클 카드

레티시아 안드레

카드 탄생의 순서 배경 설명

첫 번째로 탄생한 카드는 생명의 **근원/원천**(No.1) 카드입니다. 근원은 그 자체로 우리 안에 신성함을 나타냅니다. 근원은 우리를 둘러싼 현재 순간을 인식하는 것을 이야기합니다.

연꽃(No.2)은 사랑의 카드입니다. 이 사랑 없이는 신성과 근원에 접근하는 것이 불가능하기 때문입니다. 이 사랑의 원천에 접근하려면 진정한 헌신이 필요합니다. **기사**(No.3)는 목표를 향해 몸과 마음을 전적으로 바치는 자입니다. 그 여정 중에 당신에게 주어지는 **열쇠**(No.4)를 잡아야 하며, **도서관**(No.5)을 통해 인내하고 계속해서 배우고 훈련해야 합니다. **무용수**(No.6)가 우리에게 보여주는 것처럼 이 모든 여정은 기쁨으로 이루어져야 합니다. 그러면 당신의 진정한 자아를 출산할 수 있습니다. 당신 자신의 신성한 본성은 신성한 **어머니**(No.7)로 표현됩니다. **용**(No.8)은 자신과의 싸움을 멈출 것을 제안합니다. 대신, **성직자**(No.9)와 함께 당신의 가이드에게 지혜를 구하십시오. 당신은 **미로**(No.10)에서 좌충우돌하며 시간을 보낼 수 있지만, 이 모든 경험은 인생의 미로에서 당신을 앞으로 나아가게 할 것입니다.

당신을 지켜보고 있는 **대천사**(No.11)는 당신을 인도하고 당신의 직관을 개발하도록 도와줍니다. 그러면 **균형**(No.12)으로 존재의 이중성을 받아들일 수 있습니다. 정체되기도 하고, 전진하기도 합니다. 인생은 이러한 힘 사이 미묘한 균형을 유지하는 것입니다. 힘들 것 같더라도 **촛불**(No.13)로 감히 자신을 밝히고, 그 빛 속으로 들어가 자신의 길을 최우선으로 삼으십시오. 그러면 **오르간**(No.14)이 연주하는 사랑스러운 내면의 음악을 통해 신성한 감각과의 연결을 들을 수 있습니다. 더 잘 들으려면 **매듭**(No.15)을 풀고 앞으로 나아가기 위해 낡은 신념과 믿음을 해제해야 합니다. 이 여정을 따라가면서 보호받고 안전할 것입니다. **가리비 껍데기**(No.16, 산티아고 데 콤포스텔라 순례길의 상징)가 당신의 안전을 보장합니다. 당신의 프로젝트도 보호됩니다. 이제 **별자리**(No.17)와 함께 거울에 비친 자기반성의 단계입니다. 어떤 이미지를 보내나요? 당신의 자아가 원하는 옳은 이미지인가요, 아니면 **외눈거인**(No.18)이 우리에게 말하듯이, 안심하고 싶어 하는 당신의 에고와 마음의 이미지인가요? 자신이 지닌 능력을 인식하고 자신감을 가져야 합니다. **예수그리스도**(No.19)는 당신이 지상에 성육신한 신의 신성하고 완전한 채널임을 상기시켜 줍니다. 이를 위해 **사무라이**(No.20)와 함께 자신이 가진 능력에 대한 자신감을 갖고 인식하십시오.

왕(No.21-남성/양)과 **여왕**(No.22-여성/음), 이 두 가지 에너지의 균형을 유지하십시오. 그리고 **내면아이**(No.23)와 대화하며, 그를 안정시키고 사랑하십시오. 그러면 내면의 **광대**(No.24)가 다른 사람에게 사랑받기 위해 또는 자신을 감추기 위해 광대 역할을 할 필요가 없을 것입니다. 두려움 없이 나아가기 위해 자신의 어둠을 바라보십시오. **등대**(No.25)는 당신의 어두운 부분을 밝게 비춰, 당신을 깨우치게 합니다. 그리고 당신에게 방해되거나 더 이상 적합하지 않은 것들을 **사신**(No.26)과 함께 던져 버릴 수 있습니다. **불사조**(No.27)의 도움을 받아 새로운 삶을 시작할 수 있도록 잿더미에서 불사조와 함께 다시 태어나십시오. **감사**(No.28)는 '당신과 주변의 아름다운 것을 볼 수 있음에 감사하라'고 말합니다. **웃는 부처**(No.29)는 '삶은 게임이니 당신은 아무것도 두려워할 것이 없고, 삶에 대해 너무 심각할 것이 없음을 명심하라고 말합니다. **신성한 산**(No.30) 높은 곳을 올라가 당신을 짓누르는 상황과 자신을 분리하여 거리를 두십시오.

자신에게 불필요한 연결을 **검**(No.31)으로 자르십시오. **구원**(No.32) 카드를 통해 다른 사람과 자신을 용서해 보십시오. 어린 시절 나를 두렵게 했던 **늑대**(No.33)는 더 이상 무서운 대상이 아닐 수 있습니다. 이 모든 시련은 평온을 찾기 위해 극복해야 할 경험일 뿐입니다. **비둘기**(No.34)와 함께 평온을 찾으세요. 당신이 자신의 **왕국**(No.35)이자 자신의 보호자입니다. **모래시계**(No.36)와 함께 이 전체 여정을 돌아보며 모든 경험을 숙성시키는 시간을 가져보세요. 당신의 내면의 부를 상징하는 **크리스탈**(No.37)은 **할리퀸**(No.38)이 보여주는 결점에도 불구하고 친절하게 자신을 대하는 것이 중요함을 상기시켜 줍니다. 생명의 에너지인 **소용돌이**(No.39)에 몸을 맡기십시오. 그냥 놔주고, 환영하는 것입니다.

당신은 **나침반**(No.40) 앞에서 내릴 결정이 어떻든 옳은 길을 선택할 것입니다. 그 길에서 당신은 결코 혼자가 아닙니다. **반지**(No.41)와 함께, 당신과 같은 길을 가는 사람들과 함께 결합하세요. 당신은 자연과 **나무**(No.42)를 통해 어머니 대지와 연결하여 뿌리를 내려야 합니다. **허수아비**(No.43)로 당신을 다른 사람들로부터 고립시키지 마십시오. **고양이**(No.44)를 통해 자신이 누구인지 자유롭게 느끼십시오. 다른 사람들이 **불의/불공정**(No.45)하게 당신을 판단하거나, 심지어 그것이 불공평하다고 생각하더라도, 당신의 유일한 목적은 근원과 신성에 접근하는 것입니다.

카드 의미

1. 근원/원천La Source

나는 나이고, 나는 신이며 그리고 나는 나의 근원입니다.

근원은 우리의 신성한 본성과 내면의 신성한 우리에 다시 연결할 수 있게 해줍니다. 〈근원〉 카드는 당신이 인생의 올바른 길을 가고 있는 것을 의미합니다. 진정한 당신을 만나도록 안내받는 이 길을 계속 가십시오. 신성하고 더 높은 자아에게 귀를 기울이고, 자신을 의식의 길로 안내하십시오. 이 카드는 모든 영적 길의 정점을 나타내고, 또한 영적인 길의 시작을 나타내는 상징이기도 합니다. 실제로 영적인 길은 끝이 없기 때문입니다. 이 〈근원〉 카드와 함께, 삶의 풍요로움을 받아들입니다.

키워드 #더 높은 자아 #신성한 #관대한 #용서 #양보 #풍부한

♠ 점술

- 직업: 당신은 올바른 길을 가고 있습니다. 일은 당신 자신을 더 잘 알 수 있도록 도와줍니다. 당신의 프로젝트를 실현함으로써 능력을 더 멀리 발전, 향상할 수 있습니다. 이 카드는 일과 사업에 매우 긍정적인 카드입니다. 더욱 성장할 수 있습니다. 계속하십시오.
- 관계: 친절하게 다른 사람의 말을 경청하는 데 시간을 할애합니다. 당신의 마음은 열려있고 당신 안에서 사랑을 느끼고 다른 사람들에게서 사랑을 보는 방법을 알고 있습니다. 주변에 부정적인 카드가 있다면, 관대하십시오.
- 건강: 매우 건강합니다. 당신의 질병이 자신을 더 잘 이해하도록 인도한다는 것을 알고 있습니다.
- 재물: 당신은 당신의 아이디어와 신념을 위해 재정적 측면을 어떻게 활용하는지 알고 있습니다.
- 영성: 영적 성취의 카드입니다. 지금 어떤 마음 상태에 있든, 당신이 아직 예상하지 못한 수준의 의식으로 진화할 수 있습니다.

♠ 자기계발

- 성찰

- 내가 이 지상에서 신의 일부라고 생각하기 쉬운가요?
- '놓아주기'와 '이 세상과 우주를 신뢰하는 것'이 어려운가요?
- 쉽게 '놓아주기'를 할 수 있나요?
- 자신을 안심시키기 위해 모든 것을 통제해야 합니까?

• 균형주문

- 나는 "내가 지상에서 신의 모습을 한 인간으로 태어난 것이 합법적이지 않다고 믿는 것"과 "나는 지상에서 신의 모습으로 태어나 사는 것이 태어날 때부터 합법적"이라는 증거 사이 균형을 요청합니다.
- 나는 "인간이 신성한 존재가 될 가치가 없다"고 믿는 것과 "인간은 이미 신성한 존재"라고 믿는 것 사이 균형을 요청합니다.

• 명상

〈근원〉 카드를 상상합니다. 이 명상 중에 언제든지 막히거나 불안하거나 불편할 때 위의 균형주문을 외우십시오. 필요할 때마다 이 균형주문을 소리 내어 외울 수 있습니다.

눈을 감고 나의 높은 자아를 부르십시오. 높은 자아는 생명의 근원 옆에 도착하고, 이 만남에 행복해합니다. 그는 당신이 지금까지 이룬 모든 것을 축하합니다. 그는 당신을 자랑스러워하고, 당신은 당신을 감싸는 그의 모든 자비를 느낍니다. 높은 자아는 당신의 신성한 부분이므로 당신을 완벽하게 알고 있습니다. 그는 당신에게 당신의 마음을 보여주며 당신에게 내면을 바라보도록 제안합니다. 당신의 마음속에는 웅장한 암석 수정이 빛납니다. 그 광채를 감상하세요. 당신의 높은 자아는 당신의 성장을 제한하는 믿음에서 자유로워지기를 요청하고 있습니다. 당신은 가식적이거나 이기적이지 않고도 지상에서 빛날 자격이 있습니다. 인간은 신성한 존재들보다 못한 존재가 아닙니다. 이들은 당신을 도와주기 위해 여기 있습니다. 부정당하다고 느끼거나 자신을 의심하는 어려움을 겪고 있다면, 균형주문을 소리 내어 외우십시오.

당신은 이제 당신의 신성한 근원과 일치함을 느낍니다. 당신의 높은 자아의 에너지는 당신을 통해 흐릅니다. 그 에너지와 빛이 당신을 통해 흐르게 하고 충분한 영양을 공급받도록 허용하십시오. 당신은 편안하고 당신의 높은 자아와의 완전한 연결을 느낍니다.

"감사합니다"를 세 번 외우며 이 명상을 마칩니다.

2. 연꽃Le Lotus

내가 나를 사랑에 정렬하는 순간부터 우주는 나를 위해 일합니다.

연꽃은 불교에서 생명의 꽃입니다. 순결, 새로움, 사랑의 상징입니다. 머리로 생각하는 것보다는 가슴으로 잘 연결되는 것이 중요합니다. 〈연꽃〉 카드가 있으면 사랑을 경험하고 더불어 오는 은혜를 느낄 것입니다.

'자기이기심(에고)'으로 생각하는 것을 멈추고 가슴으로 생각하고 느끼십시오. 부정적인 카드가 옆에 있다면 함께 평정을 유지하도록 주의하세요.

키워드 #명백성 #동정심 #친절 #새로움

♠ 점술

- 직업: 당신의 일을 즐기고 열심히 하고 있습니다. 이 카드는 당신의 참신함과 희망을 알립니다.
- 관계: 당신이 가진 관계는 배려와 발전된 관계에 대한 성취감을 줍니다. 이 카드는 이성과 사랑 관계에서 위대한 사랑을 말합니다. 싱글에게는 새로운 사랑이 찾아옵니다.
- 건강: 건강은 마음과 관련된 모든 것에 관한 것입니다.
- 재물: 재정적인 측면을 감정적으로 다스리지 않도록 주의하십시오. 당신은 관대하지만, 연꽃 카드 주변에 부정적인 카드가 있는 경우, 당신이 속게 될 수도 있습니다.
- 영성: 당신이 느끼는 내면의 충만함으로, 사람들과의 만남에서 느껴지는 사랑은 질적으로 더 깊어질 것입니다. 아무것도 기대하지 않고 아무것도 요구하지 않는 무조건적인 사랑을 느껴보세요.

♠ 자기계발

- 성찰

- 결정 주도권은 내 머리의 것인가요, 아니면 내면의 마음 것인가요?

- 내가 항상 너무 많은 질문을 하고 있나요?

- 결정을 내리기가 어렵나요?

• 균형주문

- '의도된 사랑'과 '진정한 사랑' 사이 균형을 부탁합니다.

- '머리'와 '내면의 마음' 사이 균형을 부탁드립니다.

- "모든 것을 결정하는 것"과 "우주가 알아서 하도록 신뢰하는 것" 사이 균형을 부탁합니다.

- "모든 것을 실패하는 것"과 "모든 것을 성공시키는 것" 사이 균형을 부탁합니다.

• 명상

이 명상 중에 막히거나 불안하고 불편할 때 언제든지 위의 균형주문을 말하고 계속하십시오. 〈연꽃〉 카드를 떠올립니다. 눈을 감으세요. 당신은 평화로움을 느낍니다. 물가에 있는 자신을 상상해 보십시오. 물 위에 연꽃이 떠 있습니다. 물이 무슨 색인지 보세요. 맑은가요, 탁한가요? 연꽃이 여러 개인가요? 이제 걱정되는 상황을 생각해 보십시오. 지금 물은 어떤가요? 이 물이 더 맑아지고 연꽃이 더 풍성하게 채워질 수 있다고 생각하나요? 이제 꽃 한 송이를 가져와 당신의 마음에 새기세요. 무엇을 느끼시나요? 막힘이 느껴지면 균형 주문을 크게 말하십시오.

그렇지 않으면 이 연꽃을 가져다가 심장에 대십시오(활기찬 심장은 신체 기관이 아니라 가슴 중앙의 당신의 〈4. 심장〉 차크라입니다). 연꽃과 당신의 마음이 교감하며 서로를 나누도록 하십시오. 연꽃은 모든 사랑과 자비를 당신 안에 나눠 담아줍니다. 마음이 진정되고 연꽃처럼 당신의 마음이 열리는 것을 느껴보십시오. 물을 다시 보십시오. 물의 모습이 바뀌었나요? 당신 내면의 마음이 연꽃과 완전히 조화될 때까지 서로를 나누며 스며들도록 두십시오. "감사합니다"를 세 번 외우며 이 명상을 마칩니다.

3. 기사Le Chevalier

나는 더 높은 힘(영적 여정)에 고개를 숙이고, 신성한 길을 택합니다.

기사는 '헌신의 약속' 카드입니다. 〈기사〉 카드가 있으면, 어떤 상황에 대한 스스로의 약속에 최선을 다해 책임을 져야 할 때입니다.

자신의 절반만 걸친 방식으로는 제대로 된 경험을 할 수 없습니다. 당신의 온 존재를 다해 헌신함으로써 당신의 장애와 두려움을 극복할 수 있을 것입니다.

키워드 #헌신 #융합 #혼례 #초기화 #가입 #시작

♠ 점술

- 직업: 새로운 업무를 맡거나, 정규직 계약과 같은 새로운 계약을 체결하여 업무에 참여하게 됩니다. 공식화 개념 카드입니다.
- 관계: 감춰져 있던 관계가 공식화되고 협약을 맺습니다. 보다 많은 헌신으로 새로운 시작이 연결됩니다.
- 건강: 이 카드는 더 이상 질병과 싸우지 않아도 됨을 의미합니다. 치유를 받아들입니다.
- 재물: 당신은 계약에 서명하고 그에 대한 책임을 결정할 것입니다. 위험을 감수하더라도 도전하십시오. 재치 있는 당신은 개인적인 영적 여정을 통해 적극 참여합니다. 이 길에 온전히 헌신하십시오.

♠ 자기계발

- 성찰

- 프로젝트를 마무리하는 데 어려움이 있나요?
- 내 아이디어를 끝까지 실행할 수 있는가요?
- 나를 저지하거나 성공을 방해하는 것은 무엇인가요?
- '약속'이라는 단어는 나에게 어떤 의미인가요?
- 내 자유를 잃을까 두려운가요? 아니면 '계약을 추진하는 것'이 안심이 되나요?

- 균형주문

- '약속은 감옥이다'라는 신념과 '약속해도 나는 자유롭다'는 확신 사이 균형을 요구합니다.
- 나는 "약속으로 인해 책임지게 만든다"는 믿음과 "지금부터 영원히 나는 모든 책임으로부터 자유롭다"는 확신 사이 균형을 요구합니다.

• 명상

숨을 들이쉬고 길게 내쉽니다. 호흡 3회.

이 명상 중에 막히거나 불안하고 불편할 때 언제든지 위의 균형주문을 외우며 계속하십시오. 필요할 때마다 이 문구를 소리 내어 말할 수 있습니다.

기사의 카드를 떠올립니다. 눈을 감으세요. 당신은 문 앞에 서 있습니다. 이 문에는 이렇게 쓰여 있습니다. "개인적 진화의 길, 나의 헌신의 길." 당신은 들어가기 위해 문에 가까이 다가갑니다. 기사가 문 앞에 서서 약속을 맹세하도록 요청합니다. "나는 나 자신의 길에 대해 헌신을 맹세합니다." 방해나 두려움이 느껴지면 균형주문을 외우십시오. 준비되었으면 문을 밀어 열고 들어가십시오. 당신 앞에 길이 그림처럼 펼쳐집니다. 그 길은 당신이 가야 할 길입니다. 당신은 밀려오는 흥분을 느낍니다. 당신은 매우 안전하게 따라갈 수 있습니다. 당신의 온 존재를 헌신함으로써 당신은 이 길, 즉 당신을 성장시키고 발전시킬 모든 경험 속에서 살기로 동의합니다. 어떠신가요? 이제 약속을 받아들였으니, 설렘과 조바심이 느껴질 수도 있습니다.

선언하십시오. "예, 이 헌신의 길을 원합니다. 오늘부터 생존 게임에서 벗어나 헌신하며 살 준비가 되었습니다." 이 약속을 큰 소리로 말하고 느껴보십시오. "감사합니다"를 세 번 외우며 이 명상을 마칩니다.

4. 7개의 열쇠Les 7 Clés

나의 삶에 대한 책임을 받아들이면서, 나는 과거로부터 자유로워집니다.

〈7개의 열쇠〉 카드는 당신이 삶의 주체이며, 나의 온전한 삶을 살기 위해서는 '스스로 문을 여는 것이 중요함'을 상기시켜 줍니다. 이를 위해 당신은 '직관적으로 그 문을 여는 것'을 방해하는 제한적인 생각에서 벗어나서 그 문을 여는 것을 허락해야 합니다. 당신에게 '7개의 키'가 있다면, 모든 문은 '당신을 향해 열려있다'라는 뜻입니다. 당신의 웰빙과 진화의 열쇠입니다. 당신이 선택한 다른 카드 중에 〈기사〉 카드와 함께 있다면, 개인치유의 문을 열 수 있습니다.

키워드 #열림 #도전 #책임 #위치 #상황 #의사_결정

♠ 점술

- 직업: 팀의 관리와 리더십의 위치에 오를 수 있습니다. 이것은 책임감을 요구하는 카드입니다. 당신이 열쇠를 쥐고 있기 때문입니다. 현재 업무에 만족하지 못한다면 직업을 바꿀 필요가 있습니다. 당신에게 결정할 책임이 있는 적합한 위치로 업무를 옮기십시오.
- 관계: 당신이 생각하는 관계는 매우 긍정적입니다. 당신이 열쇠를 가지고 있으니 용기를 내십시오.
- 건강: 당신은 치유의 열쇠를 가지고 있습니다. 당신을 잘 돌보십시오.
- 재물: 당신은 포트폴리오와 재정을 관리할 수 있는 능력이 있으며, 투자는 이익을 가져다줄 것입니다.
- 영성: 영적인 길을 계속 가기 위해, 당신이 깨어나는 것을 방해하는 끈을 끊는 것이 중요합니다. 다른 사람들과의 연결뿐만 아니라 당신의 제한적인 믿음과 연결된 끈을 모두 이야기합니다.

♠ 자기계발

- 성찰

- 다른 사람이 괜찮을 때까지 기다렸다가 나를 돌보나요?

- 나에게 무슨 일이 생겼을 때 남을 탓하는 편인가요?
- 남을 쉽게 비난하는가요?
- 내 행동에 책임을 지기 어렵나요?
- 쉽게 결정을 내릴 용기가 있나요? 아니면 찬반 양론에 대해 생각할 시간을 가지시나요?
- 마음이 자주 바뀌나요?
- 특정 영역에서 영향을 쉽게 받나요? 있다면 어떤 영역인가요?
- 내 통제가 아닌 것에 대한 책임은 내가 져야 하는가요?

• 균형주문

- '감히 문을 여는 것'과 '감히 열지 않는 것' 사이 균형을 요구합니다.
- "변화와 새로움에 대한 두려움"과 "평온함 속에서 새로움과 변화의 기쁨" 사이 균형을 요구합니다.

• 명상

숨을 들이쉬고 깊게 내쉽니다. 호흡 3회.

이 명상 중에 막히거나 불안하고 불편할 때 언제든지 위의 균형주문을 외우고 계속하십시오. 필요할 때마다 이 주문을 소리 내어 외울 수 있습니다. 〈7개의 열쇠〉 카드를 떠올립니다. 눈을 감으세요. 이제 당신 앞에 여러 개의 문이 있는 장소를 시각화하십시오. 일곱 개의 문이 있습니다. 이 문 위에는 여러 가지 문구가 적혀있습니다. 그 문 각각에는 당신이 실현하고자 하는 일과 관련된 단어들이 새겨져 있습니다. 어떤 문이든 편안하게 문 앞에 서십시오. 새겨진 문구를 읽으십시오. 이제 당신의 목 주위를 둘러보세요. 열쇠가 달린 멋진 목걸이가 있습니다. 열쇠를 가져가 문을 열어보세요. 당신의 삶에 대한 책임은 전적으로 당신에게 있습니다. 누구도 당신이 사는 감정을 결정할 수 없습니다. 이 열쇠는 당신 것입니다. 문을 열 때 막힌 느낌이 들면 균형주문을 외우십시오. 어떤 문 앞에 서 있든 열쇠가 나타납니다. 모든 열쇠가 당신 안에 있음을 인식하십시오. 나타나는 열쇠로 문을 여는 것 외에 당신은 할 일이 없습니다. 문을 열고자 하는 의지와 헌신으로 문이 당신에게 열릴 것입니다. 이제 방에 들어갈 수 있습니다. 모든 감각과 이미지가 당신에게 오도록 하십시오. 원하는 경우 언제든지 중앙으로 돌아가며 방을 변경할 수 있습니다. "감사합니다"를 세 번 외우며 이 명상을 마칩니다.

5. 도서관La Bibliothèque

지식수준을 높임으로써 나는 '무지'에서 벗어납니다.

당신이 해방되기 위해서는 당신의 지식수준을 높여야 합니다. 이 카드는 당신의 지식과 배움을 나타냅니다. 모든 경험이 기록되고 당신의 미래에 사용될 것입니다.

〈도서관〉 카드가 있다면, 당신은 새로운 기회에 자신을 여는 방법을 훈련하고 교육을 받아야 할 때입니다. 이 카드는 여러 세대를 걸쳐 계승된 경험과 지식이 가득 찬 가족의 유산 같은 역사서를 말합니다. 그리모어(grimoire: 마법의 책, 주술서, 그리스어)에 여전히 자신의 경험을 기록할 수 있는 공간이 있습니다.

키워드 #계약서 #서명 #문서 #연구 #학습

♠ 점술

- 직업: 〈도서관〉 카드 옆에 〈기사〉 카드가 있다면 이것은 새로운 계약 서명을 의미합니다. 당신은 공부를 계속하며, 자신을 성장하게 하고 풍요롭게 하기 위해 훈련을 받을 것입니다.
- 관계: 당신은 자신에 대해 많은 것을 배울 것입니다. 또한, 시작되는 다른 관계의 발견이기도 합니다. 〈기사〉 카드가 옆에 있다면 결혼 계약 또는 배우자 간 계약을 의미합니다. 〈촛불〉 카드가 옆에 있다면 우리는 유산(유증)에 대해 이야기합니다.
- 건강: 건강한 생명력을 의미합니다. 세대를 넘어선 차원에서 질병의 기원을 찾아볼 수 있습니다.
- 재물: 계약서에 서명하고, 프로젝트를 마무리할 것입니다.
- 영성: 견습, 수업, 교육 과정의 카드입니다. 또한 영성 발전을 위해 세대를 초월한 대대적인 지식을 직접 찾아보고, 여전히 비밀이 무엇인지 이해하도록 조상에게 감사를 표하고 요청할 수 있습니다. 신비한 직관적인 글쓰기를 지향할 수 있습니다.

♠ 자기계발

● 성찰

- 나는 무엇을 쓰거나 전달하고 싶은가요?
- 변화를 위해 경험을 활용하는 방법을 알고 있습니까, 아니면 내 인생에서 사건이 반복된다는 느낌이 있나요?

● 균형주문

- "모든 것은 기정사실"이라는 믿음과 "모든 것이 끊임없이 진화하고 있다"는 증거 사이에서 균형을 요구합니다.
- "사랑받기 위해 조상들의 유산을 지녀야 하는 것"과 "나에게 해를 끼치는 유산으로부터 자유로워지는 것" 사이 균형을 부탁드립니다.

● 명상

이 명상 중에 막히거나 불안하고 불편할 때 언제든지 위의 균형주문을 외우고 계속하십시오. 필요할 때마다 이 주문을 소리 내어 외울 수 있습니다.

〈도서관〉 카드를 보고 이제 눈을 감으세요. 당신은 도서관에 있습니다. 그 도서관에는 당신 조상들의 오래된 그리모어가 탁자 위에 놓여 있습니다. 이 그리모어에 접근하십시오. 무슨 느낌이 드나요? 이 책을 여는 것이 두렵습니까? 또한, 가질 용기가 필요한가요? 이 그리모어가 가진 무게가 느껴지시나요? 감히 자신의 것으로 만들지 못하겠다면 균형주문을 외우십시오. 그리모어를 가져와서 그것을 넘겨보십시오. 그것은 당신 이야기의 일부입니다. 그것을 당신의 마음에 품고 두려움 없이 경험을 받아들이세요. 당신 마음에 들어오는 글자, 단어를 시각화하면서, 그것들은 당신을 채울 것입니다. 이 모든 유산을 깊이 받아들이고 영감을 얻으세요. 고요함을 느낄 때 그것을 내려놓고 이제 당신의 경험을 적으세요, 당신도 이제 그 역사의 페이지들을 채워나가는 일부이며, 조상이 당신에게 물려준 것은 당신의 일부입니다. 부담 없이 통합하는 것이 중요합니다. 당신의 마음만이 모든 것에 균형을 맞출 수 있습니다. "감사합니다"를 세 번 외우며 이 명상을 마칩니다.

6. 무용수La Danseuse

기쁨을 나의 최우선으로 삼을 때 모든 것이 자연스럽게 내게 다가옵니다.

그것은 기쁨, 유쾌함, 경쾌함입니다. 댄서는 춤으로 기쁨을 축하합니다. 내가 행복할 때 내 주변의 진동이 변합니다. 기쁨이 내게 들어오게 하면 내 주변에 진동수도 높아집니다. 선택한 카드에 무용수가 있으면, 당신이 생각하고 있는 상황이 기쁨을 가져다 줄 것입니다. 몸을 통해 해방됨을 느낄 것입니다. 몸은 또한 해방과 신성의 연결고리임을 받아들이십시오. 움직임은 감정을 치유하고 해방시켜 줍니다. 춤은 몸을 통해 신성함에 연결할 수 있게 해줍니다. 우리는 예술에서 육체, 영혼, 정신의 일체를 발견합니다. 많은 문화권에서 춤은 또한 무아지경을 통해 정신을 놓아주고, 더 높은 근원에 연결하여 초월적인 상태를 경험할 수 있게 합니다.

키워드 #기쁨 #유쾌함 #가벼움

♠ 점술

- 직업: 당신의 일은 대인관계가 매우 중요합니다. 원활한 의사소통 능력과 유머는 당신의 큰 자산입니다. 당신은 사회적인 복지 분야나 다른 사람을 돕는 일을 지향할 수 있습니다.
- 관계: 당신의 대인관계는 긍정적이며 그 능력은 큰 장점입니다. 대인관계가 복잡하다면 자신의 표현능력을 활용하여 긴장을 푸십시오. 당신은 대인관계에 확신이 있습니다. 당신의 대화는 가볍고 안정적입니다.
- 건강: 건강은 좋습니다. 당신이 아프다면 그것은 당신이 치유과정에 있다는 것을 의미합니다. 혈액순환 질환에 대한 주의가 필요합니다.
- 재물: 프로젝트는 쉽게 결실을 맺을 것입니다.
- 영성: 이 카드는 기쁨과 가벼움을 상징하기 때문에 강한 영적 수준을 지닙니다. 인생의 사건을 더 큰 열정으로 받아들이도록 이끌어줍니다.

♠ 자기계발

● 성찰

- 나는 내 삶에 충분한 기쁨을 받아들이는가요?
- 내 안에 슬픈 광대 같은 기분이 있나요? 겉으로는 매우 행복해 보이지만 가끔 혼자 있을 때 씁쓸한가요?
- 내 삶에서 기쁨이 자유롭게 흐르는 것을 막는 것은 무엇인가요?
- 나는 언제 행복함을 느끼는가요?
- 나는 언제 슬픔을 느끼는가요?

● 균형주문

- "기쁨을 느끼는 것을 허용하지 않는 것"과 "기쁨을 허용하는 것" 사이 균형을 부탁드립니다.
- '내 안의 슬픔'과 '내 안의 기쁨' 사이 균형을 부탁드립니다.

● 명상

숨을 들이쉬고 깊게 내쉽니다. 호흡 3회.

이 명상 중에 막히거나 불안하고 불편할 때 언제든지 위의 균형주문을 외우며 계속하십시오. 필요할 때마다 이 주문을 소리 내어 외울 수 있습니다.

〈무용수〉 카드를 떠올리며 이제 눈을 감으십시오. 활기찬 음악이 연주되는 무대에서 자신을 상상합니다. 춤추는 여인은 당신 앞에 서 있고, 즐거움과 환희로 가득 차 있으며 당신이 춤을 추도록 무대 위로 초대합니다. 무대 주변에는 사람들이 있고 일부 사람들은 당신을 지켜보고 있습니다. 어떻게 하고 싶으신가요? 그녀와 함께 무대로 가겠습니까? 춤을 출 때 남의 시선과 판단이 두렵고 그녀와 춤을 추는 것이 불편하다면, 균형주문을 다시 외워 보세요.

무용수와 주변의 다른 사람들과 함께 춤을 추십시오. 춤을 추며 끌어주고 놓아주는 것이 무엇인지 느껴보세요. 팔을 흔들고 몸을 움직입니다. 원한다면 몸으로 리듬을 타세요. 에너지가 당신을 통해 흐르도록 맡기고 즐거움을 느껴보세요. 당신은 가득 찬 기쁨과 환희를 느낍니다. 이제 당신이 좋아하는 음악에 맞춰 기쁨이 찾아올 때까지 춤을 춰 보세요. "감사합니다"를 세 번 외우며 이 명상을 마칩니다.

7. 신성한 어머니La Mère Divine

나의 사랑에 연결됨으로써, 나 자신에 대한 확신이 생기고 모든 것이 단순해집니다.

신성한 어머니는 여성 그리고 남성, 구분 짓지 않는 우리의 모성입니다. 자신을 돌보기 전에 다른 사람을 돌보십시오. 주변의 카드와 함께 볼 때 이 카드는 희생의 개념을 유도합니다. 신성한 어머니 카드가 있으면 자신의 삶과 어울리지 않더라도 인생에 있는 것을 수용할 때입니다. 나의 의심, 나의 두려움, 내가 싫어하는 것을 친절하게 수용함으로써 나는 앞으로 나아갑니다. 이 카드는 가장 친한 친구인 신성한 어머니를 깨우며 부드러움을 의미합니다. 그것은 우리가 성스러운 여성성에 연결되는 것을 말합니다.

키워드 #어머니 #다른_사람을_돌봄 #희생 #모성 #다른_사람을_배려한다는_의미에서_책임감

♠ 점술

- 직업: 당신은 사람들을 모으는 능력이 있으므로 책임 있는 직책이 주어질 것입니다. 당신의 직업은 또한 건강 관련(간호사, 간병인, 의사 또는 치료사), 웰빙 및 타인과의 관계와 관련이 있을 수 있습니다. 일과 개인적인 삶을 명확하게 구분하면서 적절한 거리감을 유지해야 함을 명심하십시오.
- 관계: 〈할리퀸〉 카드와 함께 있다면, 불균형할 수 있는 모성관계를 의미합니다. 둘 중 하나는 상대방에게 더 많은 것을 기대합니다. 〈광대〉 카드와 함께 있다면, 불필요한 의지에 대해 이야기합니다. 〈연꽃〉 카드와 함께 있다면, 이것은 모성을 나타냅니다.
- 건강: 무언가에 의존하지 않도록 주의하십시오.
- 재물: 당신은 다른 사람에게 재정적으로 의존하고 있으며 이것은 당신의 프로젝트를 실현하는 것을 방해합니다. 독립을 어떻게 할 수 있는지 방법을 찾아보십시오.
- 영성: 당신의 신성한 여성성과 연결하여 당신의 내면을 발전시키세요. 신성한 여성의 모든 인물(성모 마리아, 마리아 막달레나, 그린 타라 여성부처, 이시스……)에 연결하십시오.

♠ 자기계발

• 성찰

- 내가 남을 돌보듯이 나 자신도 충분히 돌보는가요?

- 나는 어떤 순간에 나 자신을 잊는 느낌이 들까요?

- 나는 자애로운 시선으로 나를 바라보고 있는가요?

• 균형주문

- "나의 행복을 금지하는 것"과 "주변 사람들이 행복하지 않아도 내가 행복할 수 있는 절대적 권리" 사이 균형을 요구합니다.

- "신성한 사랑을 받아들이는 것을 금지하는 것"과 "신성한 사랑을 받아들일 권리" 사이 균형을 요청합니다.

• 명상

이 명상 중에 갇힌 느낌이 들 때, 또는 불안하거나 불편하면 위의 균형주문을 외우고 계속하십시오. 필요할 때마다 이 주문을 소리 내어 외울 수 있습니다.

〈신성한 어머니〉 카드를 상상합니다. 당신 가까이에 있는 그녀, 당신을 사랑하고 보살피는 어머니를 상상해 보세요. 당신이 무엇을 하든 그녀는 당신의 자질과 결점을 판단하지 않고 당신을 환영합니다. 그녀는 장미로 가득 찬 그녀의 정원으로 당신을 초대하며, 장미와 그 달콤한 향기를 맡고 당신에게 퍼지게 합니다. 당신은 현재 이 순간에 완전히 의식하며 머뭅니다. 당신의 몸에 귀를 기울이십시오. 골반에 〈1. 뿌리〉 차크라에 의식을 두고, 그곳에 장미를 상상하십시오. 그런 다음 하복부 수준에서 〈2. 성례〉 차크라로 돌아갑니다. 이곳에서도 장미를 시각화하십시오. 다시 〈3. 태양신경총〉 차크라(횡경막)로 올라가서 장미를 시각화한 다음 〈4. 심장〉 차크라와 〈5. 목〉 차크라에 장미를 시각화하십시오. 그런 다음 이마 위 〈6. 제3의 눈〉 그리고 〈7. 왕관〉 차크라에 장미를 시각화합니다. 이 장미의 향기를 맡으면 모든 힘든 순간이 평화로 바뀝니다. 신성한 어머니가 당신에게 팔을 뻗습니다. 당신은 자신이 어머니 품 안에 갈 수 있도록 허용하십니까? 이 모든 사랑을 받을 자격이 있다고 느끼십니까? 마음이 복잡하다면 균형주문을 크게 외우세요. 이제 신성한 어머니 품에 안기십시오. 당신 마음의 목소리를 따르세요. 그녀가 당신에게 주는 모든 사랑을 받아들이려고 용기를 내십시오. 신성한 어머니의 축복을 받으십시오. "감사합니다"를 세 번 외우며 이 명상을 마칩니다.

8. 용Le Dragon

나 자신과의 싸움은 나를 지치게 합니다.

어느 곳으로도 이끌어주지 않는 싸움의 카드입니다. 당신은 인생이 투쟁이고, 싸우지 않고는 이길 수 없다고 생각합니다. 그때 당신이 당신의 영웅이 되고, 당신이 벌인 투쟁과 전투가 오직 당신 자신에 대한 것이라면 어떨까요? 투쟁은 아무 데도 이르지 못한다는 것을 깨달으십시오. 있는 그대로를 받아들이는 것이, 두려움 없이 진화하고 발전하는 길입니다. 당신이 상대에 대항하는 것처럼 생각하는 무기의 실체는 직접적으로 당신 자신을 향한 것입니다. 〈용〉 카드가 있으면 당신은 어떤 상황과 싸우고 있는 것입니다. 당신은 주로 자신과 싸우고 있으며, 그것은 당신을 지치게 합니다. 당신은 위험에 처해있지 있습니다. 무기를 내리고 현실을 받아들입니다.

키워드 #싸움 #전투 #긴장 #무력

♠ 점술

- 직업: 당신은 일을 하면서 많은 긴장과 스트레스를 경험합니다. 당신은 모든 것이 완벽하기를 바라면서 자신에게 너무 많은 것을 기대합니다. 당신의 취약성을 받아들입니다. 모든 것이 완벽할 수는 없습니다. 너무 많은 완벽함을 기대하면 요점을 놓치고 자신에게 너무 많은 압박을 가하게 됩니다.
- 관계: 관계에서 갈등이 많습니다. 당신은 이 잘못된 관계에 대해 상대방과 동등한 책임이 있습니다. 그 관계를 바꾸기 위해 무엇을 하고 있습니까? 관계를 바꿀 수 없다면, 병에 걸리기 전에 결정을 내려야 할 때입니다. 당신은 다른 사람들에게 너무 많은 것을 기대하지만, 당신이 그들을 바꿀 수 없다는 것을 받아들이세요.
- 건강: 긴장 상태에서는 더는 뒤로 물러날 수 없기 때문에 스트레스를 받습니다. 당신은 불안을 느끼며, 당신에게는 평온이 필요합니다. 고혈압과 저혈압의 위험이 있을 수 있습니다.
- 재물: 재정 상황은 복잡하고, 쉽게 진행되는 것은 없습니다.
- 영성: 이 카드는 자신과의 싸움을 나타냅니다. 당신은 놓치기를 두려워하기 때문에 내려놓

기가 힘듭니다. 이 싸움이 환상이라는 것을 깨닫고 두려움 없이 앞으로 나아갑니다.

♠ **자기계발**

• 성찰

- 내 삶에 위로가 필요한 것은 무엇인가요?
- 가끔 몸싸움을 하고 있다는 느낌을 받나요?
- 이 싸움이 내 성장에 도움이 될까요?
- 이 싸움이 내 안에서 어떤 반응을 불러일으키나요?
- 이 투쟁으로 분노나 슬픔이 생기나요? 어떤 감정이 느껴지나요?

• 균형주문

- 나는 "지구에서의 삶은 투쟁이다"라는 믿음과 "지구에서의 삶은 고요하고 평화롭다"는 증거 사이 균형을 요청합니다.
- '싸움'과 '평화'의 균형을 부탁합니다.
- "우리는 싸울 때 강하다"는 믿음과 "우리가 바꿀 수 없는 상황, 사건을 놓아줄 때 강하다"는 확신 사이 균형을 요청합니다.

• 명상

숨을 들이쉬고 깊게 내쉽니다. 호흡 3회.

이 명상을 하는 동안 갇히거나 불편하고 불안할 때 언제든지 위의 균형주문을 외우고 계속하십시오. 이 주문은 필요할 때마다 소리 내어 외울 수 있습니다.

〈용〉 카드를 상상하십시오. 눈을 감으세요. 도장에서 싸울 준비를 하고 있는 자신을 상상하십시오. 용이 거기에 있습니다. 용은 불을 뿜으며 싸울 준비가 되어 있습니다. 무엇을 느끼나요? 두렵나요? 용의 폭발적인 힘이 느껴지시나요? 용의 화력이 느껴질수록 어떤 감정이 생기나요? 두려움이 지속되거나 다른 부정적인 감정이 나타나면 균형주문을 큰 소리로 외우십시오. 준비되었으면 용에게 접근하십시오. 이 용은 당신의 일부입니다. 그는 두렵기 때문에 공격받기 전에 공격합니다. 이 용에 대한 두려움을 극복하십시오. 당신이 더 이상 두려움을 느끼지 않을 때, 용 또한 진정됩니다. 당신과의 싸움이 진정되면, 이제 당신은 내면의 힘이 커지는 것을 느낍니다. 이 힘을 받아 모읍니다. "감사합니다"를 세 번 외우며 이 명상을 마칩니다.

9. 성직자Le Druide

나는 내 안에 있는 힘과 지혜가 흘러넘치도록 합니다.

자기반성의 시간입니다.

나 자신과의 시간을 보내며 경험을 전달합니다. 성직자 카드가 나오면, 삶의 번잡함에서 물러나 명상하고, 당신 자신과의 시간을 보내는 것이 중요합니다. 당신은 외부 활동에 치중하며 당신의 내면으로부터 도망치려고 합니다. 다시 내면의 자아로 집중할 필요가 있습니다.

키워드 #영성 #지혜 #성숙함

9- Le Druide

♠ 점술

- 직업: 일에서 성취감을 찾고 자신이 하는 일에서 의미를 찾아야 합니다. 당신 자신에게 성실하게 투자하고 있습니다. 이 카드는 또한 가르침과 지침을 전달하는 카드이기도 합니다. 교육 분야에서 발전할 수 있습니다. 팀에서 중재자 역할을 할 수 있습니다.
- 관계: 당신은 지혜, 평화, 평온한 관계에 있습니다. 다른 사람의 행복을 위해 너무 많은 것을 희생하지 않도록 주의하십시오.
- 건강: 평화, 고요, 침착함, 희생의 개념을 유도할 수 있습니다. 몸 관리를 잊지마세요.
- 재물: 재정적 측면에서 평온합니다.
- 영성: 훌륭한 징조를 나타냅니다. 당신은 직관적인 능력을 가지고 있습니다. 당신은 사물들이 지닌 신성한 의미를 찾고 있습니다. 안내와 직관에서 더 나아가서 더 깊은 이해를 얻으려 노력하십시오. 당신은 아직 이것을 모를 수도 있겠지만 메신저- 영적 메시지를 전달하는 중계자이며, 당신은 초자연적인 능력을 가지고 있습니다.

♠ 자기계발

- 성찰

- 내 안의 또는 나의 무엇으로부터 벗어나기 위해 야외에서 시간을 보내는가요?

- 높은 자아와 대화하는 방법을 알고 있나요?

- 나 자신을 위한 시간을 가질 줄 아는가요?

- 내 지식을 다른 사람에게 공유하고 싶은가요?

- 나는 영적 메시지를 전달하는 중계자임을 받아들이나요?

● 균형주문

- "혼자 있는 시간의 불안함"과 "혼자 있는 시간을 통해 평화를 찾는 것"사이 균형을 부탁드립니다.

- "고독"과 "활기참" 사이 균형을 부탁합니다.

● 명상

이 명상 중에 막히거나 불안하고 불편할 때 언제든지 위의 균형주문을 외우며 계속하십시오. 필요할 때마다 이 주문을 외울 수 있습니다.

숨을 들이쉬고 깊게 내쉽니다. 호흡 3회.

〈성직자〉 카드를 보며 당신 안으로 스며들게 하십시오. 눈을 감으세요. 내면의 안내자를 만나봅니다. 당신 앞에 즐거워 보이는 길이 펼쳐집니다. 이 길은 걷고 싶은 당신의 호기심을 자극하며 편안함과 안전함을 느낍니다.

당신은 당신의 안내자, 지혜의 신이 당신 앞에 나타나기를 요청하며 전진합니다. 멀리서 당신을 향해 다가오는 실루엣이 보입니다. 그 안내자를 만난 적은 없지만, 당신에게 친숙해 보입니다. 그는 당신에게 다가오고 즉시 안정감을 느낍니다. 성직자는 이 명상을 수행하는 동안 당신의 내면을 들여다보라고 요청합니다. 감히 자신의 내면을 들여다보지 못하는 이유를 생각해 보십시오. 당신은 무엇을 두려워합니까? 어떤 감정이 두려움을 느끼게 만드나요? 그는 당신을 빈 공간으로 안내하며, 당신 삶에서 경험하게 된 것들을 설명하고 이 길에서 도움이 되는 지침을 제공합니다. 이 말이 명확하게 잘 들리지 않아도 그냥 순리에 맡기세요. 이 가르침은 당신의 마음속에 울려 퍼질 것입니다. 마음이 차분해지면 그에게 감사를 표현합니다. 언제든지 다시 당신의 안내자에게 돌아와 이야기를 나눌 수 있다는 사실을 알고 자리를 떠납니다. "감사합니다"를 세 번 외우며 이 명상을 마칩니다.

10. 미로Le Labyrinthe

나는 어떤 어려움이 있더라도 내 인생길에 전념합니다.

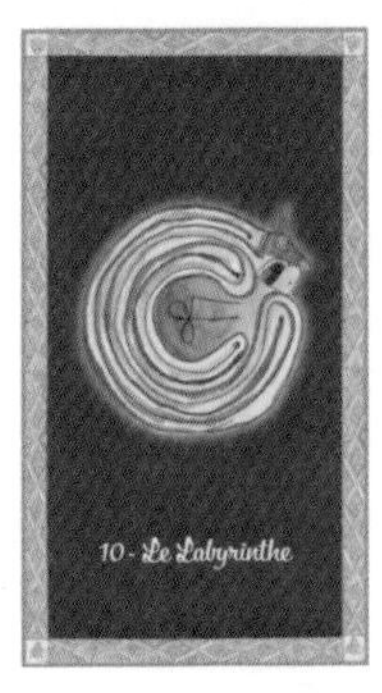

미로는 우리 삶의 방식에 대해 이야기합니다. 이 길은 성장하고 진화하고 이해하는 데 시간이 걸립니다. 실수하고, 다시 시작하고, 경험을 습득하는 시간이기도 합니다. 미로는 당신이 길을 잃은 것처럼 느껴지더라도 당신을 성장시킬 내면의 길로 선택했음을 의미합니다. 이 길은 곧지 않기 때문에 힘들어 보일 수 있지만, 당신은 인생 경험을 만들고 여전히 더 많은 것을 배울 필요가 있습니다. 방황 중인 것 같아도 모든 것이 잘 될 것입니다.

키워드 #경험 #초기 #경로

♠ 점술

- 직업: 당신은 발전없이 원점을 빙빙 도는 것처럼 느낄 수 있습니다. 현재 길에서 어떻게 가야 할지 어떤 길을 택해야 할지 모릅니다. 원하는 결과를 찾지 못한 채 갇힌 느낌을 받을 수 있습니다. 그것은 또한 당신이 주변으로부터 방해를 받고 있음을 의미할 수도 있습니다.
- 관계: 이제는 어디로 가야 할지 모르는 관계입니다. 이 관계에서의 방향이 더 이상 보이지 않고 얽혀있는 느낌을 받을 수 있습니다.
- 건강: 심리적인 장벽이 있으며 항상 같은 방식으로 행동하지 않고, 어떤 길을 갈지 신중히 선택하는 것이 중요합니다. 감금의 느낌, 불안, 스트레스, 심리적인 고문에 시달릴 수 있습니다.
- 재물: 모든 것이 막히거나 느리게 움직입니다. 길이 순탄하지 않습니다.
- 영성: 여전히 방향을 잡지 못하고 헤메고 있는 느낌입니다. 직감을 개발하고 마음에 귀를 기울이며 나아갈 방향을 찾는 것이 중요합니다. 새로운 길을 열고 모험을 떠나는 것을 감행해 보십시오.

♠ 자기계발

- 성찰

- 잘못된 방향으로 갈까 봐 두려운가요?
- 한 번에 성공하지 못한다는 생각에 불안한가요?

- 나는 완벽주의자인가요? 쉽게 포기하는가요?
- 내가 원하는 대로 일이 풀리지 않을때 금세 비관적이 되는가요?

● 균형주문

- "길을 잃으면 겁이 난다"와 "길을 잃는 것은 내가 안전하게 새로운 장소를 발견하게 만든다" 사이 균형을 요청합니다.
- '내 인생의 방향을 모르는 걱정'과 '목적지를 몰라도 평온함' 사이 균형을 요청합니다.
- "시련 속에서만 경험하며 살 수 있다"는 믿음과 "시련이 없더라도 편안하게 경험할 수 있다"는 확신 사이 균형을 요청합니다.
- "길을 잃으면 죽는다"는 신념과 "길을 잃더라도 나는 살아남는다"는 신념 사이 균형을 요청합니다.

● 명상

숨을 들이쉬고 깊게 내쉽니다. 호흡 3회.

〈미로〉 카드를 상상합니다. 이 명상 중에 막히거나 불안하고 불편할 때 언제든지 위의 균형주문을 외우며 계속하십시오. 필요할 때마다 이 주문을 소리 내어 외울 수 있습니다. 눈을 감고 미로 안으로 들어갑니다. 당신은 미로 속에 있습니다. 여유를 갖고 미로에서 느껴지는 감각과 감정을 느껴보십시오. 당신의 몸의 감각에 예민해지십시오. 불편함을 느끼면 명상하는 동안 언제든지 균형주문을 외우십시오. 이제 미로 안으로 깊이 더 들어가 보세요. 단순히 출구만 찾으려고 하지 말고 자신에 대해 좀 더 탐구해 보십시오. 위를 올려다보고 하늘에서 천사들이 여러 방법으로 당신의 모든 일을 돕는 모습을 시각화해 보세요. 그들은 당신을 안심시키고 걱정하지 않도록 도와줍니다. 길을 잃었다고 생각되면 도움을 요청하고, 당신의 천사는 도움을 줄 것입니다. 편안한 마음으로 계속 앞으로 나아가십시오. 두려움은 조금씩 사라지고, 이 미로에는 당신을 위한 크고 작은 많은 선물과 힌트들이 있다는 것을 알게 됩니다. 그것들을 모두 차분하게 하나로 통합하십시오. 당신이 앞으로 나아갈 때마다, 당신이 뒤로 가고 있는 것처럼 느껴지거나 또는 당신이 출구를 찾을 수 없을지라도, 당신이 수집한 선물과 힌트들이 당신을 도울 것입니다. 당신은 더 차분하고 평온하게 그리고 안전하게 앞으로 나아가고 있습니다. 미로를 통해 모은 많은 선물이 어려울 때마다 당신에게 도움이 될 것입니다. 이 모든 축복을 가득 안고 미로를 나옵니다. 숨을 편하게 내쉽니다. "감사합니다"를 세 번 외우며 이 명상을 마칩니다.

11. 대천사L'Archange

나의 직관력과 수호천사와의 채널링을 향상하며 자신있게 조언을 구하고 경청합니다.

대천사가 나온 경우 당신의 높은 자아를 받아들일 것을 허락합니다. 당신은 보호받고 있음을 느낄 수 있습니다. 또한, 당신이 생각하는 상황은 가이드의 보호 아래 있습니다. 당신의 가이드에게 당신을 안내할 수 있도록 믿고 맡기십시오. 당신은 이 모든 정보를 신뢰할 수 있으니 두려워하지 말고 정보를 받으십시오.

키워드 #지도 #지침 #가이드 #균형 #직관

♠ 점술

- 직업: 당신의 업무에 대해 잘 안내받고 있으며, 당신은 능력에 대한 정당한 대우를 받고 있습니다. 당신은 또한 팀의 갈등을 조정하는 중재자가 될 수 있습니다.
- 관계: 이 카드는 평화로운 관계를 나타냅니다. 또한 순수하고 우호적인 관계가 될 수도 있습니다. 관계는 안정적이고, 서로에 대한 존중으로 구축됩니다.
- 건강: 건강은 좋고, 자신보다 다른 사람을 더 염려합니다.
- 재물: 균형적인 재무상태입니다.
- 영성: 자기 자신을 인식하고 영적인 길로 나아가고 있습니다. 망설이지 말고 가이드에게 도움을 요청하세요. 당신이 그들을 볼 수 없더라도 가이드는 당신 곁에 있으며 당신을 보호하고 있습니다. 당신의 지식을 활용하여 다른 이들을 끌어 줄 수 있습니다.

♠ 자기계발

- 성찰

- 당신의 가이드와 당신은 어느 소통 수준에 있나요?
- 당신의 직관력을 얼마나 발전시키고 있나요? / 직관력이란 당신에게 무슨 의미인가요?
- 당신의 삶에서 보호와 지원을 받고 있음을 느끼시나요? / 외부의 지원을 기꺼이 받아들이나요?
- 당신 자신을 신뢰하나요?

• 균형주문

- "나는 직관적이지 않다"는 믿음과 "나는 직관적이다"라는 확신 사이 균형을 요구합니다.
- "천사의 가이드는 재능을 가진 사람들에게만 주어진다"는 믿음과 "모든 인간은 천재성을 가지고 있다"는 확신 사이 균형을 요구합니다(개발 여부는 개인에게 달려있습니다, 그 천재성을 발전시키지 못하고 버려질 수 있음을 염두하십시오).
- "나 혼자 앞으로 나아가야 한다"는 믿음과 "나는 사랑 그리고 배려의 존재들에 둘러싸여 있다"는 확신 사이 균형을 요청합니다.

• 명상

숨을 들이마시고 깊게 내쉬기를 3회 반복합니다. 〈대천사〉 카드를 상상합니다. 눈을 감으세요. 이 명상 중에 막히거나 불편하고 불안할 때 언제든지 위의 균형주문을 외우고 계속하십시오. 필요할 때마다 이 주문을 소리 내어 외울 수 있습니다.

즐거운 곳에 있는 자신을 시각화하십시오. 피부에 닿는 태양의 따사로움, 머리카락과 옷을 스쳐 지나가는 가벼운 바람을 느껴보십시오. 자연이 얼마나 아름답고 평화로운지 주위를 둘러보세요. 대천사를 부르고 그가 당신 앞으로 오는 것을 보십시오. 대천사는 당신에게 도움을 주려 합니다. 대천사에게 당신이 원하는 것을 명확하고 정확하게 표현하십시오. 가능하다면 당신이 원하는 것을 소리 내어 말해보세요. 대천사는 당신의 간절한 바람을 들었으며 당신을 향해 손을 내밀고 있습니다. 당신은 원하는 것을 받을 수 있습니다. 당신의 육체 안에 이것이 일으키는 변화를 느껴보십시오. 그는 당신의 인생길에서, 가장 잘 당신을 도울 수 있는 사람은 당신 자신이니, 당신 자신을 믿고 따르라고 말합니다. 그 믿음은 당신의 자신감을 차오르게 만들고, 당신은 믿음과 함께 마음과 몸이 가벼워집니다. 이제 아래를 내려다보십시오. 많은 사람이 각자 자기 인생길 앞에 마주하고 있는 것이 보입니다. 때때로 이 길들은 교차하거나 평행하게 나란히 내려가기도 합니다. 절대 완전하게 겹치지 않습니다. 각자 사람들이 특별하고 존엄한 인생길에 있음을 인정하십시오. 이제 대천사는 당신을 당신의 인생길 위로 높이 데려갑니다. 높이 올라가면서 가벼워짐을 느낍니다. 당신은 삶의 진화를 위해 언제든지 다른 선택을 할 수 있습니다. 대천사는 지금 당신이 어떤 경험을 하고 싶은 지를 정의하도록 제안합니다. 느낀 대로 말해주세요. 마음준비가 되었다면 내려와 지상에서의 삶의 길을 다시 걸으십시오. "감사합니다"를 세 번 외우며 이 명상을 마칩니다.

12. 균형La Balance

나는 존재의 이중성을 받아들입니다.

나는 '내가 항상 좋은 상태가 아닐 수 있다'는 것을 받아들입니다. 심층적인 변화는 힘으로 이루어지는 것이 아니라 균형을 통해 이루어집니다. 인생에서 항상 최상의 상태를 유지할 수는 없습니다. 인생은 이중성의 힘들 사이 균형을 유지하는 것입니다. 내 안에 균형을 창조할 수 있도록 받아들입니다. 〈균형〉 카드가 있다는 것은 '현재 당신은 균형이 맞지 않는다'는 의미이며, 모든 안녕과 행복의 원천인 균형을 되찾아야 합니다. 이 카드는 이중성을 나타내므로 두 가지로 해석할 수 있습니다. 하나는 매우 긍정적이고 다른 하나는 더 모호합니다. 이것은 모든 것이 끊임없이 변화하기 때문입니다.

키워드 #균형 #이중성

♠ 점술

- 직업: 일의 균형이 잘 이루어지고 제대로 발전하고 있습니다. 성공하려면 직장에서 균형이 필요합니다. 주변의 다른 카드에 따라 당신은 성공에 도달하기 위한 선택을 할 수도 있습니다. 이 카드는 사법계 직업과 관련이 있을 수 있습니다.
- 관계: 당신의 관계는 균형을 이루고 있지만, 과신하지 말고 친구나 배우자를 위해 시간을 내십시오. 그렇지 않으면 그들이 버림받았다고 느낄 수 있습니다. 이 카드는 균형을 찾기 위해 선택해야 할 사항이 있을 수 있음을 의미합니다.
- 건강: 건강이 좋은 상태입니다. 지금은 모든 것이 괜찮지만 불변하는 것은 없습니다. 몸 관리를 잘 하세요.
- 재물: 재정적으로 안정적입니다.
- 영성: 당신은 아마 있는 그대로 받아들일 때 놓아버리는 것이 쉽다는 것을 알게 될 것입니다. 그것은 또한 당신이 통제할 수 있다면 그 길을 가야 할 때라는 것을 의미할 수도 있습니다. 당신은 당신의 삶과 영적인 삶 사이에서 균형을 찾았습니다. 이 길에서 계속 성장하십시오.

♠ 자기계발

• 성찰

- 나약함을 받아들이기 힘든가요?

- 나는 감정적으로 롤러코스터를 타고 있나요?

- 나는 존재의 이중성을 받아들이나요?

• 균형주문

- "내 안전을 위해 항상 모든 것이 좋아야 한다"는 신념과 "나는 나약해도 위험하지 않을 수 있다"는 확신 사이 균형을 요청합니다.

- "내가 강해지려면 나는 항상 잘 되어야 한다"는 신념과 "나는 연약하지만 강할 수 있다"는 확신 사이 균형을 요청합니다.

- "인생에서 모든 것이 어긋나면 나는 위험에 처한다"는 신념과 "모든 것이 잘못될지라도 나는 위험하지 않다"는 확신 사이 균형을 요청합니다.

• 명상

이 명상 중에 막히거나 불안하고 불편할 때 언제든지 위의 균형주문을 외우고 계속하십시오. 필요할 때마다 이 주문을 소리 내어 외울 수 있습니다. 숨을 들이마시고 길게 내쉬기를 3회 반복합니다. 〈균형〉 카드를 상상합니다. 눈을 감으세요. 〈3. 태양신경총〉 차크라(가슴횡경막)에 의식을 두십시오. 태양신경총은 신체에서 에너지가 균형을 이루는 곳입니다. 저울을 시각화합니다. 한쪽 접시가 다른 쪽보다 더 기울어져 있습니까? 아니면 균형이 잡혀 있나요? 저울 위에 하나의 상황을 놓습니다. 불균형하다고 느끼면, 반대편에 무엇을 넣어 균형을 맞출 수 있을까요? 잘 모르겠다면 태양의 노란빛을 불러서 저울의 접시 위에 올리는 것을 시각화하십시오. 균형주문을 외우십시오. 저울이 다시 균형을 잡을 때까지 기다리십시오. 이제 눈을 뜨고, 두 손을 〈3. 태양신경총〉 위치 앞에 양손을 서로를 향하게 좌뇌와 우뇌를 조립하듯이 손가락 끝이 만나게 양손을 모으십시오. 의식 속에서 우뇌와 좌뇌, 남성과 여성을 통합하고 균형을 잡습니다.* "감사합니다"를 세 번 외우며 이 명상을 마칩니다.

*역자 주. Namarskar- 양손 바닥을 마주 보게 합쳐, 음과 양의 에너지의 균형을 맞추는 요가입니다. 요가는 하나됨을 말합니다. 매우 간단하지만 강력한 도구이기에 하루에 3회 아침 점심 저녁에 의식적으로 연습함으로써 여러분의 에너지 균형을 맞추는 데 도움이 될 것입니다. — 사드그루.

13. 촛불Les Bougies

나는 내면의 자신을 감히 빛에 밝히도록 둡니다.

촛불은 빛 안에 있는 당신을 받아들이도록 요청합니다. 내면의 자아가 드러나는 것을 두려워하지 말고 진정한 자신이 되십시오. 자신과 자신의 안녕을 우선하십시오. 촛불은 영혼의 빛을 상징합니다. 〈촛불〉 카드는 당신이 동굴에서 나와 세상에 자신을 보여줄 시기임을 말합니다. 빛에 비춰진 당신은 안전하며, 그것은 당신을 보호하고 당신의 길을 비춰줍니다. 그것은 또한 영적 메신저의 작업이자 초자연적인 연결이기도 합니다.

키워드 #명성 #쌍둥이_불꽃 #고인 #넘어선

♠ 점술

- 직업: 촛불은 성공의 카드이자 밝혀지는 모든 것입니다. 촛불은 명성을 나타내지만 과시하려 하는 자아적인 의미는 아닙니다. 그것은 또한 신성함과 연결되는 중간 매체로서 다른 사람과 신에 대한 신성한 일에 대한 성공을 말합니다. 이 카드는 신비함, 미디움십(영매), 치유 및 영적인 신성한 일에 대해 말합니다.
- 관계: 사람들 앞에서 공개되고 공식적 관계로 인정되었습니다. 경험에 의해 서로가 앞으로 나아가며 서로의 한계를 시험하는 쌍둥이 불꽃 사이 연결 상태이기도 합니다. 따라서 관계는 겉으로 보기엔 부정적으로 보일 수 있습니다.
- 건강: 건강하거나 회복단계에 있습니다. 치유를 강화하기 위해 문제시되는 부분을 표면상으로 드러내어 빛에 밝힙니다.
- 재물: 재정적으로 균형을 유지하고 보호받습니다.
- 영성: 고인과 저승의 연결고리 카드입니다. 고인이 가까이 있습니다. 또한 인간관계와 관련한 쌍둥이 불꽃을 나타냅니다. 주변에 부정적인 카드가 옆에 있다면 시간을 내어 주변을 정화하십시오.

♠ 자기계발

● 성찰

- 내가 나의 우선순위인가요?

- 나보다 남을 먼저 생각하는가요?

- 감히 무대 위의 빛에 나 자신을 나타낼 수 있는가요?

- 나의 있는 그대로의 모습을 보여주기 어렵나요?

● 균형주문

- "어둠에서 벗어나는 것을 금지한다"와 "빛 속에 있는것을 받아들인다" 사이 균형을 요청합니다.

- "어둠에서 벗어나는 것이 위험하다"와 "밝은 빛 속에서도 안전하다" 사이 균형을 요청합니다.

● 명상

숨을 들이마시고 깊게 내쉬기를 3회 반복합니다. 호흡 3회.

〈촛불〉 카드를 봅니다. 눈을 감으세요. 이 명상을 하는 동안 갇힌 느낌이 들거나 불안하고 불편할 때 언제든지 위의 균형주문을 외우고, 필요할 때마다 이 주문을 소리 내어 외울 수 있습니다. 눈앞에 한 장면이 펼쳐집니다. 스포트라이트로 밝혀지고, 이 무대에 역시 촛불이 있습니다. 빛나는 장소이고, 매우 아늑하고 쾌적합니다. 큰 양탄자와 안락의자가 있어, 이곳은 쉬어갈 수 있는 곳입니다. 당신은 무대에 오르도록 부름을 받습니다. 당신 앞에 있는 사람들은 보이지 않지만, 당신은 그들의 존재가 느껴집니다. 무대 위 조명 아래에 서는 것이 두렵나요? 다른 사람에게 나를 보이는 것이 두렵나요? 심판을 받을까 봐 두렵나요? 그렇다면 균형주문을 외우십시오.

그런 다음 무대에 설 수 있을 만큼 자신감이 생겼을 때 무대 중심으로 이동합니다. 무대 바닥에 있는 십자가 중앙에 서십시오. 이곳이 당신이 서야 할 당신 삶의 중심입니다. 사람들이 당신을 바라보며 심판할 수도 있겠지만, 당신을 위한 다른 곳은 없습니다. 이곳만이 당신의 자리입니다. 그곳에 머무르며 빛에 둘러싸인 올바른 장소에 당신이 있음을 느끼십시오. 당신은 마침내 당신 자신이 될 수 있습니다. "감사합니다"를 세 번 외우며 이 명상을 마칩니다.

14. 오르간L'Orgue

나는 내 내면의 멜로디를 연주하게 합니다.

오르간은 내면의 이야기에 경청하도록 우리를 초대합니다. 직관과 창의성의 카드입니다. 본질에 연결된 내 안의 소리 그리고 직관에 귀를 기울이십시오. 우리의 타고난 지성과 사고는 알면서도 우리의 작은 목소리에 항상 귀를 기울이지 않습니다.

내면의 멜로디를 연주하며 나의 높은 자아와 연결됨을 느낍니다. 모든 기관, 신체의 모든 부위, 세상의 모든 곳이 진동하고, 선율을 연주하게 하며 서로를 공명합니다. 당신의 멜로디, 직감은 옳습니다. 그렇다면 왜 다른 사람의 조언이나 동의를 구해야 할까요? 오르간 카드는 세상의 에너지와의 공명을 위해 당신의 에너지를 발휘하고 연결하는 것을 받아들여야 함을 의미합니다. 아무런 위험도 없습니다.

키워드 #창의력 #평화 #신과의_연결_흐름

♠ 점술

- 직업: 설계적 능력이 있습니다. 흐름에 맡겨 자유롭게 프로젝트를 설계할 수 있습니다. 직장에서의 안정감을 나타냅니다. 이 카드는 창의적인 작업에 대해 알려줍니다. 이것은 프로젝트를 시작하기 좋은 시기입니다.
- 관계: 관계는 건설적이며 보완적인 관계를 기반으로 합니다. 또한 관계의 발견 단계를 나타냅니다. 관계의 결과에 대해 자세히 알아보려면 다른 카드 나열법('3유도카드 뽑기' 또는 '관계카드 뽑기')이 필요할 것입니다.*
- 건강: 이 카드는 현실세계에서 큰 장점과 단점이 있습니다. 민감하고 과민함을 나타내는 카드입니다. 오르간은 몸과 영혼과 마음(정신)의 균형을 기반으로 합니다.
- 재물: 현명한 지출을 하도록 주의하십시오.

*역자 주. 더 좁혀진 하나의 질문에 대한 대답으로 두 번째 카드를 뽑고, 두 번째 카드에 대해 더 좁혀진 질문으로 세 번째 카드까지 연달아 뽑음으로써 더 섬세한 답을 얻을 수 있도록 유도하는 것입니다. 이 카드 뽑기 방법을 '3유도카드 뽑기'라고 칭함./ 관계카드 뽑기는 뒷장 카드 배열법 확인 바람.

• 영성: 다른 '나' 사이에 평화와 균형을 가져오는 시작 카드입니다. 영적 에너지 입문- 레이키 또는 다른 형태의 영성 입문, 영적인 능력을 키웁니다.

♠ 자기계발

• 성찰

- 내 창의력을 자유롭게 펼치는가요?
- 내면의 이야기를 경청할 줄 아는가요?

• 균형주문

- "나는 창의적이지 않다"라는 믿음과 "나는 창의적이다"라는 확신 사이에서 균형을 요청합니다.
- "창의력은 천부적 재능이다"는 믿음과 "창의력은 습득이 가능하다"는 확신 사이 균형을 요청합니다.

• 명상

숨을 들이마시고 깊게 내쉬기를 3회 반복합니다. 호흡 3회.

〈오르간〉 카드를 봅니다. 눈을 감으세요. 이 명상을 하는 동안 갇힌 느낌 이거나 불편할 때 언제든지 위의 균형주문을 외우고 계속하십시오. 필요할 때마다 이 주문을 소리 내어 외울 수 있습니다.

오르간은 〈3. 태양신경총〉 차크라를 진정시키고 하늘과 땅의 에너지를 연결합니다. 〈3. 태양신경총〉(횡경막부위)에 의식을 둡니다. 이곳 중앙에 반짝이는 빛이 가득한 동굴로 시각화하십시오. 숨을 들이쉴 때마다 빛 입자들은 동굴 안을 더욱 가득히 반짝이고 확산됩니다. 숨을 내쉴 때마다 빛의 입자는 중심의 제자리로 돌아갑니다. 들숨과 날숨은 조명이 확장되는 것과 축소되는것과 같습니다. 1~3분 동안 이 호흡을 유지하면서 태양신경총 차크라 중심의 빛을 상상해보세요. 이 빛을 시각화하면서 숨을 들이쉬고 내쉬십시오. 호흡은 길고 깊게 합니다. 이 움직임이 사랑스러운 선율을 연주하고 하늘과 땅의 에너지가 통하게 하십시오.

"감사합니다"를 세 번 외우며 이 명상을 마칩니다.

15. 매듭Les Noeuds

나의 일부 신념은 내가 앞으로 발전해 나아가는 데 가로막습니다.

당신의 카드에 매듭이 있으면 무언가가 현재 진행되고 있는 상황을 방해하고 있는 것입니다. 시간을 내어 당신의 긍정적인 에너지를 막는 제한적 신념에서 벗어나기 위한 성찰을 하십시오. 이 카드는 장애물 그리고 지연을 나타내며, 매듭을 풀어야만 전진할 수 있습니다. 이 카드는 상황을 재점검하여 이러한 매듭이 어디에서 왔는지 이해하고 방해를 해제할 수 있도록 요청합니다.

키워드 #제한 #신념 #막힘 #지체

♠ 점술

- 직업: 당신의 일이 순조롭게 풀리지 않음을 느낍니다. 승진의 기회가 없을 수도 있습니다. 당신은 정체되고 이것은 당신의 욕망 부족, 불편함 및 자신감 상실을 초래합니다. 동료의 방해가 있을 수 있습니다. 당신이 창조적인 일을 한다면, 영감 부족과 창조성 손실을 의미할 수 있습니다.
- 관계: 순조롭지 못한 인간관계를 의미합니다. 이제는 더 이상 같은 목표가 없거나 같은 파장에 있지 않음을 의미합니다. 결론은 매듭을 풀어주는 것이 최선의 방법입니다. 세대를 초월한 가족 관계가 당신의 관계를 가로막고 있을 수 있습니다.
- 건강: 이것은 모든 형태의 막힘, 위장의 매듭, 호흡 관련 문제입니다. 활력 부족, 감정적 에너지의 막힘으로 더 이상 앞으로 나아갈 활력 에너지가 부족합니다.
- 재물: 이 카드는 재정적 막힘을 말합니다. 투자 수익이 불충분하고 심지어 돈을 잃을 수도 있습니다.
- 영성: 〈매듭〉 카드는 가족 세대 사이 막힘에 대해 알려줍니다. 그것으로부터 자신을 해방하기 위해 이해가 필요합니다. 당신은 자신을 영적인 존재로 보는 것을 허용하지 않습니다.

♠ 자기계발

- 성찰

- 내 삶의 어떤 영역이 막혀있나요?
- 삶의 어떤 부분에서 숨이 안 쉬어지는 느낌이 드나요?
- 세대를 초월한 신념을 가지고 있어 앞으로 나아가지 못하고 나 자신이 되는 것을 막는 느낌이 드는가요?

● 균형주문

- 나는 "모든 것이 변하지 않도록 오래된 믿음을 유지하는 것"과 "나의 더 나은 행복을 위해 오래된 믿음을 버리는 것" 사이 균형을 요청합니다.
- "세대간 부담을 짊어지는 것"과 "세대간 부담에서 벗어나는 것" 사이에서 균형을 잡아달라고 요청합니다.
- "세대간 무게를 짊어지고 가족에게 빚진 느낌"과 "모든 형태의 부담으로부터 해방" 사이에서 균형을 요청합니다.

● 명상

숨을 들이마시고 깊게 내쉬기를 3회 반복합니다. 호흡 3회.

〈매듭〉 카드를 봅니다. 눈을 감으세요. 이 명상 중에 막힌 느낌이 들거나 화나고 불편할 때 위의 균형주문을 외우고 명상을 계속 진행하십시오. 필요할 때마다 이 주문을 소리 내어 외울 수 있습니다. 마음에 와닿는 프로젝트나 당신이 해결하고자 하는 상황을 생각해 보세요. 마치 화면에서 눈 앞에 펼쳐지는 것처럼 상황을 최대한 명확하게 상상하십시오. 이 상황에 대해 당신이 느끼는 감정은 무엇인가요? 믿음을 제한하는 막힘이 느껴진다면 균형주문을 소리 내어 외웁니다.

빛을 시각화하고, 당신의 느낌과 보이는 것을 즐겁게 받아들이십시오. 진실된 그대로를 환영함으로써 모든 것이 진정됩니다. 선조 가족 구성원들이 당신 앞에 나타나도록 허용하세요. 당신이 그들의 얼굴을 볼 수 없어도, 그들은 거기에 있습니다. 다음의 세대를 초월한 막힘 해제 문구를 말하십시오. "오늘날 더 이상 원하지 않는 이 모든 유대를 연민과 자비로 놓아버리십시오." 연결이 끊어지고 자유로워질 수 있도록 선조들이 모두 사라지면, 빛이 당신의 마지막 신념을 자유롭게 풀어주도록 합니다. 그들의 방문에 감사를 드립니다.

"감사합니다"를 세 번 외우며 이 명상을 마칩니다.

16. 가리비 껍데기La Coquille Saint-Jacques

나는 보호받고 안전합니다.

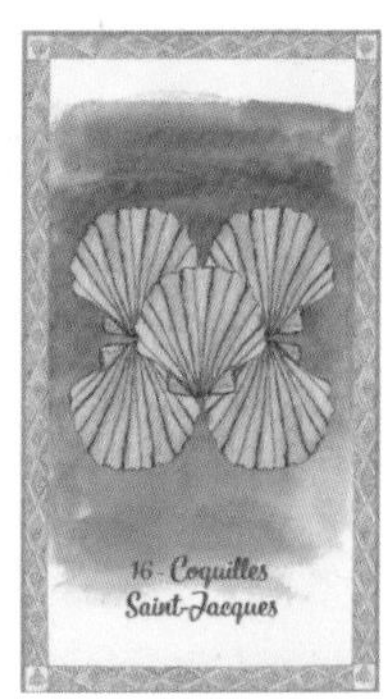

〈가리비 껍데기〉 카드는 당신은 보호되고 안전함을 말합니다. 당신, 당신의 가족, 사랑하는 사람, 그리고 당신의 프로젝트는 모두 안전합니다. 피곤함을 느끼면 시간을 내어 주거 공간을 정화하십시오. 다른 부정적인 카드와 함께 둘러싸여 있다면, 부정적인 영향으로부터 자신을 보호하십시오. 이 카드는 또한 가정이나 평화를 느끼는 그룹의 안전을 나타낼 수 있습니다.

키워드 #보호 #풍요로움 #안정성 #높은_에너지의_장소

♠ 점술

- 직업: 이 카드는 안정적이고 지속성있는 일을 통해 재정적인 안정을 가져옵니다. 프로젝트를 가지고 있다면 지금 시작하기 좋은 시기입니다.
- 관계: 당신의 관계는 보호와 배려를 받는 관계입니다. 당신은 정서적 안정을 찾고 있습니다. 이 카드는 안전과 평화로운 환경에서의 가족과 보호를 나타냅니다. 길을 잃은 느낌이 든다면, 주저하지 말고 신뢰하는 가까운 사람들에게 도움을 요청하십시오.
- 건강: 건강이 좋고 몸이 안전합니다. 활력이 넘칩니다. 다산, 생산성의 상징이기도 합니다.
- 재물: 재정적으로 안정적이며 당신의 투자는 안전합니다. 부정적인 카드가 주변에 있다면 주변에서 일어나는 일을 주의 깊게 관찰하십시오. 주저하지 말고 한 걸음 물러서서 상황을 평가하십시오.
- 영성: 이 카드는 초자연적인 수준에서의 보호를 상징합니다. 또한, 그 사람의 업적의 견고함과 탄탄한 구조를 말합니다. 주변의 카드에 따라 자신을 정화하는 시간을 가져야 할 필요도 있습니다. 영적 수련회를 가시는 것도 좋습니다. 당신의 안전을 보호하기 위해 가리비를 집에 두는 것을 주저하지 마십시오.

♠ 자기계발

● 성찰

- 내 삶의 어떤 영역에서 불안을 느끼는가요?
- 지구상의 삶은 나에게 안전한가요?
- 안전하다고 느끼려면 무엇이 필요한가요?
- 다른 사람들의 도움이 필요한가요?
- 지위나 물질적인 것들이 필요한가요?

● 균형주문

- "나는 이 세상에서 불안정하다"는 믿음과 "나는 세상에서 안전하다"는 확신 사이 균형을 요구합니다.
- "나는 누군가와 함께할 때 위험에 처해 있다"는 믿음과 "나는 누군가와 함께할 때 안전하다"는 확신 사이 균형을 요구합니다.
- 나는 "다른 사람들이 나에게 안전을 제공한다"는 믿음과 "안전은 내 안에 있다"는 확신 사이 균형을 요구합니다.

● 명상

숨을 들이마시고 깊게 내쉬기를 3회 반복합니다. 호흡 3회.

눈을 감으세요. 이 명상 중에 막히거나 불안하고 불편할 때 언제든지 위의 균형주문를 외우고 계속하십시오. 필요할 때마다 이 주문을 소리 내어 외울 수 있습니다.

불안감을 느끼는 상황을 생각해 보십시오. 가슴에 손을 얹고 오랫동안 숨을 들이쉬고 내쉽니다. 균형주문을 반복하고 가리비를 상상합니다. 가리비가 당신의 〈5. 심장〉 차크라에서 나옵니다. 가리비를 카드 이미지와 같이 당신 주위에 보호막처럼 배치합니다. 가리비가 발산하는 균형 에너지와 우리에게 보내는 이 깊은 해방의 물결 에너지를 받아들여 스며들게 하십시오. 이제 가리비의 물결 에너지를 성수로 상상해봅니다. 정화해야 할 것들을 이 가리비 모양의 성수체에 담을 수 있습니다. 당신이 담은 것들이 정화되도록 시간을 두십시오. 당신 자신을 가리비 껍질 안에 있는 비너스와 같이 상상하고 정화를 요청할 수도 있습니다.

"감사합니다"를 세 번 외우며 이 명상을 마칩니다.

17. 별자리La Constellation

내가 보내는 나 자신의 이미지가 올바른가요?

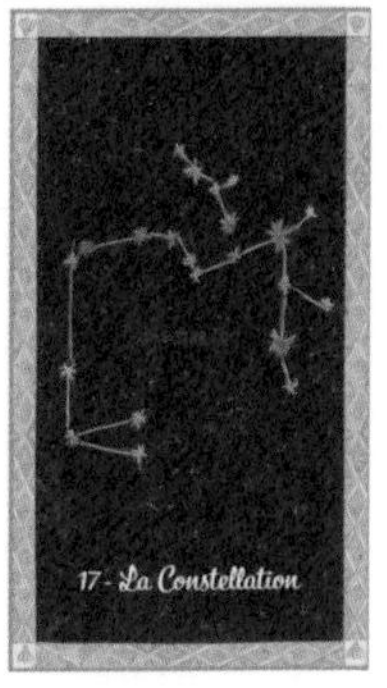

선택한 카드에 별자리가 있다는 것은 자신이 평가하는 자신의 이미지가 옳지 않거나 남의 눈의 판단이 두려워 감히 자신이 되지 못하는 것을 의미합니다. 이 카드는 우리의 제한된 믿음으로 인해 때때로 잘못된 세상에 대한 투영을 나타냅니다. 또한, 모든 것을 알지 못한 채 판단하고 있을지도 모른다는 의미이기도 합니다. 이 카드는 심판의 카드이자 투영 및 해석을 말합니다. 우리는 우리 자신의 프리즘으로 상황을 해석하지만, 항상 그것이 현실인가요? 우리의 직관보다 우리 자신의 해설과 논리에 더 의존해 별자리 해석을 보는 것을 흥미로워합니다. 이 카드는 우리가 생각하는 미래에 대한 우리의 비관적 투영을 알려줍니다. 별자리 카드는 자신의 투영에 대한 정직성이 어느 정도 부족하지만, 할리퀸이나 광대처럼 의도적인 거짓과 성격이 다릅니다.

키워드 #해석 #투사 #심판 #자신에 대한 정직성 결여 #자신을 있는그대로 보여주는 것에 대한 두려움 #불쾌감에 대한 두려움

♠ 점술

- 직업: 우리는 그것이 효과가 있는지 알기도 전에 포기했기 때문에 감히 끝까지 갈 수 없습니다(단순하고 표면적, 피상적 관계에서 일함).
- 관계: 이 카드는 관계의 헌신 부족에 대해 알려줍니다. 양쪽 모두에게 책임이 있습니다. 어쩌면 서로에게 너무 많은 것을 기대하는 것일 수도 있습니다. 이 카드는 우리가 상대방에 대한 감정에 대해 자신을 속이고 있다는 것을 말합니다. 우리는 변화에 대한 두려움 때문에 자신의 감정에 성실하지 못할 수 있습니다.
- 건강: 부조화, 아직 발견되지 않은 정서적 불평등, 불안에 대한 카드입니다. 상담자는 심리상태가 불편하지만, 아직 그 불안을 심각하게 인지하지 않았습니다.
- 재물: 숨겨진 결함에 주의하십시오.
- 영성: 자신에게 정직해야 합니다. 부정적인 생각과 판단은 영적 발전에 중요한 영향을 미칩니

다. 이 카드는 또한 당신의 이해를 돕기 위해 당신의 인생길을 명확하고 정확하게 제시해 줄 점성술을 나타냅니다. 점술에서는 주변 카드에 따라 부정적 의도가 있을 수 있습니다.

♠ 자기계발

• 성찰

- 나 자신에게 정직한가요?
- 나는 어떤 이미지를 나타내고 싶은가요?
- 나는 어떤 상황에서 피상적인가요?

• 균형주문

- 나는 "다른 사람들이 좋아하는 나의 이미지를 보여주는 것"과 "다른 사람들이 뭐래도 진실된 나를 보여주는 것" 사이 균형을 요청합니다.
- 나는 "다른 사람들을 기쁘게 하기 위한 이미지에 나를 맞추는 것"과 "진정한 나를 보여주는 것" 사이 균형을 요청합니다.
- 나는 "타인의 판단이 두려워 침묵하는 것"과 "타인이 어떻게 생각하든지 당당하게 말하는 것" 사이 균형을 요청합니다.

• 명상

숨을 들이마시고 깊게 내쉬기를 3회 반복합니다. 호흡 3회.

〈별자리〉 카드를 상상합니다. 눈을 감으세요. 이 명상 중에 갇힌 느낌이 들거나 막히거나 불편하면 언제든지 위의 균형주문을 외우십시오. 이 주문을 필요할 때마다 소리 내어 외 울 수 있습니다. 당신 앞에는 큰 거울이 있습니다. 그 거울은 당신의 전신을 비춥니다. 가식 없이 이 거울에 당신 자신을 비춰보세요. 당신은 무엇을 볼 수 있습니까? 자신의 어떤 이미지가 보이나요? 다른 사람에게 보여주고 싶은 이미지인가요? 이 이미지가 정말 당신을 닮았나요? 이제 이 거울이 당신의 출생과 관련된 별자리 행성들이 당신 주변을 비추게 하고 당신의 느낌을 바라보십시오. 똑같은 당신 자신의 이미지를 보여줄 수도 있고 완전히 다른 이미지를 보여줄 수도 있습니다. 당신이 보고 있는 것을 받아들이십시오. 모든 사람은 자기만의 경험을 토대로 한 해석코드대로 인식합니다. 다른 사람의 프리즘이 당신의 것과 다를 수 있음을 받아들이십시오. 당신 눈앞에 보이는 사람에게 감사하십시오. "감사합니다"를 세 번 외우며 이 명상을 마칩니다.

18. 외눈거인Le Cyclope(싸이클롭스)

나는 전체 상황을 이해하지 못합니다.

외눈거인은 존재의 원시 상태를 상징합니다. 그는 상황에 대한 이분법적인 시각만을 가지고 있습니다. 그는 에고적 사고에 치우쳐 있습니다. 상황을 한쪽 눈으로만 볼 수 있기에 이해 능력은 제한적입니다. 한 개의 눈으로 모든 것을 볼 수 없고, 균형 잡는 방법을 모르기에 그를 화나게 만듭니다. 그는 에고의 지배를 받고 있으며 아직 자신의 신성한 부분인 빛에 접근할 수 없습니다. 외눈거인은 자신이 신성과 관련이 있다는 것을 알지만, 여전히 신성이 자신보다 위에 있다고 생각합니다. 그는 신성함이 우리 각자 안에 있다는 것을 이해하지 못합니다. 그래서 그는 권위와 사람들을 통해 자신을 정의하려 하고 자신의 위치를 찾으려고 합니다. 이 카드는 행동을 취하기 전에 더 많은 것을 알아야 한다는 것을 알려줍니다. 〈외눈거인〉 카드가 있으면, 아직 보이지 않는 것(빙산의 잠긴 부분)을 더 깊이 살펴보십시오. 외눈거인은 또한 '우리가 모든 것을 통제하려는 것'에 대해 이야기합니다. '놓아주기에 대한 두려움'을 말합니다.

키워드 #멘탈 #반사 #제한된 시야 #자아

♠ 점술

- 직업: 이 카드는 분석, 엔지니어링 및 IT 분야 관련 직업을 안내합니다. 또한 규율과 계급 구조 그리고 매우 엄격한 틀을 가진 군사 업무를 지향합니다. 이러한 직업들은 엄격함을 요구하는 직업입니다. 엄격함과 권위는 당신을 정착시키고 안정감을 줍니다.
- 관계: 멘탈에 기반한 관계입니다. 당신은 마음을 여는 것이 어렵다고 생각합니다. 상처받을까, 실망할까 두렵기 때문일까요? 이 질문에 답을 찾아보고, 마음을 닫을 정도로 상처를 준 것이 무엇인지 이해하는 것이 중요합니다. 당신의 상처는 사랑과 직감의 흐름을 방해하고 있습니다.
- 건강: 지나친 통제, 긴장으로 인한 스트레스, 허리 통증, 몸 전체의 통증을 만듭니다. 불안감도 있습니다. 심장 질환, 불규칙한 심장 박동의 문제가 생길 수 있으며 '놓아버리기'가 힘들어 위장이 아플 수도 있습니다.
- 재물: 구체적인 사실에 근거한 훌륭한 재무 관리입니다.

• 영성: 에고와 멘탈에 의지해 직감능력과 느낌에 의식을 두기 어렵습니다. 자신을 믿고 싶은 욕구와 자제력을 잃을지 모른다는 두려움 사이에서 흔들립니다. 과거 삶을 들여다보십시오. 당신은 영적 세계에서 위험에 처해 있었을 가능성이 있으며, 오늘은 보이지 않는 것에 대해 신뢰를 가지기가 더 어려울 수 있습니다. 보이지 않는 것은 논리적 사고로는 볼 수 없음을 인식하십시오.

♠ 자기계발

• 성찰

- 나는 상황에 대한 전반적인 이해를 하고 있나요?
- 나는 일의 진상을 파악하지 않고 상황을 빨리 판단하는 경향이 있나요?
- 나는 내려놓기가 두렵나요? / 왜 내가 모든 것을 통제해야만 하나요?

• 균형주문

- "내 삶을 지배하는 멘탈"과 "내 삶을 진정시키는 마음" 사이 균형과 조화를 요청합니다.
- "오직 내 멘탈만이 나를 살게 한다"는 믿음과 "나의 삶을 산다는 것은 내 마음의 울림에 맞춰 살아감으로써 충만해진다"는 확신 사이 균형을 요청합니다.

• 명상

숨을 들이쉬고 깊게 세 번 내쉽니다. 호흡 3회. 〈외눈거인〉 카드를 상상합니다. 눈을 감으세요. 이 명상 중에 갇힌 느낌이 들 때, 불안하거나 불편하면 위의 균형주문을 외우십시오. 언제든지 이 문구를 필요할 때마다 소리 내어 외울 수 있습니다. 계속 명상을 진행합니다. 더 분명하게 보고 싶은 상황을 시각화합니다. 눈앞에 화면에 나타납니다. 이 상황을 가능한 한 정확하게 시각화하십시오. 이미지가 고정되고 상황을 아주 잘 반영되어 보일 때, 것에 많은 태양 빛을 비추십시오. 첫 화면(에고적 시각)에 빛이 가득 채워지면, 마치 화면 뒤에서 두 번째 다른 장면이 재생되는 것처럼 다른 형상들이 나타납니다. 당신은 이제 두 번째 장면이 재생되고 뒤의 화면으로 가기 위해 앞의 첫 화면을 가로질러 갈 것입니다. 용기를 내서 첫 번째 화면(에고 필터)을 통과하면 당신 앞에 두 번째 새로운 장면이 당신 앞에 펼쳐집니다. 무슨 일이 일어나고 있는지 이해하지 못하고 아무것도 보이지 않아도, 에고 필터가 사라지고 나면 당신의 에너지와 당신의 여러 겹의 에너지- 몸 (AURA)이 그 상황을 받아들이도록 하세요. 하나로 에너지들을 통합하는 여유를 가지십시오. 깊이 호흡을 들이마시며 이 에너지를 몸에 퍼지게 하십시오. "감사합니다"를 세 번 외우며 이 명상을 마칩니다.

19. 예수그리스도Le Chirst

우리 안에는 치유의 능력이 있습니다.

당신의 치유 능력을 깨닫고, 자신을 땅과 연결하여 에너지 채널이 되어 신의 메시지를 전달하십시오. 당신은 이 지구에 있고 모든 인간과 마찬가지로 자신만의 천재성을 가지고 있습니다. 우리는 내면 깊은 곳에서 자신의 치유의 힘을 인식하고 다른 사람을 도울 힘을 지녔습니다. 개개인은 자신만의 능력으로 서로에게 기여합니다. 다른 사람을 모방하려고 하지 말고 자신의 장점을 강조하십시오.

키워드 #신성한 #영성 #치유 #이타주의 #관대함

♠ 점술

- 직업: 당신의 일에 재능이 있으며, 어떤 분야에서든 자신의 재능을 적극적으로 활용하십시오. 우리가 그것으로 무엇을 하든 천재적 선물, 재능을 활용하는 방법을 의미합니다. 자신의 지식과 능력을 마음껏 발휘하는 것이 중요합니다. 이 카드는 또한 에너지 치유 작업을 나타내며, 다른 사람들에게 도움을 주고 치료를 돕는 분야를 말합니다.
- 관계: 이타주의와 관대함을 바탕으로 한 인간관계를 나타냅니다. 당신은 다른 사람들에게 많은 기여를 합니다. 그래서 자신을 희생하지 않도록 균형을 유지하십시오. 〈광대〉나 〈할리퀸〉과 같은 다른 카드가 있다면, 악의적인 나르시시스트에 주의하십시오.
- 건강: 건강하고 활력적입니다. 당신은 에너지 치유에 감수성이 높습니다. 때때로 자신을 생각하는 것이 중요합니다. 그러지 않으면 당신이 쉽게 지칠 수 있습니다.
- 재물: 다른 사람들에게 무조건 많은 것을 줄 필요는 없습니다. 당신의 재정상태는 좋지만 다른 이들에게 속지 마십시오.
- 영성: 이 카드는 신성과 자신의 상위 자아와의 연결을 나타냅니다. 당신은 최근에 많이 발전했습니다. 이제 자신의 경험을 통해 다른 사람들을 도울 수 있습니다.

♠ 자기계발

- 성찰

- 상위 자아가 당신에게 전하는 메시지를 들을 수 있나요?
- 당신의 가치를 인식하고 있나요? 아니면 스스로를 과소평가하는 경향이 있나요?
- 당신의 재능을 인정하나요? / 당신에게 재능을 가지는 것이란 어떤 의미인가요?

● 균형주문

- 자신을 '과소평가함'과 '과대평가함' 사이 균형을 부탁드립니다.
- "나는 타인의 생명을 구하는 것을 돕는다"와 "나는 타인의 삶에 동행하면서 그들을 돕는다" 사이 균형을 요구합니다.
- "남을 생각하는 것이 더 중요하다고 믿는 것"과 "나를 우선시하고 그다음에 다른 사람을 돕는 것이 더 중요하다"는 믿음 사이 균형을 요구합니다.
- "나를 먼저 생각하는 것이 그다지 좋지 않다고 생각한다"와 "나는 신의 형상을 한 경이로운 존재이고 나를 우선적으로 생각한다" 사이 균형을 요구합니다.

● 명상

숨을 들이마시고 길게 내쉬기를 3회 반복합니다. 〈예수그리스도〉 카드를 상상합니다. 이 명상 중에 막히거나 불안하고 불편할 때 언제든지 위의 균형주문를 외우고 계속하십시오. 당신은 그의 도움이 필요하기 때문에, 예수그리스도를 부르고 당신과 동행할 것을 요청하십시오. 당신이 그를 부르는 것이 어렵다면 균형주문을 외우십시오. 나는 내가 부족하기 때문에 그리스도를 부르는 것을 금지하는 것과 그리스도를 부르는 것을 허용하는 것 사이 균형을 요청합니다. 당신은 그리스도를 마주하고 있습니다. 그는 당신에게 당신의 내면을 보라고 요구합니다. 당신의 마음속에는 항상 어둠을 밝히는 등불이 있습니다. 그리스도는 모든 인간이 태어나는 순간부터 자신의 등불에 불을 붙인다는 것을 보여줍니다. 어떤 사람들은 그것을 알고 있고, 어떤 사람들은 모릅니다. 일부 등불은 힘차게 불타오르며, 어떤 등불은 거의 꺼져 있습니다. 당신 앞에 거의 꺼진 등불을 들고 있는 존재가 나타납니다. 등불에 불을 붙이는 것을 도와주실 건가요? 꺼져가는 불빛에 대한 고통을 느끼시나요? 그의 빛도 존재한다는 것을 그가 이해할 수 있도록 그에게 당신의 빛을 보여주십시오. 그는 당신에게 영감을 받고 앞으로 나아갈지 또는 머무를지 선택할 것입니다. 당신이 직접 개입하지 않고도 스스로 그 자신의 불을 키울 수 있도록 도울 수 있음을 받아들이십시오. 당신이 '놓아버리기' 어렵다면 균형주문을 크게 외우십시오. "감사합니다"를 세 번 외우며 이 명상을 마칩니다.

20. 사무라이Le Samourai

내 자신안에 강한 힘을 인지하고 깨달습니다.

사무라이는 자신감과 강인함을 상징합니다. 이 카드는 인생에 대한 믿음을 말해줍니다. 무슨 일이 있어도 사무라이는 그의 운명에 맞섭니다. 사무라이가 있으면 당신이 자신감을 키울 필요가 있음을 알립니다. 사무라이는 우리 자신이 우리 삶의 영웅이자 주인공임을 상기시켜줍니다. 남에게 나의 권력을 주지 않고 자신이 인생의 주인공이 될 수 있도록 자신을 평가절하하지 않도록 자신감을 갖는 것이 중요합니다. 사무라이는 언제든지 위기 상황에 직면할 준비가 되어 있고, 심지어 상황을 예견할 수도 있습니다. 사무라이는 죽음을 삶의 일부로 받아들이므로, 현명하게 자아실현을 할 수 있습니다.

키워드 #힘과 활력 #정당성 #용기 #자비 #욕구 #정직 #명예 #충의

♠ 점술

- 직업: 자기체면에 능한 사무라이는 물리적인 노력과 자신감에 대한 카드입니다. 당신의 프로젝트에서 성공하기에 충분한 자신감이 없습니다.
- 관계: 신뢰하는 커플관계이지만 부정적인 카드와 함께 사무라이가 있다면 파트너 중 한 명이 하는 질투를 의미합니다.
- 건강: 건강상태는 좋습니다.
- 재물: 자신의 창조적 능력에 대한 자신감이 부족하기 때문에 타인을 부러워합니다.
- 영성: 인생에서 중요한 위치를 차지하고 결정을 내립니다. 당신은 당신의 직관과 지도력에 대한 자신감을 높입니다.

♠ 자기계발

- 성찰

- 나는 자신감을 가지고 있는가요?
- 나는 삶을 쉽게 믿는가, 아니면 비관적인가요?

- 나와 삶 그리고 나와 죽음을 어떻게 생각하는가요?

• 균형주문

- "자신감이 없다"와 "자신감이 있다" 사이 균형을 요구합니다.
- "지구상에서의 삶은 복잡하다"와 "지구상에서의 삶은 단순하다" 사이 균형을 요구합니다.
- "나는 인생을 믿지 않는다"와 "나는 인생을 믿는다" 사이 균형을 요구합니다.

• 명상

숨을 들이마시고 깊게 내쉬기를 3회 반복합니다. 호흡 3회.

〈사무라이〉 카드를 떠올립니다. 눈을 감으세요. 이 명상 중에 막히거나 불안하고 불편할 때 언제든지 위의 균형주문을 외우고 계속하십시오. 필요할 때마다 이 주문을 소리 내어 외울 수 있습니다.

눈앞에 사무라이를 상상하십시오. 그는 강하고 자신감이 넘치며 무슨 일이 있어도 맞설 준비가 되어 있습니다. 그는 삶에 대한 확신이 있고 죽음을 두려워하지 않습니다. 그는 죽음을 삶의 일부로 받아들였기 때문입니다. 사무라이는 당신의 죽음을 당신 삶의 일부로 평화롭게 받아들이는 것을 돕겠다고 제안합니다. 그리고 이를 통해 당신의 자신감이 성장할 수 있도록 도와줄 것입니다. 그는 당신에게 당신의 성전에 들어가라고 제안합니다. 이 신성한 장소에서 당신의 두려움을 내려놓을 수 있습니다. 당신은 당신의 성전 안에서 매우 안전함을 느낍니다. 인생을 온전히 누리는 데 방해가 되는 것은 무엇입니까? 이 신성한 장소에서 당신의 의심과 두려움을 땅에 내려놓으십시오. 당신이 내려놓은 것들을 살펴보십시오. 이들을 받아들이십시오. 한 발짝 뒤로 물러서 바라봅니다. 그것들은 덜 중요해 보이고, 당신이 마비될 만큼 두렵지 않습니다. 당신의 마음이 편할 때 당신은 성전을 떠날 수 있습니다. 이 받아들임 명상을 정기적으로 반복해 당신 안의 자신감을 키우십시오. 사무라이에게 감사함을 전합니다.

"감사합니다"를 세 번 외우며 이 명상을 마칩니다.

21. 왕Le Roi

내 안의 남성성의 힘을 받아들입니다.

왕은 '남성' 또는 '상담자'를 나타냅니다. 그것은 남성적인 '양'의 에너지를 나타내고, 여성 안에 있는 '양'의 에너지를 말합니다. 그는 또한 아버지와 권한에 관련된 모든 것을 대표합니다. 아버지는 또한 하늘과 영성에 대한 우리의 연결을 나타냅니다. 이벤트 날짜를 지정해야 하는 경우 이 카드는 4월부터 9월까지의 양의 기운을 지닌 달을 알려 줍니다.

♠ 자기계발

• 성찰

- 나에게 남성성이란 무엇을 의미하나요?
- 나는 아버지와 어떤 관계에 있나요?
- 신성과 어떤 연결이 있나요?
- 나는 영성과 어떤 관련이 있습니까?
- 나 자신이 권한을 넘어서도록 나 자신을 허용합니까?

• 균형주문

- "아버지의 권위를 넘어서지 않는 것"과 "아버지의 권위를 넘어서는 것" 사이 균형을 부탁드립니다.
- 나는 "내 안의 남성적인 힘"과 "내 안의 여성적인 힘" 사이 균형을 부탁드립니다.
- "남성성을 두려워하는 것"과 "남성성에 평온함을 느끼는 것" 사이 균형을 부탁드립니다.

• 명상

숨을 들이마시고 깊게 내쉬기를 3회 반복합니다. 호흡 3회.

〈왕〉 카드를 봅니다. 눈을 감으세요. 이 명상 중에 막히거나 불안하고 불편할 때 언제든지 균형주문을 외우고 계속 명상을 진행하십시오. 필요할 때마다 이 주문을 소리 내어 외울 수 있습니다. 깊이 호흡하십시오. 당신은 당신 안에 있는 음과 양의 균형을 맞출 것입니다.

오른손은 남성성, 왼손은 여성성을 나타냅니다. 당신의 양손을 당신의 가슴 중앙에 마주 보게 하여 놓습니다. 양손에 차이가 있는지 느껴보십시오. 한쪽이 다른 쪽보다 더 무겁나요? 심장 차크라, 가슴 중심에서 오른손과 왼손을 기도하듯 합칩니다. 의식적으로 당신의 손가락 끝이 맞닿게 하세요. 이렇게 함으로써 우뇌와 좌뇌의 균형을 잡습니다. 이제 두 손을 모아 꽉 쥐십시오. 당신의 여성성과 남성성이 균형을 이루고 심장 앞에서 하나로 연결됩니다. 이제 오른손을 왼손 위로 겹쳐 가슴 중앙에 손을 얹으십시오. 몇 분 동안 그대로 있으십시오.

이 받아들임 명상을 정기적으로 반복해 당신 안의 자신감을 키우십시오.

명상을 마치며 감사함을 표현합니다.

"감사합니다"를 세 번 외우며 이 명상을 마칩니다.

22. 여왕La Reine

내 안의 여성성의 힘을 받아들입니다.

〈여왕〉 카드는 '여성' 또는 '상담자'를 말합니다. 그녀는 여성적 '음'의 에너지 자체를 나타냅니다. 또한 남성 안에 있는 '음'의 에너지를 나타냅니다. 여왕은 또한 어머니와 우리 대지 어머니 지구(=가이아*의 연결)를 나타냅니다. 이벤트 날짜를 지정해야 하는 경우 이 카드는 10월부터 3월까지의 음의 기운을 나타내는 달이 좋습니다.

♠ 자기계발

- 성찰

- 나에게 여성성이란 무엇인가요?
- 나는 어머니와 어떤 관계를 가지고 있나요?
- 나는 대지와 어떤 연결이 있나요?

- 균형주문

- "내 안에 있는 여성성을 빛나게 하는 것이 나에게 위험하다"와 "내 안의 여성성을 빛나게 하는 것이 나를 안전하게 만든다" 사이 균형을 요구합니다.
- "내 안의 남성적인 힘"과 "여성적인 힘" 사이 균형을 요구합니다.
- "여성성을 두려워하는 것"과 "여성성에 편안함을 느끼는 것" 사이 균형을 요구합니다.

- 명상

숨을 들이마시고 깊게 내쉬기를 3회 반복합니다. 호흡 3회.

〈여왕〉 카드를 상상합니다. 눈을 감으세요. 이 명상 중에 막히거나 불안하고 불편할 때 언제든지 위의 균형주문을 외우며 계속하십시오. 필요할 때마다 이 주문을 소리 내어 외울 수 있습니다.

당신은 당신 안에 있는 여성성과 남성성의 균형을 맞출 것입니다. 오른손은 남성성, 왼손은

---

*가이아, Gaea 그리스 신화에 나오는 대지(大地)의 여신(女神). 천공(天空)의 신 우라노스(Uranos)의 아내가 되어 티탄(Titan)을 출산함. 로마 신화의 `텔루스(Tellus)'에 해당함(구글 참고)..

여성성을 나타냅니다. 당신의 양손을 당신의 가슴 앞에 마주 보게 하여 놓습니다. 양손에 차이가 있는지 느껴보십시오. 한쪽이 더 무겁다면 어느 쪽인가요? 심장 차크라, 가슴 한가운데 중심에서 오른손과 왼손을 기도하듯 합칩니다. 의식적으로 당신의 양 손끝이 닿게 합니다. 이렇게 함으로써 우뇌와 좌뇌를 통합하여 균형을 이룹니다. 이제 양손을 모아 꽉 쥐십시오. 여성성과 남성성이 균형을 이루고 당신 심장 앞에서 하나가 됩니다. 이제 오른손을 왼손 위로 겹쳐 가슴 중앙에 손을 얹으십시오. 몇 분 동안 그대로 유지하십시오.

"감사합니다"를 세 번 외우며 이 명상을 마칩니다.

23. 내면아이 L'Enfant

나는 내면의 아이를 안아줍니다.

당신의 내면아이는 진정하기 위해 어른이 된 당신이 필요합니다. 〈내면아이〉 카드가 있다면, 당신이 그 아이를 달래야 할 때입니다. 당신은 어린 시절의 자신의 일부를 진정시켜줍니다. 〈내면아이〉 카드는 상담자의 자녀를 나타낼 수도 있습니다.

♠ 자기계발

• 성찰

- 내 어린 시절에 진정이 필요한 것은 무엇입니까?
- 나는 어린 시절의 기억을 가지고 있나요? 아니면 어린 시절의 기억을 억누르고 있나요?

• 균형주문

- "내면아이를 껴안지 않음"과 "내면아이를 안아주는 것을 허용함" 사이 균형을 요구합니다.
- "부모님에게 잘 보이기 위해 내면아이를 외면하는 것"과 "부모의 동의와 상관없이 내면아이의 표현을 허용하는 것" 사이 균형을 부탁드립니다.

• 명상

숨을 들이마시고 깊게 내쉬기를 3회 반복합니다. 호흡 3회.

〈내면아이〉 카드를 상상합니다. 눈을 감으세요. 이 명상 중에 막힌 느낌이 들 때 또는 불안하거나 불편하면 균형주문을 외우고 계속 명상을 진행하십시오. 필요할 때마다 이 주문을 소리 내어 외울 수 있습니다.

당신은 노는 아이들로 가득 찬 학교 운동장 앞에서 자신을 시각화할 것입니다. 이 많은 아이 중에 당신이 부를 때 돌아서는 단 한 명의 아이가 당신의 내면아이입니다. 그 아이는 기뻐할 수도 있지만, 당신을 만나서 놀랄 수도 있습니다. 성인이 된 이 내면아이인 당신은 그 아이를 현재의 당신 삶으로 안내하며 믿고 따라오라고 말합니다. 그 아이에게 당신이 지난 길을 보여주고 그가 겪게 될 일에 대해 안심시키십시오. 그가 이해하지 못한 것을 이해시키고 설명하십시오. 당신의 현재의 삶을 그에게 보여주세요. 당신에게 소중한 사람들을 그 아이와 만나게 해주세요. 그 아이를 안심시키고 사랑하며 함께 즐거운 시간을 보내십시오. 아이가 기분이 나아지는 것을 지켜보며 당신도 편해집니다.

당신의 내면아이에게 이렇게 말해보십시오. "고마워, 아이야, 이제 나는 너와 함께 안전하게 있으니, 정기적으로 만남을 갖고 우리 함께 앞으로 나아가자."

이 명상을 마치며 감사를 표현합니다.

"감사합니다"를 세 번 외우며 이 명상을 마칩니다.

24. 광대Le Bouffon

나는 있는 그대로의 내가 비춰질까 봐 광대짓을 합니다.

광대는 모든 인간의 이중성을 나타냅니다. 우리 모두는 어리석고 우스꽝스러운 면을 가지고 있습니다. 광대는 사랑받기를 원하기 때문에 다른 사람을 유혹하거나 즐겁게 하기 위해 광대역을 합니다. 슬픈 광대입니다. 그는 남들을 웃게 만들고 쇼가 끝난 뒤, 가면을 벗는 순간 외로움과 슬픔에 빠집니다. 사랑받지 못할까 봐, 버림받을까 봐 두렵고, 그래서 우리는 때때로 어릿광대처럼 행동합니다. 광대는 자신의 내면의 조화를 찾아야 하기 때문에 헷갈려 합니다. 진정한 자신을 숨기기 위해 하는 광대짓은 숨겨진 동전의 뒷면과 같습니다. 선택된 카드에 광대가 있으면 가면을 벗고 다른 사람을 기쁘게 하려는 노력을 중단하십시오. 다른 사람들이 당신에게 기대하는 대로 행동하는 것을 그만두십시오. 그러면 당신은 자신을 잊게 될 것이기 때문입니다.

키워드 #심판에 대한 두려움 #학대 #버려질까 봐 두려움 #거절에 대한 두려움

♠ 점술

- 직업: 당신은 자신과 맞지 않는 일을 하고 있고, 그 일에 대해 스스로와 동의하지도 않습니다. 당신은 당신의 일에서 '척'을 해야 합니다. 그러지 않으면 당신의 회사 조직 구조나 동료들과 동의하지 않습니다. 당신은 직업을 잃지 않기 위해 가장하고 적응합니다. 주변 사람들은 당신에게 정직하지 않습니다.
- 관계: 버림받을까 두려워서 본모습을 드러내지 못합니다. 상대방도 진짜 모습을 보여주지 않습니다. 광대의 두려움 뒤에는 버림과 거절에 대한 두려움이 있습니다. 불균형적이기 때문에 실패할 관계입니다. 서로 다른 기대를 가지고 있습니다..
- 건강: 자신을 해방시키기 위해 보이지 않는 것, 알아채지 못한 것과 같은 중요한 것들을 밝혀내고 빛에 비춰줍니다.
- 재물: 숨겨진 결함이 있기 때문에 비즈니스가 복잡합니다.
- 영성: 이 카드는 당신이 자신에 대해 더 잘 알기를 요구합니다. 왜 '척'을 하나요? 당신 자신

을 드러내는 것은 아무런 위험이 없습니다. 숨은 이면에서 남들에게 속지 않도록 주의하십시오.

♠ 자기계발

• 성찰

- 나는 어떤 상황에서 나 자신이 발각될까 봐 광대짓을 하나요?
- 나는 항상 타인과 나 자신에게 정직한가요?
- 어떤 특정 상황에서 나는 왜 가식적인가요?
- 어떤 상황에서 속임수를 부리나요?

• 균형주문

- 나는 "다른 사람들을 웃게 하면서 호감을 받을 것"이라는 믿음과 "나의 본래의 모습을 보여주면서 다른 사람들에게서 호감을 사는 방법"이라는 사실 사이 균형을 요청합니다.
- "유혹해야 사랑받을 수 있다"는 믿음과 "나 자신을 유지함으로써 사랑받을 수 있다"는 사실 사이 균형을 요청합니다.

• 명상

숨을 들이마시고 깊게 내쉬기를 3회 반복합니다. 〈광대〉 카드를 상상합니다. 눈을 감으세요. 이 명상을 하는 동안 갇히거나 괴로울 때 언제든지 균형주문을 외우고 계속하십시오. 필요할 때마다 이 주문을 소리 내어 외울 수 있습니다. 당신이 자신 또는 타인에게 정직하지 않았던 상황에 대해 생각해보십시오. 이러한 정직성의 결여는 두려움에서 비롯됩니다. 실망에 대한 두려움, 사랑받지 못하는 것에 대한 두려움입니다. 당신 안에 코미디를 연기하는 어릿광대를 찾아보십시오. 당신을 찾아와 달라고 부탁하고, 그가 어떤 상황에서 더 가식적이고 떠들썩하게 움직이는지 보십시오. 그의 두려움을 느낄 수도 있습니다. 아마도 그는 자신의 당혹감을 숨기기 위해 지나치게 더 활발할 수도 있습니다. 그의 이런 모습을 눈앞에서 보는 기분이 어떤가요? 그것은 에고에 의해 지배되고 당신의 마음에 접근하지 못하게 막습니다. 지금 그를 안심시키세요. 균형주문을 외우고 그가 어떻게 변하는지 관찰해보십시오. 그는 덜 강제적이고, 떠날 수 있게 되었을 것입니다. 순리에 맡깁니다. 상황이 진정되고 광대가 떠나고 있다고 느낄 때 "감사합니다"라고 말하십시오. "감사합니다"를 세 번 외우며 이 명상을 마칩니다.

25. 등대Le Phare

나는 내 안의 어둠을 밝히고 두려움 없이 앞으로 나아갑니다.

등대가 나오면 상황 속에 빛이 밝혀지고 섬세하게 드러나면서 막혔던 일들이 해결됩니다. 그러기 위해서는 당신의 삶의 에너지가 당신이 되고자 하는 방향으로 흐르도록 당신의 어둠에 빛을 비추어야 합니다. 오늘부터 길을 찾기 위해 어두운 구석을 밝히도록 결정할 수 있습니다. 등대 카드는 당신의 이해정도에 따라 점진적으로 진행되는 발전을 나타냅니다.

키워드 #차단된 것을 해제함 #빛/어둠의 공존 #거쳐야 할 단계

♠ 점술

- 직업: 작업 상황이 더 명확해야 합니다. 이 카드는 아직 완성되지 않은 프로젝트의 성공을 나타냅니다. 완전한 성공을 하려면 여전히 프로젝트를 다듬어야 합니다. 당신이 어떤 작업 상황에 직면할 때 더 명확하게 볼 수 있습니다. 상황을 외면하면 알 수 없습니다. 일반적으로 이 카드는 초자연적 부분에서는 가장 어두운 부분에서도 태양을 상징합니다.
- 관계: 안전하고 안정되려면 여전히 관계를 명확히 해야 합니다. 관계는 개선되겠지만 파트너와 완전히 조화를 이루기 위해서는 아직 몇 가지 단계를 거쳐야 합니다.
- 건강: 당신이 당신의 문제에 빛을 비출 때 당신의 건강은 향상됩니다. 당신은 건강 검진을 받을 수 있습니다.
- 재물: 재정이 향상됩니다.
- 영성: 당신은 특정한 지혜를 얻기를 원하고 영적인 삶에 엄청난 관심을 가지고 있습니다. 당신은 이것을 달성하기 위해 극복해야 할 장애를 인식하고 있습니다. 과거 경험을 삶에 반영하여 새로운 길을 건너게 될 것입니다. 주변 사람들이나 가이드에게 도움을 요청하기를 주저하지 마세요. 당신이 계속 발전할 수 있도록 안내해 줄 수 있는 사람들을 만나십시오.

♠ 자기계발

● 성찰

- 내 인생에서 강조해야 할 것은 무엇인가요?

- 다른 사람의 조언과 도움을 쉽게 받아들이는가요?

- 내 안의 어둠을 보는 것이 두려운가요?

● 균형주문

- '어둠'과 '빛' 사이 균형을 요청합니다.

- "빛나기 위해 그림자를 거부하는 것"과 "빛 속에 있는 그림자를 받아들이는 것" 사이 균형을 요청합니다.

- "그림자가 나를 소멸시킬 것이라는 두려움"과 "그림자가 나를 깨우칠 수 있도록 허용하는 것" 사이 균형을 요청합니다.

● 명상

숨을 들이마시고 깊게 내쉬기를 3회 반복합니다. 호흡 3회.

〈등대〉 카드를 상상합니다. 눈을 감으세요. 이 명상을 하는 동안 막히거나 불편하고 불안할 때 언제든지 균형주문을 외우고 계속하십시오. 필요할 때마다 이 주문을 소리 내어 말할 수 있습니다.

아직 불이 켜지지 않은 등대 아래에 있는 자신을 상상해 보십시오. 이 등대에 들어가 정상까지 올라가십시오. 걸음을 내딛을 때마다 빛이 밝아집니다. 위로 올라갈수록 어떤 감정이 드나요? 높이 올라가는 것이 두려운가요? 계속 올라가겠습니까? 어렵다면 균형주문을 외우십시오. 계속 올라가십시오. 정상에 도착하면 주변이 어둡게 보입니다. 걱정되는 상황을 밝히기 위해 불을 켭니다. 당신의 외진 마음, 불편한 상황이 당신 앞에 나타납니다. 등대의 빛을 강하게 밝히십시오. 등대의 불빛은 점점 더 강해지면서 모든 것이 눈부시게 됩니다. 더 이상 아무것도 구별할 수 없습니다. 빛에 맡기세요. 상황이 진정되어 더 이상 보이지 않을 때까지 빛은 점차적으로 약해집니다. "감사합니다"를 세 번 외우며 이 명상을 마칩니다.

26. 사신La Faucheuse

더 이상 나에게 적합하지 않은 것을 놓아줄 때마다 나는 성장합니다.

당신이 성장하는 것은 더 이상 필요없는 것을 놓아주기를 받아들이는 것입니다. 〈사신〉 카드가 있으면 생각하는 상황이 급하게 바뀌는 중임을 말합니다. 그것을 당신의 최고의 성장을 위해 받아들이세요. 이 카드는 죽음, 새로운 시작을 가져오는 주기의 끝을 나타냅니다. 황금 낫은 켈트족의 불멸을 상징합니다. 당신은 두려워하지 않아도 됩니다. 이 변화의 길은 두려울 수 있지만 불가피합니다.

키워드 #죽음 #주기의 끝 #이제 변화를 위한 시간입니다

♠ 점술

- 직업: 이 카드는 직업 변경 또는 계약 종료를 알립니다. 갑작스러운 해고가 되기도 합니다. 당신 스스로 새로운 일을 시작하기 어려웠다면, 이 카드는 당신에게 말합니다. "당신이 성장하는 데 불가피한 변화를 맞이하게 될 것입니다."
- 관계: 관계의 끝입니다. 유해한 상황이나 부적절한 행동의 끝입니다. 사신은 급진적이며 중간이 없습니다. 결정은 매우 최종적입니다. 이 카드는 예상하지 못한 이별을 나타냅니다.
- 건강: 주변 카드가 긍정적이면 사신은 치유를 의미합니다. 부정적인 카드가 많을수록 죽음을 나타냅니다.
- 재물: 심각한 금전 문제가 있을 수 있습니다. 당신이 프로젝트에 투자하고 있다면 모든 것을 잃을 수 있습니다.
- 영성: 이 변화의 단계에서 불편함, 자신감 그리고 상실 등 많은 것을 느낄 수 있습니다. 불편하지만 자연스러운 현상이며 자기 관리에 집중하십시오. 잃을 것이 없습니다. 더 멀리 다음 단계로 진화하기 위한 수축의 시간입니다. 당신은 당신의 길을 가고 있습니다.

♠ 자기계발

• 성찰

- 나는 내 인생에서 무엇을 마무리해야 하는가요?

- 내 인생의 어떤 챕터를 마무리하고 싶은가요?

- 변화할 준비가 되었나요?

- 나는 변화, 참신함을 두려워하는가요?

• 균형주문

- "더 이상 필요하지 않은 것을 놓아주는 것에 대한 두려움"과 "더이상 필요하지 않은 모든 것을 놓아주는 것을 받아들이는 것" 사이 균형을 요청합니다.

- "금지"와 "나의 삶에서 새로운 것을 수용할 권리" 사이 균형을 요청합니다.

- "죽음에 대한 두려움"과 "죽음이 삶의 일부라는 것을 받아들이는 것" 사이 균형을 요청합니다.

• 명상

숨을 들이마시고 깊게 내쉬기를 3회 반복합니다. 호흡 3회.

〈사신〉 카드를 상상합니다. 눈을 감으세요. 이 명상을 하는 동안 언제든지 막히거나 불안하거나 불편함을 느끼면 균형주문을 외우고 계속하십시오. 이 주문이 필요할 때마다 소리 내어 외울 수 있습니다.

당신의 삶에서 더 이상 원하지 않는 상황의 이미지가 당신에게 다가오는 것을 허용하십시오. 이 상황의 무게를 느껴보십시오. 당신이 이 상황을 손에 쥐고 있을 때 당신은 어떤 느낌이 드나요? 감정적 그리고 신체적으로 어떤 느낌이 드나요? 그 상황, 그리고 누군가가 여전히 당신과 연결되어 있다고 느껴진다면 사신의 도움으로 그 연결을 잘라내십시오. 이제 더 이상 필요하지 않은 것을 땅에 내려놓으세요. 이 이미지를 땅 위에 놓고 덮어주세요. 당신이 필요치 않는 것을 받아들인 어머니 지구에 감사드립니다. 당신은 그것에 대해 부담을 갖지 않습니다. 어머니 지구는 이것을 재활용할 수 있습니다. 더 이상 필요하지 않은 것들은 삶의 순환을 위해서 지구로 되돌려 보내야 합니다. 더 이상 다른 방법으로 수행할 필요가 없습니다. 맡기십시오.

"감사합니다"를 세 번 외우며 이 명상을 마칩니다.

27. 불사조Le Phénix

나는 경험을 바탕으로 내면의 최고의 존재로 재탄생합니다.

불사조는 잿더미에서 부활합니다. 즉, 경험을 통해 더 나은 자신이 되는 법을 배웁니다. 카드에 불사조가 있으면 큰 그림을 이해하고 모든 균형을 맞추기 위해 열심히 노력한 것입니다. 이제 새롭게 태어난 당신을 환영합니다. 이 문을 통과하십시오. 아무 위험도 없습니다.

키워드 #르네상스# 최신화 #변화

♠ 점술

- 직업: 계약 종료 후 새로운 일을 시작하게 됩니다. 당신이 인생에서 사랑하거나 열망하는 직업에 더 적합한 일일 것입니다.
- 관계: 이별 후 새로운 관계. 이 관계는 당신의 내면 탐구 면에서 당신에게 완벽합니다. 열정적인 인연을 의미합니다.
- 건강: 치유가 가까이 있습니다. 삶을 살아가는 데 시간을 내십시오. 호흡하는 법을 배우십시오.
- 재물: 진행 중인 프로젝트가 있으면 좋은 성과와 새로운 현금 유입을 기대할 수 있습니다.
- 영성: 오늘날에 이르기까지 많은 믿음과 신념을 넘어섰습니다. 너그럽게 당신의 지난 행적을 되돌아보십시오. 당신의 길은 밝습니다.

♠ 자기계발

- 성찰

- 새로운 시작을 믿기 어려운가요?
- 나는 내 삶이 주는 아름다운 것들을 받을 자격이 있다고 믿는가요? 아니면 다른 사람에게만 주어진 것이라고 확신하나요?

- 균형주문

- 내 인생에서 "새 삶의 시작을 금지하는 것"과 "새 삶의 시작을 완전히 허용하는 것"이라는 믿음 사이 균형을 요청합니다.

- "재탄생은 윤회의 주기가 끝난 이후에만 경험할 수 있다"는 신념과 "살아있는 동안에도 나는 새 인생으로 다시 태어날 수 있다"는 믿음 사이 균형을 요청합니다.

● 명상

숨을 들이마시고 깊게 내쉬기를 3회 반복합니다. 호흡 3회.

눈을 감으세요. 이 명상 중에 당신이 막혀있는 느낌이 들거나 불안하거나 불편하면 언제든지 균형주문을 외우고 계속하십시오. 필요할 때마다 이 주문을 소리 내어 외울 수 있습니다.

당신 앞에 불사조를 시각화하십시오. 불사조는 위엄있고 안정적입니다. 불사조는 나뭇가지로 만든 당신만의 특별한 둥지를 보여줍니다. 불사조는 당신에게 상처를 준 모든 것을 이 둥지에 맡길 것을 제안합니다. 단어, 구절, 그리고 당신의 기억 속으로 몰려오는 모든 것, 어떤 사람들을 둥지에 놓습니다. 놓아둔 것들이 천천히 불길에 타오르기 시작합니다. 불길이 높이 솟고 불꽃이 되어 춤을 춥니다. 그 불꽃이 상처들을 태워가며 당신은 안도감을 느낍니다. 모든 것이 다 타버리고 불씨만 남을 때까지 그대로 둡니다.

다 타고 남은 잿더미 속에서 새롭게 갓 태어난 아주 작은 그 불사조는 순식간에 자라서 당신 머리 위로 날아갑니다. 모든 것이 지워지고, 깨끗이 씻겨지고 또 모든 것이 정화됩니다.

이제 그 불사조에게 감사를 표합니다.

"감사합니다"를 세 번 외우며 이 명상을 마칩니다.

28. 감사Ex- Voto

주변에 있는 모든것에 감사를 표현합니다.

Ex- Voto 카드는 감사를 나타냅니다.

당신이 아직 이유를 알지 못하더라도 경험하고 있는 상황은 진정한 선물임을 알려줍니다. 당신의 삶에서 좋은 것이 무엇인지 깨닫고 감사를 드리며, 이 긍정적인 에너지를 내면으로 받아들이십시오. 당신이 삶의 긍정적인 면을 더 보기 위해서 당신은 더 긍정적일 필요가 있습니다. 모두 부정적이지만은 않습니다. 시간을 내어 당신이 사랑하는 사람들, 자연 그리고 지구상의 삶의 아름다움을 바라보십시오.

키워드 #감사 #고마움 #긍정 #의식적

♠ 점술

- 직업: 당신의 일은 보람이 있고 성취감을 느낍니다. 이 카드는 당신의 업무 성과를 나타냅니다. 직장의 인사 관리팀은 당신의 가치와 투자를 인정합니다. 보상을 받을 수 있습니다.
- 관계: 균형 잡힌 대인관계에 있습니다. 다른 사람은 당신을 있는 그대로 보고 당신이 가져온 모든 것에 감사합니다. 이 카드는 모든 주변 사람들이 서로를 긍정적인 방식으로 바라보고, 자신의 가치를 인식하는 방법을 잘 알고 있는 균형관계에 있음을 알립니다.
- 건강: 건강이 좋거나 건강이 좋아지고 있는 단계입니다. 당신이 병에 걸렸다면, 질병 이외에 모든 것에 시선을 돌려 보십시오. 이것은 긍정적인 치유 에너지를 만들 것입니다.
- 재물: 당신은 돈이 부정이 아니라 순환해야 하는 에너지라는 것을 이해했습니다. 이 사고방식은 당신 삶에 풍요를 만들고 당신은 보다 편안한 해결책을 찾을 것입니다. 또한, 그것이 당신에게 충분하지 않은 것 같더라도 당신이 가진 것을 받아들이십시오.
- 영성: 그것이 당신에게 하찮게 보이는 것일지라도 있는 것에 감사하십시오. 삶에서 긍정적인 면을 보기 어렵다면 매일 저녁 하루에 일어난 좋은 일을 기록하며 감사일기를 쓸 수 있습니다.

♠ 자기계발

• 성찰

- 나는 내 삶에서 긍정적인 모든 것을 깨닫고 있는가요?

- 나는 내 주변의 아름다운 모든 것을 인식하고 있나요?

- 내가 삶에 너무 몰두해서 내 주변에 아름다움에 감사하지 않는 것은 아닐까요?

• 균형주문

- 나는 "비관"과 "낙관" 사이 균형을 요구합니다.

- "삶의 본질을 보지 않고 앞으로 나아가는 것"과 "의식 속에서 나아가는 것" 사이 균형을 부탁드립니다.

• 명상

숨을 들이마시고 깊게 내쉬기를 3회 반복합니다. 호흡 3회.

〈감사〉 카드를 떠올립니다. 눈을 감으세요. 이 명상을 하는 동안 갇히거나 괴로울 때 언제든지 균형주문를 외우고 계속하십시오. 필요할 때마다 이 주문을 소리 내어 외울 수 있습니다. 당신이 집 근처에 익숙한 장소에 있는것을 시각화하십시오. 당신은 잘 알고 있는 이 풍경을 이번에는 다르게, 새로운 눈으로 바라보십시오. 당신이 사랑하는 사람들이 당신 앞에 와서 감사하는 것을 봅니다. 나의 수고와 노력에 사람들이 감사를 표현합니다. 이번에는 내 인생에 다양한 경험을 안겨 주었음에 대한 감사함을 그들에게 표현하십시오(소중한 사람들의 이름을 나열하십시오). 내가 사랑하는 이런 일을 할 수 있게 해주셔서 감사합니다, 내 건강에 감사합니다, 이 삶을 위해 나를 데려다준 내 몸에 감사합니다. 삶에 감사합니다, 나의 안내자들에게 감사합니다, 우주에 감사합니다.

살아있는 모든 것에 무한한 감사를 드립니다.

"감사합니다"를 세 번 외우며 이 명상을 마칩니다.

29. 웃는 부처Le Bouddha Rieur

인생은 게임이다, 모든 것에서 한발짝 물러서 거리를 둡니다.

상황을 너무 심각하게 받아들이면 불안과 스트레스가 생기고, 모든 것을 통제하려고 합니다. 〈웃는 부처〉 카드가 있으면 약간의 장난기와 유머로 상황을 바라보세요. 상황을 비극적 측면으로 해석하는 것을 넘어설 수 있다면 문제의 상황은 당신에게 기쁨을 가져다 줄 것입니다. 〈웃는 부처〉 카드는 놀라움이라는 개념도 있습니다. 따라서 예기치 않은 즐거운 일들이 당신에게 일어날 수 있습니다.

키워드 #기쁨 #재치 #자아실현 #깨어남 #낙관주의

♠ 점술

- 직업: 자아실현을 위한 일을 가질 수 있는 기회. 당신의 일은 당신에게 기쁨을 줍니다. 당신의 근무 조건은 긍정적이며 발전적이고 타인과의 관계가 좋습니다. 업무 환경은 화목하며 동료들과의 화합도 좋습니다.
- 관계: 이 카드는 매우 긍정적인 대인관계를 말합니다. 주변 사람들과의 관계가 매우 흡족합니다. 다른 카드(〈광대〉, 〈할리퀸〉)에 따라 관계는 진지함이 부족하고 피상적일 수 있지만 즐거움이라는 개념 측면에서 만족할 수 있습니다.
- 건강: 당신은 건강합니다. 당신의 진동수는 당신의 환희를 느낄 수 있을 만큼 우수합니다.
- 재물: 예상치 못한 수입이 들어옵니다.
- 영성: 당신의 의식은 더 높은 차원으로 열리고 당신은 우주와 점점 더 교감하고 있음을 느낍니다. 신비적 초자연적 분야에 재능이 있고 그 재능이 점점 열릴 것입니다. 당신의 의식을 깨기 위한 시간을 갖고 명상하고 침묵하십시오.

♠ 자기계발

- 성찰

- 인생의 사건을 유머로 받아들입니까, 아니면 비극적으로 받아들이나요?
- 나는 종종 불안감을 느끼나요?

- 나는 부정적으로 예상하는 경향이 있나요?

● 균형주문

- "나의 비관적인 측면"과 "나의 낙관적인 측면" 사이 균형을 요청 합니다.
- "최악의 상황이 발생할 것이다"는 믿음과 "최고의 상황이 오는 중이다"는 확신 사이 균형을 요청합니다.
- 인생에서 부정적인 것을 먼저 보는 것"과 "긍정적인 것을 먼저 보는 것" 사이 균형을 부탁드립니다.

● 명상

숨을 깊이 들이마시고 깊게 내쉬기를 3회 반복합니다. 〈웃는 부처〉 카드를 떠올립니다. 눈을 감으세요. 이 명상 중에 막힌 느낌이 들거나 불안하거나 불편하면 위의 균형주문을 외우고 계속 진행하십시오. 필요할 때마다 이 주문을 소리 내어 외울 수 있습니다.

당신의 마음속에 있는 가까운 미래의 상황에 대해 생각해봅니다. 미래를 어떻게 보고 있나요? 이 미래에 직면했을 때, 당신은 다소 비관적입니까, 아니면 낙관적일 수 있습니까? 이 상황을 시각화하고 웃는 부처를 부르십시오. 웃는 부처는 평화롭고 미소를 지으며 당신을 바라봅니다. 그의 자비와 기쁨은 전염성이 있으며, 그의 따스한 사랑이 당신을 감싸는 것을 느낍니다. 이 감동에 자신을 젖게 하십시오. 웃는 부처는 당신이 그와 함께 웃도록 초대합니다. 그는 당신의 상황을 바꾸기 위해 이 자리에 있는 것이 아니라, 당신이 슬픈 친구 옆에 있어주고 싶은 것처럼 당신에게 행복의 순간, 더 편안한 순간을 선물하기 위해 여기에 있다고 설명합니다. 그는 당신이 심각하다고 생각하는 것이 실제로는 그렇지 않기 수 있기 때문에 대부분의 인생의 사건을 장난스럽게 헤쳐 나갈 수 있다고 말합니다. 우리는 종종 일어나지 않을 최악의 상황을 예상합니다. 웃는 부처에게 감사하고 눈을 뜨십시오. 다시 한번 일상생활을 너무 심각하게 생각하고 있다고 느끼면 주저하지 말고 그에게 다시 오십시오. 인생은 게임입니다. "감사합니다"를 세 번 외우며 이 명상을 마칩니다.

30. 신성한 산La Montagne Sacrée

인생의 사건들을 더 높은 관점에서 바라봄으로써 나는 상황에서 나 자신을 분리합니다.

성장하는 여정의 카드입니다. 산은 하늘과 땅이 만나는 곳이므로 승천을 통해 깨달음에 이르기까지의 성장을 상징합니다. 산은 초기 여정을 나타내며, 당신은 계곡에서 정상을 향해 떠납니다. 하늘로 향하는 이 승천은 삶에 의미를 찾는 데 도움을 줍니다. 당신이 승천함에 따라 당신을 짓눌렀던 모든 것에서 벗어나 산 정상에 오르기 위해 무거운 짐으로부터 당신을 해방시킵니다. 정상에 오르면 당신은 안정적이고, 터득한 자세로 어떤 상황에도 맞설 준비가 되어있습니다. 왜냐하면 정상에 오른 당신 자신이 승천함을 증명해주었기 때문입니다. 선택한 카드에 신성한 산이 있으면 상황이나 삶에서 거리를 두어 생각해봐야 할 시간입니다. 외부의 조언을 구하십시오. 삶에서 한 걸음 물러나 스스로 돌아볼 시간을 갖고 당신만의 인생의 의미를 찾으십시오.

키워드 #후퇴 #개시_시작 #그랄(Gral-헌신하고 자신의 목표에 도달하는 것)* #삶의 방향

♠ 점술

- 직업: 직장에서 경험하고 있는 상황에 대한 관점의 각도를 높이고 거리를 두고 바라보십시오. 휴식을 취하여 한걸음 뒤로 물러나 당신 인생의 우선순위를 알아보십시오. 주저하지 말고 다른 사람의 조언을 듣고 앞으로 나아가 더 명확한 시각을 가져보십시오.
- 관계: 당신을 걱정하는 상황에서 벗어나 쉬어가는 것이 도움이 됩니다. 거리감을 유지하면서 내 마음 속을 정리해보십시오. 이 카드는 이별이 아니라 휴식을 말합니다.
- 건강: 자연 속에서 시간을 보내야 합니다. 자연의 섭리를 이해하며 천연식품을 먹는 것이 좋습니다.
- 재물: 다시 투자하기 전에 재무 상황에 대한 전체적인 관점이 필요합니다.

---

*성경/그랄- 지중해 가까이에 있는 가나안의 남쪽 경계선 서남쪽에 위치한 도시
*작가/그랄- 장소 이상의 의미이다. 성취, 자신의 모든 힘을 쏟고 자신의 삶을 바친 것에 도달하는것을 목표로 한다.

• 영성: 이 카드는 그랄(Gral)을 찾는 초기 여정에 대해 이야기합니다. 고요한 환경에서 당신을 발전시키기 위해 여행 또는 수련회에 참여하십시오.

♠ 자기계발

• 성찰

- 내 삶의 어떤 영역, 어떤 상황에서 거리를 둘 필요가 있는가요?
- 과거의 성공을 감사하며 뒤돌아볼 때가 있나요?
- 내 삶의 여정을 감사함으로 바라볼 줄 아는가요?

• 균형주문

- 나는 "삶을 너무 심각하게 받아들이는 것"과 "인생을 너무 가볍게 받아들이는 것" 사이 균형을 요구합니다.
- 나는 "돌진할지 또는 태평하게 즐길지"와 "완전히 의식적으로 살아갈지" 사이 균형을 요구합니다.

• 명상

숨을 들이마시고 깊게 내쉬기를 3회 반복합니다. 호흡 3회.

〈신성한 산〉 카드를 떠올리십시오. 눈을 감으세요. 이 명상 중에 막힌 느낌이 들 때마다 또는 불안하거나 불편하면 균형주문을 외우며 계속 명상을 진행하십시오. 필요할 때마다 이 주문을 외울 수 있습니다. 당신의 삶과 상황에서 관점의 시야를 넓힐 것을 당신에게 제안합니다. 당신 앞에 있는 길이 펼쳐집니다. 저 멀리 산이 보이는 길로 전진합니다. 당신 앞에 개울이 있습니다. 당신은 그 개울을 뛰어넘을 것입니다. 이 개울물의 색은 어떻습니까? 맑은가요? 고요한가요? 이 개울을 건너 신성한 산의 오르막을 오르십시오. 당신의 안내자가 당신과 동행합니다. 신성한 산 정상에 도착하면 이 주변의 아름다운 경관을 둘러보세요. 나의 삶의 사건들은 이곳에서 더 멀리 보입니다. 당신은 모든 것에서 더 거리를 둡니다. 여유있게 지금 당신의 감정을 느껴보십시오.당신이 벅차다고 느낄 때 언제든지, 이 평화로운 곳으로 돌아와서 생각을 정리할 수 있습니다. 마음이 편안해지면 다시 내려오십시오. 개울가를 건너기 전에 개울물을 보십시오. 개울물은 어떤가요? 개울물이 변했나요? "감사합니다"를 세 번 외우며 이 명상을 마칩니다.

31. 검Les Epées

나에게 유용하지 않은 연결고리를 끊어냅니다.

검에는 두 가지 의미가 있습니다. 전투에서 사용될 수도 있지만, 평화를 유지하기 위해서도 사용될 수 있습니다. 카드에서 검이 교차되지 않고 갈등이 없습니다. 오히려 그들은 더 이상 필요하지 않은 연결을 끊음으로써 평화를 유지하는 역할을 합니다. 인생에는 당신에게 해로운 관계들이 있습니다. 앞으로 나아가기 위해 그것들을 잘라야 할 시기입니다. 우리는 가끔 변화에 대한 두려움 때문에 더 이상 우리에게 필요하지 않은 예전 습관들을 유지합니다. 〈검〉 카드는 또한 가족, 조상과 세대를 초월한 과업의 연결을 말해줍니다.

키워드 #유해한 연결고리 #자르다 #풀어주다

♠ 점술

- 직업: 당신이 원하는 계약 종료 단계입니다. 일을 할 수 있는 한계에 도달했습니다.
- 관계: 이 카드는 두 당사자 간 상호 합의에 의한 관계의 끝을 나타냅니다. 또한, 관계가 힘의 균형을 기반으로 구축되었음을 나타낼 수도 있습니다. 독성 같은 관계를 인식하고 자신을 자유롭게 하십시오.
- 건강: 당신의 건강을 악화시키는 오래된 삶의 습관을 잘라낼 때입니다. 검은 또한 다가오는 수술에 대해 말합니다.
- 재물: 더 이상 수익을 내지 않거나 돈을 잃게 만드는 계약을 해지하십시오.
- 영성: 당신은 영적인 길로 나아가고 있으며, 당신의 깨어남을 방해하는 고리를 끊기 위해 또 다른 발걸음을 내딛을 때입니다.

♠ 자기계발

- 성찰

- 독성적인 관계에 있는 사람들은 누구인가요? 그 습관은 무엇인가요?
- 나는 왜 아직도 그런 인연에 집착하는가요?

- 그 혜택은 무엇인가요?

- 나는 그것에서 벗어나기 위해 두려운 것은 무엇인가요?

- 균형주문

- "더 이상 유용하지 않은 관계를 유지하는 것"과 "나에게 더 이상 유용하지 않은 연결고리를 끊어낸다" 사이 균형을 유지하도록 요청합니다.
- "(조상들)가족들에게 거부당할 두려움 때문에 그 관계를 유지한다"와 "대대로 이어지는 연결고리에서 자유로워지더라도 가족은 나를 인정해준다" 사이 균형을 요구합니다.

- 명상

숨을 들이마시고 깊게 내쉬기를 3회 반복합니다. 호흡 3회.

〈검〉 카드를 떠올립니다. 눈을 감으세요. 이 명상을 하는 동안 막히거나 불안하거나 불편할 때 언제든지 균형주문을 외우고 계속하십시오. 필요할 때마다 이 균형주문을 소리 내어 외울 수 있습니다.

당신에게 진화가 필요한 상황 또는 사람을 상상하십시오. 해방의 검을 지닌 대천사 미카엘을 부르십시오. 그는 당신을 안심시킵니다. 당신과 그 사람 사이 또는 당신과 상황 사이 연결고리를 상상하도록 요청합니다. 그 연결들에 빛이 밝혀집니다. 미카엘은 당신에게 해방의 칼을 건넵니다. 당신이 준비되었을 때 모든 연결고리를 끊도록 하십시오.

"감사합니다"를 세 번 외우며 이 명상을 마칩니다.

32. 구원Le Salut

다른 사람들과 나 자신을 용서함으로써, 나는 자유로워집니다.

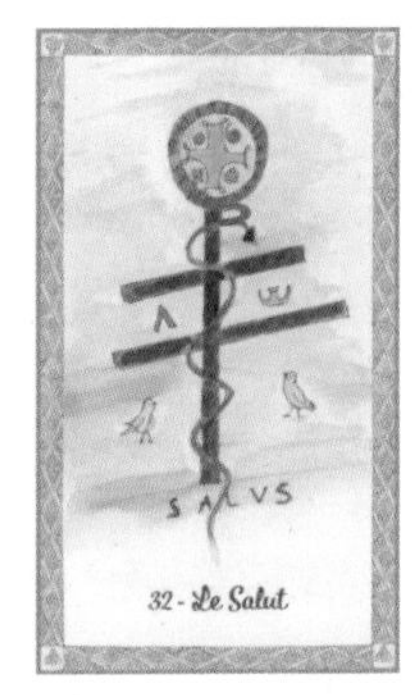

용서는 당신의 육체로부터 해방시키는 강력한 힘입니다. 진심으로 용서하면 무게가 사라지고 몸이 가벼워지는 것을 느낍니다. 당신은 자유로워집니다. 선택한 카드에 구원이 있으면 어떤 상황에서 용서가 필요합니다.

키워드 #용서 #원한 #자유로움 #장애

♠ 점술

- 직업: 직장에서 동료와 불편한 관계에 있습니다. 동료가 당신을 원망하거나 당신이 다른 사람을 원망하고 있습니다. 이 카드는 또한 '자신에 대한 신뢰 부족으로 감히 도전조차도 하지 못하는 것'을 의미합니다. 당신은 '시도하기도 전에 이미 성공할 수 없다'는 생각을 갖고 있습니다.
- 관계: 용서하지 않기 때문에 불편한 관계에 있습니다. 당신이 생각하는 사람은 당신에 대한 원한을 품고 있습니다. 감정이 편안해질 때까지는 어떤 것도 발전할 수 없습니다.
- 건강: 위장에 불편함을 느낍니다. 그 사건들은 체한 상태로 있습니다. 배가 무거운 느낌이 듭니다.
- 재물: 지금은 투자자나 동료에 대한 신뢰가 생길 때까지 거래나 금융거래나 프로젝트를 시도하지 않는 것이 좋습니다. 타인으로부터 자신을 자유롭게 하고 가능하면 혼자 행동하십시오.
- 영성: 과거의 삶에 대해 용서를 구하고 용서를 하는 것으로 구원을 찾을 것입니다. 그런 다음, 더 높은 수준의 의식에 접근하기 위해 당신을 향해 오는 도움의 손들을 환영하십시오.

♠ 자기계발

- 성찰

- 아직 원한을 품고 있는 사람은 누구인가요?

- 소화가 안 되는 상황은 무엇인가요?

• 균형주문

- 나는 "상대방이 내 고통을 깨달아야만 용서할 수 있다"와 "상대방이 생각하는 것이 무엇이든 지금 용서할 수 있다"는 확신 사이 균형을 요청합니다.
- '원망'과 '용서' 사이 균형을 요청합니다.
- 나는 "내 스스로 정의를 실현한다"는 믿음과 "신의 정의는 나의 요청을 받아들인다"는 확신 사이 균형을 요청합니다.

• 명상

당신을 돕기 위해 Hoponopono(호오포노포노)* 방법을 사용할 수 있습니다. 숨을 들이마시고 깊게 내쉬기를 3회 반복합니다. 호흡 3회. 〈구원〉 카드를 상상합니다. 눈을 감으세요. 이 명상 중에 막힌 느낌 또는 불안하거나 불편하면 균형주문을 외우고 계속 진행하십시오. 필요할 때마다 이 주문을 소리 내어 말 할 수 있습니다.

우리는 〈5. 목〉 차크라에 집중하여 용서에 대한 힐링을 할 것입니다. 종종 삼키기가 어렵습니다. 우리는 원하지 않는 기분에 대한 감정을 표현하지 못했을 때의 억울함을 느끼기 때문입니다. 목에 집중하고, 특히 〈5. 목〉 차크라에 집중하십시오. 이 차크라는 목 앞의 공 모양입니다. 차크라의 진동을 느끼거나 생각해 보세요. 차크라는 터콰이즈 블루 색상과 비슷합니다. 목 샤크라 안은 모든 기억과 방해물로 가득 찬 컵과 같으며 때로는 그것을 '비워야' 합니다. 차크라 컵을 가져다가 비우는 제스처를 취하거나 차크라가 비워지고 있음을 시각화하십시오. 비우면 긍정적인 에너지로 채워집니다. 당신은 이 방법으로 모든 차크라를 정화할 수 있으며 실제로 정화를 느낄 수 있습니다. 차크라가 다시 조화를 이루는 동안 잠시 의식을 유지하십시오. "감사합니다"를 세 번 외우며 이 명상을 마칩니다.

*Hoponopono: 하와이안 고대 샤머니즘이며 용서, 화해와 사랑에 바탕을 둔 갈등 해소와 영적 치유의 철학.

33. 늑대Le Loup

나는 어린 시절의 두려움을 대면하고 성장을 위해 그것들을 이해하고 받아들입니다.

이 카드는 당신의 행복하지 못했던 내면아이의 모든 것들 나타냅니다. 늑대는 해결되지 않은 어린 시절의 두려움을 나타내며, 성인기 때 성장의 장애요소로 이어집니다. 선택한 카드에 늑대가 있으면, 달래지 않은 오래된 어린 시절의 두려움으로 인해 상황이 막혔음을 의미합니다. 자신의 행동에 대한 책임지는 데 어려움을 느끼는 성인의 두려움이기도 합니다.

키워드 #어린 시절의 두려움 #합법성 #자율성 #책임

♠ 점술

- 직업: 이 카드는 상태 변화에 대한 두려움을 직면하는 것을 보여줍니다. 책임을 지고 다른 사람에게 평가받는 것이 두려워 경영직으로의 이동 가능성이 어렵습니다. 책임 있는 위치에서 일의 제한이 있습니다. 책임 회피는 매우 큰 성장의 장애요소입니다.
- 관계: 약정 문제에 직면해 있습니다. 관계는 경솔하고 가볍습니다.
- 건강: 상담받고 건강을 챙기기 위해 용기를 내세요. 타인의 도움을 기다리지 말고 자신의 몸과 건강을 돌보십시오.
- 재물: 서명을 통해 재정적으로 책임을 져야 할 때입니다. 다른 사람의 승인을 기다리지 않고 계약을 체결합니다. 재정적 자주성을 말합니다.
- 영성: 다른 사람들의 믿음과 신념에서 자유로워지십시오. 당신의 어린 시절에 대해 어른의 시각에서 벗어나십시오. 당신은 오늘 성장했으며 불변하는 것은 없습니다. 당신의 감정을 믿으십시오.

♠ 자기계발

- 성찰

- 어린 시절의 두려움과 관련하여 성인이 되어도 여전히 두려움을 느끼는 것은 무엇인가요?

- 내가 모든 책임을 쉽게 떠맡는 편인가, 아니면 실수할까 봐 남에게 맡기는 편인가요?

• 균형주문

- "내가 자격이 없다는 이유로 책임을 지지 못하는 것"과 "책임을 질 수 있도록 시도하는 것" 사이 균형을 부탁드립니다.
- "어린 시절의 두려움"과 "성인으로서의 안정감" 사이 균형을 부탁드립니다.

• 명상

이 명상에서는 〈3. 태양신경총〉 차크라와 함께 작업하여 어린 시절의 두려움을 해방시킵니다. 숨을 들이마시고 깊게 내쉬기를 3회 반복합니다. 호흡 3회.

〈늑대〉 카드를 상상하세요. 눈을 감으세요. 이 명상 중에 막힌 느낌이 들 때마다 또는 불안하거나 불편하면 균형주문을 외우고 계속 명상을 진행하십시오. 필요할 때마다 이 문구를 소리 내어 외울 수 있습니다.

환한 빛이 가득 찬 숲길에서 있는 자신을 시각화하십시오. 나무들이 매우 웅장합니다. 두려움 없이 길을 따라 걸어가십시오. 이 길의 끝은 당신의 소화관 즉, 〈3. 태양신경총〉 차크라를 나타냅니다. 이곳이 어떤지 보세요. 더 어둡거나 아니면 평화로운가요? 이제 태양 빛이 어두운 곳을 비추게 하십시오. 어두운 곳이 있다면 그곳도 빛으로 씻겨내십시오. 당신의 소화관 즉, 태양신경총이 이완되고 빛은 나의 어린 시절의 두려움, 좌절, 믿음을 정화합니다. 아직 나의 발전을 막는 믿음들이 여전히 거기에 있나요? 그 믿음들이 달라 보이나요? 기분이 나아질 때까지 정화를 계속하십시오. 당신을 돕고 안심시켜주는 가이드, 천사, 당신과 동행하는 모든 존재를 부르십시오. 이제 이 안정적인 곳으로 변화된 이 장소에서 내면아이를 부르십시오. 이제 안심할 수 있다고 내면아이에게 전하세요.

토닥 토닥…….

"감사합니다"를 세 번 외우며 이 명상을 마칩니다.

34. 비둘기La Colombe

어려움에도 불구하고 나는 고요함을 유지하고 평화롭게 앞으로 나아갑니다.

당신의 인생에서 무슨 일이 일어나든 모든 것이 괜찮을 것입니다. 비둘기는 평화를 상징합니다. 비둘기는 가는 곳마다 조화와 희망을 심습니다. 당신이 의심을 품고 있을 때 그녀는 당신을 달래줍니다. 선택한 카드에 비둘기가 있으면 모든 것이 잘됩니다. 상황이 어려워도 믿음을 지키십시요. 모든 것이 공평합니다. 인생이 경험이기 때문입니다. 〈비둘기〉 카드는 당신에게 새로운 소식과 변화를 가져올 것입니다.

키워드 #평온 #평화 #새소식 #메시지

♠ 점술

- 직업: 이 카드는 일의 평온함을 나타냅니다. 그것은 당신의 직무활동이나 취업변경에 긍정적입니다. 또한, 여행이 예상됩니다. 어떤 경우에도 당신은 당신의 활발한 사회성으로 긍정적인 가치를 경험할 것입니다.
- 관계: 새로운 사랑의 시작입니다. 연애하고 있다면 순조로운 연애를 합니다. 어려움이 있으면 관계에 평화가 돌아올 것입니다. 당신은 당신의 관계에서 더 많은 평온을 끌어들입니다.
- 건강: 진정, 웰빙, 평화가 필요합니다. 질병 후 치유 중입니다. 신선한 공기를 마셔야 합니다.
- 재물: 안심하고 새 계약을 체결할 수 있습니다.
- 영성: 빛을 향한 영혼의 고귀함을 상징하는 카드입니다. 당신은 스스로에 큰 발전을 이루었으며, 이 길을 계속 가십시오.

♠ 자기계발

- 성찰

- 나는 변화에 어떻게 반응하는가요?
- 나는 변화할 준비가 되었는가요?

- 내 인생에서 평온함이 부족한 것은 무엇인가요?

• 균형주문

- '불안'과 '평온함' 사이 균형을 요청합니다.
- "지상의 삶은 스트레스가 많다"와 "지상의 삶은 평화롭다" 사이 균형을 요청합니다.

• 명상

숨을 들이마시고 깊게 내쉬기를 3회 반복합니다. 호흡 3회.

〈비둘기〉 카드를 상상합니다. 눈을 감으세요. 이 명상을 하는 동안 갇히거나 괴로울 때 언제든지 균형주문을 외우고 명상을 계속 진행하십시오. 필요할 때마다 이 문구를 소리 내어 말할 수 있습니다.

당신이 변화를 겪으면서 불편하게 하는 상황을 생각해 시각화하십시오. 비둘기를 부르십시오. 비둘기는 당신에게 자신의 등 위에 탈 것을 제안합니다. 비둘기는 당신의 불편한 상황 위로 높이 데려가서 상황 전체를 보도록 권유합니다. 거리를 둬서 상황을 여러 관점으로 다르게 볼 수 있게 되고 상황을 바라보는 당신의 감정도 다르게 느껴집니다. 비둘기 같은 평온함으로 이 상황을 넘어 날으세요. 비행의 가벼움을 느껴보세요. 스트레스가 덜해지면 다시 내려와 좋은 에너지가 계속 전해지도록 하세요.

"감사합니다"를 세 번 외우며 이 명상을 마칩니다.

35. 왕국Le Royaume

나는 자신감을 키웁니다.

이 카드는 피난처, 내면의 안전을 상징합니다. 왕국은 벽과 물로 둘러싸여 있어 안전이 보장됩니다. 초대받지 않고는 아무도 들어갈 수 없습니다. 어려운 경험을 겪은 후에는 안전함을 느끼는 피난처에 의지할 필요가 있습니다. 하지만 너무 오랫동안 자신을 가두지 않도록 주의하십시오. 왕국은 당신이 위험하다고 느낄 때 의지할 수 있는 가족을 나타낼 수 있습니다. 외부 세상과 타인에 대한 두려움으로 자신을 막고 포위하는 것은 고통스러울 수 있습니다. 우리는 종종 안전을 집안, 가족, 일 등 외부적인 것에서 찾으려 하지만, 진정한 안전은 우리 내면 안에서 찾아야 합니다. 당신은 자신의 왕국이자 자신만의 보호자입니다. 당신의 카드에 왕국이 있다는 것은 어디에서 나 자신에 대한 완전한 안전함을 느낄 수 있는 자신감을 키우는 것이 필요합니다.

키워드 #삶의 터전 #가정 #집 #자신감 #보호구역 #내면의 안전함

♠ 점술

- 직업: 더 이상의 소속감이 느껴지지 않더라도 직장에 대한 안정감 때문에 직업을 바꾸는 것이 두려울 수 있습니다. 보안과 관계된 직업과 관련있습니다. 당신의 활동에 대한 자신감을 키워야 합니다.
- 관계: 당신은 안전한 관계를 유지하고 있습니다. 부정적인 카드 옆에 있다면 불편한 관계가 포함될 수 있습니다.
- 건강: 이 카드는 좋은 건강을 나타냅니다. 부정적인 카드가 옆에 있다면 감정적 수준에서 광장 공포증이나 외부에 대한 다른 두려움을 나타낼 수 있습니다.
- 재물: 재정적으로 안정되거나 또는 모든 것을 잃을 것에 대한 두려움으로 인해 시작조차 못합니다.
- 영성: 내면의 안정성을 개발할 때입니다. 당신을 의심하게 만든 경험이 있기에, 내면을 강화하면 두려움 없이 다시 마음을 열 수 있습니다.

♠ 자기계발

• 성찰

- 어떤 상황에서 안전하다고 느끼는가요?

- 내가 쉴 수 있는 안전한 장소가 있나요?

- 내가 안정감을 느끼기 위해 다른 사람들에게 의지해야 하나요?

• 균형주문

- "나는 나 자신을 믿을 수 없다"와 "나는 나 자신을 믿을 수 있다" 사이 균형을 요구합니다.

- "내 몸을 믿을 수 없다"와 "내 몸을 믿을 수 있다" 사이 균형을 요구합니다.

• 명상

숨을 들이마시고 깊게 내쉬기를 3회 반복합니다. 호흡 3회.

나의 〈왕국〉 카드를 상상합니다. 눈을 감으세요. 이 명상을 하는 동안 막히거나 불안하거나 불편할 때 언제든지 균형주문을 외우고 계속 명상을 하십시오. 명상 중 당신이 처한 상황에 대해 불안감을 느낄 때, 필요할 때마다 이 주문을 큰 소리로 외우십시오.

당신이 안전함을 상징하는 기하학적 형태가 나타나도록 요청하십시오. 이 모양이 당신 앞에 나타나게 하십시오. 투명하고 매우 빛나는 수정으로 만들어진 것처럼 시각화하십시오. 당신은 이 수정 안으로 들어갑니다. 에너지가 흐르게 하고 당신을 진정시키도록 하세요. 이 수정의 형태는 당신에게만 맞춰있기에 당신은 안전합니다. "나는 나만의 왕국이며, 나는 안전합니다"라는 문구를 반복해보세요. 이곳에서는 보안을 찾아다니지 않아도 됩니다. 당신은 안전합니다. 불안감을 느끼거나 보호가 필요할 때마다 이 기하학적 형태의 수정 안으로 들어가십시오.

"감사합니다"를 세 번 외우며 이 명상을 마칩니다.

36. 모래시계Le Sablier

나는 내 시간을 갖습니다.

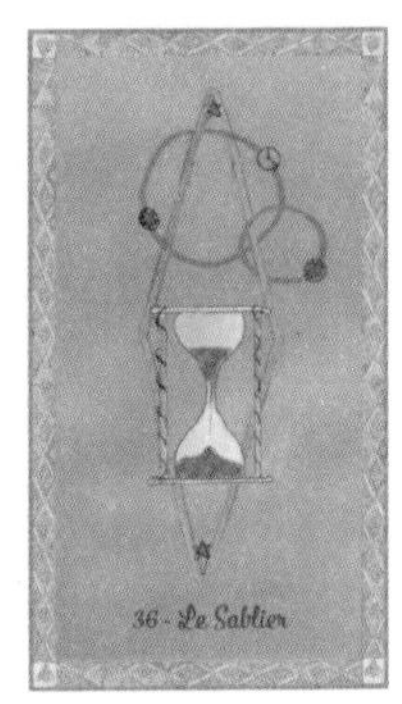

당신은 시간이 필요합니다. 카드에 모래시계가 있다면, 상황을 성숙하도록 두는 것이 중요합니다.

모든 경험에는 성숙을 위한 시간이 필요합니다. 모래시계는 시간의 흐름, 과거와 미래를 상징합니다.

키워드 #시간 #과거 #미래 #옛날 #고대의 전생

♠ 점술

- 직업: 당신의 일을 효과적으로 수행하려면 더 많은 시간이 필요합니다. 계약서에 서명해야 한다면 충분한 시간을 가지십시오.
- 관계: 당신을 위한 시간을 내십시오. 결정을 내리는 데 시간을 가지십시오. 당신의 생각을 성숙시키는 것이 중요합니다.
- 건강: 몸이 치유되는 데 시간이 걸린다는 점을 받아들이십시오. 몸이 감당할 수 있는 것 이상으로 몸을 밀지 마십시오.
- 재물: 계약을 체결하기 전에 생각할 시간을 가지십시오.
- 영성: 모든 것이 적절한 때 일어난다는 것을 받아들이는 것입니다. 당신은 개입할 필요가 없습니다. 그저 당신 자신이 되세요. 그러면 우주가 적절한 순간에 당신이 살아갈 수 있는 경험을 제공할 것입니다.

♠ 자기계발

- 성찰

- 나는 내 인생에서 항상 서둘러 가려 하는가요, 아니면 경험을 삶에 녹이는 데 시간이 걸리는가?
- 나는 왜 항상 더 빨리 가고 싶은가?
- 시간을 내어 쉬어가는 방법을 알고 있는가?
- 미래가 두려운가?

- 나는 항상 과거에 연연하요?

• 균형주문

- “나를 위해 시간을 내는 것을 금지한다”와 “나를 위해 시간을 내는 것을 허락한다” 사이 균형을 부탁드립니다.
- “예전이 더 좋았다”와 “점점 좋아지고 있다” 사이 균형을 부탁드립니다.

• 명상

숨을 들이마시고 깊게 내쉬기를 3회 반복합니다. 호흡 3회.

〈모래시계〉 카드를 시각화하십시오. 눈을 감으십시오. 이 명상을 하는 동안 갇히거나 불안하고 불편할 때 언제든지 균형주문을 외우고 명상을 계속하십시오. 필요할 때마다 이 주문을 소리 내어 외울 수 있습니다.

기분 좋은 곳, 기분이 좋아지는 고요한 곳에 있는 자신을 시각화하십시오. 이곳에는 아름다운 안락의자가 있습니다. 이 안락의자는 매우 쾌적하고 편안하고 부드러워 보입니다.

휴식을 취하도록 당신을 초대합니다. 이 의자는 당신을 향해 양팔을 길게 뻗어 당신을 감싸주고 당신은 그 의자에 앉게 됩니다.

당신 옆에 있는 탁자 위에는 흐르는 모래시계가 있습니다. 시간은 흐르고 당신은 거기에 머물고, 당신은 진정한 자기 자신이 되는 것 외에는 할 일이 없습니다. 아무것도 하지 않아도 괜찮다는 것을 허락하십시오. 기분이 어떻습니까? 아무것도 하지 않고 당신 그 자체와 마주한 기분이 어떠신가요? 순간을 인식하고 머무르세요. 생각들이 들어옵니다. 생각들이 하늘의 구름처럼 지나가게 하십시오. 그들이 당신을 압도하지 못하게 하십시오. 마음이 진정될 때까지 이 연습을 하십시오.

당신의 생각은 점점 줄어들고 있습니다. 모든 것이 진정됩니다. 지금 이 순간을 즐기세요.

“감사합니다”를 세 번 외우며 이 명상을 마칩니다.

37. 크리스탈Les Cristaux

나는 나의 내면의 풍요로움과 연결합니다.

이 카드로 당신은 내면의 부를 받아들임으로써 에너지 치유의 길을 시작합니다. 당신의 손에 크리스탈 카드가 있으면 도움을 받아야 할 때입니다. 여러 가능성을 가진 당신이 얼마나 멋진 존재인지 아직 알지 못하기 때문입니다. 크리스탈 카드는 '당신이 치료에 대한 원석 테라피 요법에 예민하다'는 것을 알려줍니다.

키워드 #보물 #풍부한 #아름다움

♠ 점술

- 직업: 귀하의 비즈니스는 성공적입니다. 성공, 성취
- 관계: 진정이 필요한 관계를 말합니다. 복잡한 것만 보는 대신에 관계에서 아름다운 것을 보십시오.
- 건강: 당신을 달래줄 필요가 있습니다. 당신의 몸이 건강하게 잘 기능함에 대해 감사합니다. 당신은 좋은 활력과 모든 것을 다 가질 수 있는 가능성을 가지고 있습니다. 당신은 몸이 아플 때도 당신의 몸이 최선을 다하고 있음을 인지하고 감사하십시오.
- 재물: 이 카드는 재정적 풍요와 현금 흐름을 알립니다.
- 영성: 이 카드는 우리 내면의 보물, 각 개개인의 탐구에 대해 말해줍니다. 당신의 삶의 목적은 무엇입니까? 당신은 당신의 무한한 가능성에 대해 이해하는 단계에 있습니다. 당신의 탐구는 성공할 것입니다.

♠ 자기계발

- 성찰

- 나는 내면의 아름다운 것을 볼 수 있는가?
- 나는 나 자신에게 친절한가 아니면 남에게만 친절한가요?
- 나는 나의 성공을 믿는가요?

- 균형주문

- "인생의 아름다움을 보지 못하는 것"과 "인생의 아름다움을 볼 수 있는 것" 사이 균형을 요청합니다.
- "누군가를 치료하려면 내가 타고난 재능을 가져야 한다"는 믿음과 "이 능력은 누구에게나 접근 가능한 능력이다"라는 믿음 사이 균형을 요청합니다.

● 명상

숨을 들이마시고 길게 내쉬기를 3회 반복하십시오. 호흡 3회.

〈크리스탈〉 카드를 상상합니다. 눈을 감으세요. 이 명상을 하는 동안 막히거나 불안하거나 불편할 때 언제든지 균형주문을 외우고 명상을 계속 하십시오. 필요할 때마다 이 주문을 소리 내어 외울 수 있습니다.

가슴 중앙에 있는 심장 차크라에 의식을 가져오십시오. 이 중앙에는 놀라운 크리스탈이 있습니다. 너무 밝고 투명해서 빛을 반사합니다. 이제 지구의 중심에 의식을 두십시오. 지구의 중심에도 당신의 마음의 중심에서와 같은 크리스탈이 빛나고 있습니다. 그 크리스탈 또한 마음처럼 투명하고 맑습니다. 이제 당신의 심장의 크리스탈과 지구 심장의 크리스탈을 연결하십시오. 지구 심장에 가서 힘을 얻으십시오. 에너지가 자유롭게 흐르게 하십시오.

"감사합니다"를 세 번 외우며 이 명상을 마칩니다.

38. 할리퀸L'Arequin

나는 내 부족함과 나의 서투름을 받아들입니다.

이 카드는 우리의 마음에 들지 않는 것을 자비롭게 받아들이도록 요청합니다. 그렇지 않으면 우리는 정직할 수 없습니다. 당신은 친절과 인정이 부족했고, 오늘은 방어적이며 가면 뒤에 숨었습니다. 카드에 할리퀸이 있으면 자비롭게 자신과 상황 그리고 다른 인물을 바라봐야 합니다. 당신 자신의 필터와 신념으로 판단합니다. 마음에 들지 않는 것이라도 마음을 열고 환영하십시오.

이 카드는 또한 우리가 조심해야 하는 악의, 사악함, 부정직에 대해 말합니다.

키워드 #취약점 #서투른 #속임수 #부정직

♠ 점술

- 직업: 당신은 악의적인 환경에서 일하고 있습니다. 괴롭힘의 피해자가 될 수 있습니다. 경계하십시오. 주변에 당신을 속이는 사람들이 있습니다.
- 관계: 당신이 살고 있는 관계는 공정하지 않고 가식과 기만이 있습니다. 정직함이 없는 관계이니 경계하십시오.
- 건강: 할리퀸은 정서적 건강, 우울증, 취약성에 관련된 문제를 알려줍니다. 당신은 자신과의 싸움에 지쳤지만 여전히 활력이 넘칩니다.
- 재물: 돈 횡령이 일어날 수 있습니다. 계좌를 관리합니다.
- 영성: 에너지는 의도가 나쁘고 방향이 잘못되었습니다. 주변에 질투가 있고 누군가가 당신을 나쁘게 판단하고 부정적인 생각을 보내고 있습니다. 자신을 보호하세요.

♠ 자기계발

- 성찰

- 나는 나의 결점을 어떻게 인식하는가요?
- 나는 취약한 나의 모습을 다른 사람에게 보여주는 것을 받아들이는가요?
- 내가 다른 사람을 너무 신뢰하는가요?

- 내가 살면서 많이 속았나요?

- 균형주문

- “위험에 처할까 봐 취약한 자세를 거부하는 것”과 “위험에 처하지 않고 취약해지는 것을 허용하는 것” 사이 균형을 부탁드립니다.
- “나 자신에 대한 부정직함”과 “나 자신에 대한 정직함” 사이 균형을 부탁드립니다.

- 명상

숨을 들이마시고 깊게 내쉬기를 3회 반복합니다. 호흡 3회.

〈할리퀸〉 카드를 상상하십시오. 눈을 감으세요. 이 명상을 하는 동안 막히거나 불편하거나 불안할 때, 언제든지 균형주문을 외우고 계속하십시오. 필요할 때마다 이 주문을 소리 내어 외울 수 있습니다.

이 명상에서 우리는 자신에 대한 자비를 강조하고 호흡 훈련으로 마음을 맑게 비울 것입니다. 오른쪽 엄지손가락으로 오른쪽 콧구멍을 막고 왼쪽으로 숨을 들이쉽니다. 오른쪽 검지손가락으로 왼쪽 콧구멍을 막고 오른쪽으로 숨을 내쉽니다. 항상 집게손가락을 왼쪽 콧구멍에 대고 오른쪽에 숨을 들이 쉬십시오. 그다음 방금 내뱉은 콧구멍으로 항상 숨을 들이쉽니다.*

3분 동안 이 운동을 하면 마음이 차분해집니다.

이 숨을쉬는 동안 ‘취약성’이라는 단어를 상상하십시오.

말과 생각이 당신을 지나치게 두고, 계속 호흡 훈련을 하십시오.

“감사합니다”를 세 번 외우며 이 명상을 마칩니다.

*역자주. 여기서 작가는 전통적인 나디 쇼다나 호흡법과 다르게 기안 무드라(Gyan Mudra-엄지와 검지 집게 손가락)를 함께 사용했다. 이 무드라는 지식과 긍정적인 사고의 확장을 유도한다

39. 소용돌이Le Vortex

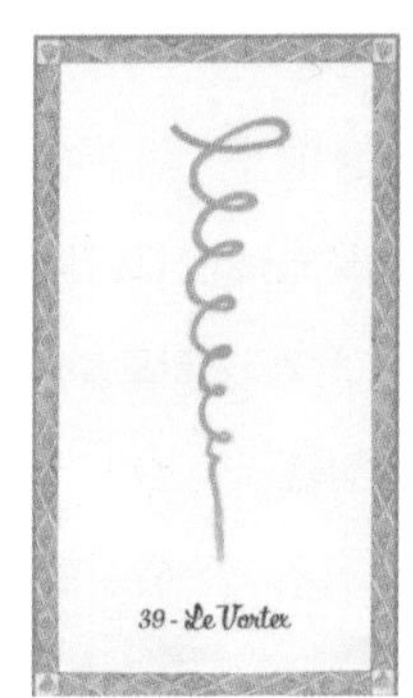

나는 아무것도 통제하고 있지 않다는 것을 깨닫고, 생명 에너지에 나를 맡깁니다.

생명 에너지는 정신이나 당신의 통제력보다 강합니다. 선택한 카드에 소용돌이가 있으면 상황을 있는 그대로 받아들이세요. 인생의 흐름에 자신을 맡기고, 환영하고, 저항하지 마십시오. 소용돌이 카드는 더 이상 통제할 수 없게 일을 놓아버리게 하고 밀어붙입니다. 그냥 맡기십시오.

키워드 #생명의 힘 #생명 에너지 #성적 에너지 #쿤달리니(Kundalini)

♠ 점술

- 직업: 당신이 통제할 수 없다는 것을 받아들이세요. 당신은 많은 에너지를 가지고 있습니다. 에너지가 흩어지지 않도록 주의하십시오.
- 관계: 막다른 골목에 있는 상황이 되면 상황은 풀어집니다.
- 건강: 좋은 건강상태이며, 당신 안에 좋은 에너지 순환이 자유롭고, 치유됩니다. 활동적인 걷기를 통해 호흡에 힘쓰고 세포에 산소를 가득 공급하십시오. 혈액순환 문제가 있을 수 있습니다.
- 영성: 당신은 당신을 통해 흐르는 삶의 에너지를 느낍니다. 우주와 연결된 느낌을 느껴보세요. 당신은 두려움 없이 앞으로 나아갈 수 있는 충분한 에너지를 가지고 있습니다.

♠ 자기계발

- 성찰

- 에너지가 내 안에서 순환되도록 허락하는가요?
- 모든 것을 통제하고 싶은가요?

- 균형주문

- 나는 "죽음이 두려워 모든 것을 통제하는 것"과 "살아남기 위해 모든 것을 놓아주는 것" 사이 균형을 요구합니다.

- "내 안에 생명의 에너지가 순환하는 것을 금지함"과 "내 안에 생명의 에너지가 순환하게 할 권리" 사이 균형을 요청합니다.

• 명상

숨을 들이마시고 깊게 내쉬기를 3회 반복합니다. 호흡 3회.

〈소용돌이〉 카드를 상상합니다. 눈을 감으세요. 이 명상 중에 막힌 느낌이 들 때마다 또는 불안하거나 불편하면 언제든지 균형주문을 외우고 계속 진행하십시오. 필요할 때마다 이 주문을 소리 내어 외울 수 있습니다.

〈1. 뿌리〉 차크라 척추 아래쪽, 골반에 주의를 집중하십시오. 이곳에는 생명 에너지인 쿤달리니가 저장되어 있습니다. 이것이 척추 위로 소용돌이로 올라가는 것을 시각화하십시오. 골반 바닥에서 힘을 얻는 회오리바람과 같은 에너지와 빠르고 깊은 호흡으로 척추를 따라 올라가는 쿤달리니 에너지를 활성화하십시오.

"감사합니다"를 세 번 외우며 이 명상을 마칩니다(불의 에너지 호흡을 통하여 내면의 소용돌이인 쿤달리니를 활성화할 수 있습니다. 생리 주기의 첫날이나 임신한 여성에게는 권장하지 않습니다. 배꼽 높이에서 펌핑하여 코를 통해 빠르게 숨을 들이쉬고 내쉬십시오).

40. 나침반La Rose des Vents

나는 어떤 길이든 항상 올바른 길을 선택합니다.

자아실현을 향해 나를 이끄는 길을 선택하는 시기이다. 자신을 성취로 이끄는 길을 선택할 때입니다. 나침반 카드는 당신은 인생의 갈림길에 서 있음을 알립니다. 때로는 정신적으로 선택이 어려워 보입니다. 당신 마음속으로 느끼는 시간을 갖는 것이 중요합니다. 잘못된 선택이나 잘못된 길은 없으며 사랑과 자기실현으로 이끄는 경험만 있을 뿐입니다.

키워드 #경로 #선택 #새로움

♠ 점술

- 직업: 직업을 바꿀 수 있는 선택권이 있습니다. 당신은 새로운 길, 새로운 방향을 선택할 수 있습니다. 자신의 삶의 목적을 위해 중요한 결정을 내려야 합니다.
- 관계: 이 카드는 인간관계의 방향 전환에 대해 알려줍니다. 새로운 방식으로 관계에 접근하게 됩니다. 또한 새로운 시작관계와 이별의 카드이기도 합니다. 각자에게 적합한 새로운 기반 위에서 커플관계를 새롭게 시작할 수 있습니다.
- 건강: 장기와 관련된 모든 부위에 주의.
- 재물: 당신은 새로운 기회, 선택해야 할 계약이 있을 것입니다.
- 영성: 당신은 갈림길에 있습니다. 경험을 바탕으로 당신의 현실을 창조하기 위해 당신의 낡은 패턴과 믿음을 놓아버리세요. 더이상 필요하지 않은 것은 놓아주고, 때때로 어려운 경험이 당신을 앞으로 나아가게 해준 것에 대해 감사하십시오.

♠ 자기계발

- 성찰

- 진로 선택이 어려운가요?
- 내 직감을 믿는가요? 아니면 멘탈의 소리에 휩쓸리나요?

- 균형주문

- “지상에서의 삶은 죽는 것을 의미함”과 “지구상에서의 삶은 사는 것을 의미함” 사이 균형을 요청합니다.
- “낡은 신념과 패턴을 지키는 것”과 “생존이 아닌 내 삶을 살기 위해 패턴과 신념에서 해방되는 것” 사이 균형을 요청합니다.
- 나는 “내 삶을 사는 것이 두렵다”와 “이 두려움에서 나 자신을 자유롭게 하는 것” 사이 균형을 요구합니다.

● 명상

숨을 들이마시고 깊게 내쉬기를 3회 반복합니다. 호흡 3회.

〈나침반〉 카드를 보십시오. 눈을 감으세요. 이 명상을 하는 동안 갇히거나 불안하거나 불편할 때 언제든지 균형주문을 외우고 계속 명상을 하십시오. 필요할 때마다 이 주문을 소리 내어 외울 수 있습니다.

사거리에 서 있는 자신을 시각화하십시오. 이 장소에는 선택할 수 있는 많은 길이 있습니다. 필요한 만큼 자주 원형도로 주변을 맴돌 수 있습니다. 직감적으로 원형도로에서 시작하는 길로 걸어나갑니다. 당신이 필요하지 않은 가방이나 물건을 놔주는 것처럼, 이 도로를 따라 나아가면서 해방되는 자신의 모습을 상상합니다. 새로운 원형 교차로에 도달할 때까지 이런 식으로 앞으로 이동합니다. 당신은 점점 더 가벼운 느낌이 들고 평온함을 느낄 수 있습니다. 더 이상 필요 없는 것들이 당신을 얽매고 있다고 느끼면 원래의 출발점으로 돌아가는 것을 주저하지 마십시오.

“감사합니다”를 세 번 외우며 이 명상을 마칩니다.

41. 반지Les Anneaux

나의 성장을 방해하는 속박에서 나 자신을 해방시킵니다.

두 개의 반지가 얽혀있고, 고리는 결속, 가족을 상징합니다.

결혼과 결합의 카드입니다. 부정적인 카드들 옆에 있을 때, 〈반지〉 카드는 우리를 구속하는 매듭을 나타냅니다. 반지가 당신의 오라클 카드에서 나타날 때, 당신을 방해하는 가족의 유대관계와 씨족 신념에서 벗어날 때입니다.

키워드 #가족 #결혼식 #연결 #매듭 #단결

♠ 점술

- 직업: 계약이 체결됩니다. 이 카드는 연합의 힘을 느끼기 위해 다른 사람들 또는 가족간 협력을 선호함을 나타냅니다. 이러한 계약은 좋은 징조입니다. 주변 카드가 부정적이면 하는 일을 이어가기가 무겁습니다. 여러 세대에 걸쳐 이어져 내려온 가업의 무게를 느낄 수 있습니다.
- 관계: 결혼, 단합, 동거, PACS*의 카드입니다. 단결력은 강하고 헌신적입니다. 애착관계가 너무 강해서 때로는 앞으로 나아갈수 없습니다.
- 건강: 건강합니다.
- 재물: 서명된 계약서가 도움이 될 것입니다.
- 영성: 당신의 삶에서 영성을 매우 중요하게 생각합니다. 균형적입니다. 당신의 질문에 대한 더 많은 답변을 찾을 수 있습니다. 생생한 경험을 통해 다른 사람을 도울 수 있습니다.

---

*시민연대계약(PActe Civil de Solidarité): 결혼하지 않아도 법적 · 제도적으로 차별을 받지 않고 자유롭게 동거하고 아이를 낳아 기르는 등 부부에 준하는 사회적 보장을 받을 수 있는 프랑스의 시민 결합 제도다. 1999년 프랑스에서 도입된 이후 동거의 유연성과 결혼의 보장성을 결합한 가족 구성의 대안으로 각광받고 있다. PACS는 당초 동성 커플의 법적 결합 인정을 위해 도입됐으나, 90% 이상이 이성애자 커플이다

♠ 자기계발

• 성찰

- 주변 누군가에게 빚을 졌다고 느끼는가요?
- 내가 다른 사람을 구원해야 한다고 느끼는가요?
- 잘못을 속죄하기 위해 뭔가를 해야 할 것 같은가요?
- 나는 나 외의 주변 사람들도 잘되기를 바라고 있는가요?

• 균형주문

- "나는 가족에게 이러저러하게 빚을 졌다"라는 믿음과 "나는 누구에게도 빚진 것이 없고 오늘부터 모든 책임에서 벗어났다"는 믿음 사이 균형을 요청합니다.
- "타인을 위해 나를 희생해야 한다"는 믿음과 "나는 어떤 식으로든 희생하지 않는다"는 믿음 사이 균형을 요청합니다.

• 명상

숨을 들이마시고 깊게 내쉬기를 3회 반복합니다. 호흡 3회.
〈반지〉 카드를 상상합니다. 눈을 감으세요. 이 명상을 하는 동안 막히거나 불안하거나 불편할 때 언제든지 균형주문을 외우고 명상을 계속하십시오. 필요할 때마다 이 주문을 소리 내어 외울 수 있습니다.
가슴 중앙 〈4. 심장〉 차크라에 의식을 두십시오. 매우 밝은 아름다운 투명 암석 크리스탈을 시각화합니다. 이제 아랫배에 있는 〈2. 성례〉 차크라(배꼽 아래 자궁 부위)에 의식을 두십시오. 바로 이곳에 당신의 발전을 방해하는 연결 고리가 있습니다. 어떤 사람, 가족 또는 교리에 빚진 마음에서 해방되기 위해 〈4. 심장〉 차크라에서 크리스탈을 통해 확산된 빛에게 〈2. 천골〉 차크라로 흐르도록 주문을 합니다. 빛이 퍼지도록 하고 얽혀있는 것들을 느슨하게 합니다. 천골 차크라의 빛을 계속 확산시킵니다. 이제 위의 균형주문을 말하십시오.
빛이 사라질 때까지 천골 차크라의 빛을 계속 확산시킵니다. 빛은 모든 얽혀있는 매듭을 풀어줍니다. 빛은 점점 줄어듭니다.
"감사합니다"를 세 번 외우며 이 명상을 마칩니다.

42. 나무L'Arbre

나는 자연과 연결되어 뿌리를 내리고 안정감을 느낍니다.

당신은 자신을 땅과 연결해야 합니다. 카드에 나무가 있으면 더 지구와 자신을 연결하십시오. 뿌리박힘/정착(ancrage, 정박) 문제 즉 만성피로감, 다리 통증 등이 있는 경우, 정착/뿌리박힘 개념에 대해 작업하기 전에 "왜 당신은 지구의 삶에 대해 복잡함을 느끼는가?"에 대해 고민해보십시오. 이 카드는 자연과 어우러짐, 어머니 가이아와 연결을 상징합니다. 또한 우리 자신의 어머니와의 연결도 나타냅니다.

키워드 #자연 #정착 #뿌리 박음 #지구 #땅 #휴식 #수행

♠ 점술

- 직업: 당신의 일은 자연, 농업과 관련이 있습니다. 당신의 일에 구체적인 활동이 필요합니다.
- 관계: 평온함과 힘의 균형을 유지한 인간관계를 가지고 있습니다. 자연 속에서 자신의 에너지를 재충전함으로써 대인관계의 강점을 끌어냅니다.
- 건강: 자연 속을 걷는 것이 필요합니다. 체력을 재충전하기 위해 자연 속에서 수련하고, 배우십시오. 당신은 자연을 예민하게 감지합니다.
- 재물: 당신의 투자와 저축은 성과를 거두게 됩니다.
- 영성: 당신은 뿌리에서 빛에 이르기까지 이 모든 차원에서 생명을 봅니다. 당신의 내면의 힘이 점점 더 열리고 당신은 더 신성한 차원에서 스스로나 다른 사람들과 소통하고 있습니다.

♠ 자기계발

- 성찰

- 나는 자연 속에서 충분한 시간을 보내고 있는가요?
- 나는 본질적으로 의식이 있나요?

- 균형주문

- "나는 지구에 뿌리를 내릴 자격이 없다"는 믿음과 "나는 태어날 때부터 지구와 연결되어 있고 땅에 뿌리를 내린다"는 믿음 사이 균형을 요청합니다!
- "지상의 삶은 나를 거부한다"는 믿음과 "지구상의 삶은 나를 사랑으로 환영한다"는 확신 사이 믿음을 요청합니다.
- "지상에서의 삶은 위험하다"는 믿음과 "지상에서의 삶은 안전하다"는 확신 사이 균형을 요청합니다.

• 명상

숨을 들이마시고 깊게 내쉬기를 3회 반복합니다. 호흡 3회.

〈나무〉 카드를 상상합니다. 눈을 감으세요. 이 명상을 하는 동안 막히거나 불안하거나 불편할 때 언제든지 균형주문을 외우고 명상을 계속하십시오. 필요할 때마다 이 주문을 소리 내어 외울 수 있습니다.

당신의 의식을 발밑에 두십시오. 발밑에 나무와 같은 뿌리가 있다고 시각화하십시오. 나무가 하늘을 향해 자랄 수 있도록 이 뿌리는 땅속으로 깊이 뿌리를 내릴 필요가 있습니다. 뿌리를 내리게 하여 지구의 중심 심장을 찾습니다. 뿌리는 지구의 심장에 닿아 붙어, 뿌리를 내려 놓아주면 땅에 고정됩니다. 뿌리줄기를 통해 지구의 심장에서 에너지를 끌어 올려와 힘껏 발아래로 가져올 것입니다. 그 에너지가 올라가게 하십시오. 당신을 육체를 통해 경험할 수 있도록 환영하고, 당신에게 영양분을 공급하는 지구에 감사드립니다. 에너지가 발아래에 도달하면 골반으로 올라갑니다. 당신의 골반에 에너지를 컵처럼 채우십시오. 지구의 에너지가 지금 당신을 채웁니다. 당신은 안정되고 뿌리는 정착합니다.

"감사합니다"를 세 번 외우며 이 명상을 마칩니다.

43. 허수아비L'Epouvantail

나는 방어하기 위해 다른 사람들과 거리를 두었습니다.

당신은 위험과 공격에 대한 두려움으로 다른 사람과 외부 세계와 거리를 둡니다. 〈허수아비〉 카드는 당신 자신이 위험에 처해있다고 느끼기 때문에, 다른 외부 것들에게 공격받지 않도록 오히려 두려움을 심습니다. 당신은 다른 사람들 앞에서 당신의 방어력을 낮추는 것을 두려워합니다. 관계에서 거리가 생기고 있습니다. 당신은 바깥세상이 두렵고 사람들도 두렵습니다.

키워드 #거리 두기 #타인과의 거리 두기 #보호 #격리 #광장공포증 #공포증

♠ 점술

- 직업: 당신은 혼자 일해야 합니다. 팀워크가 어려울 수 있습니다. 당신은 다른 사람들과 함께 있을 때 편안함을 느끼지 못합니다.
- 관계: 당신의 커플 사이에 어려운 관계가 있습니다. 당신은 종종 외로움을 느낍니다. 당신은 상처에 대한 두려움 때문에 독신일 수 있습니다. 결혼이나 연애에 대한 두려움이 있을 수 있습니다.
- 건강: 광장공포증, 사회공포증.
- 재물: 당신은 금융적 제휴에 대해 매우 신중합니다. 신뢰할 수 있는지 여부를 확인하기 위해 다른 카드를 열어보십시오.
- 영성: 당신은 진화하는 것을 두려워합니다. 과거 패턴이 더 이상 유효하지 않다는 것을 알고 있지만, 여전히 그 패턴에 집착하고 있습니다. 당신의 신성한 부분에 더 가까워지며 '당신이 위험에 처해 있다'는 믿음을 버리면서 진화의 가능성을 가질 수 있습니다. 당신은 아무런 위험이 없습니다.

♠ 자기계발

- 성찰

- 세상의 모든 것은 연결되어 있고, 인간은 자연과 연결되어 있으며, 상호연관되어 있습니다.

- 나와 타인 사이에 어느 정도의 거리를 두는가요?
- 내가 왜 지상에 있는지에 대한 의문에 세상과 단절된 느낌을 받은 적이 있는가요?
- 나는 종종 인생의 목적이 무엇인지 궁금해 하는가요?

• 균형주문

- 나는 "보호를 위해 다른 사람과 거리를 둔다"는 믿음과 "사람들 주변에 둘러싸여도 나는 안전하다"라는 확신 사이 균형을 요청합니다.
- 나는 "고립함으로써 나는 안전하다"는 믿음과 "사람들 주변에 둘러싸여도 나는 안전하다"는 확신 사이 균형을 요청합니다.

• 명상

숨을 들이마시고 깊게 내쉬기를 3회 반복합니다. 호흡 3회.

〈허수아비〉 카드를 상상합니다. 눈을 감으세요. 이 명상을 하는 동안 막히거나 불안하고 불편한 감정이 들 때 언제든지 균형주문을 외우고 계속하십시오. 필요할 때마다 이 주문을 소리 내어 외울 수 있습니다.

나는 내 뿌리가 땅속으로 깊이 뻗어 들어가는 모습을 시각화합니다. 또한, 지구상의 모든 인간의 뿌리를 시각화하십시오. 나는 나무, 꽃, 모든 자연의 뿌리를 인식합니다. 나의 뿌리가 지상에 살아있는 모든 것의 뿌리와 연결되어 있다는 것을 보여줍니다. 내가 위험하다고 느끼나요? 그렇다면 균형주문을 반복합니다.

나는 나무들 사이 연결을 시각화하고 이 연결이 나무가 성장하는 데 도움이 되는 것을 느낍니다. 이러한 연결은 나무들이 서로 소통하고 질병으로부터 보호되도록 합니다. 지구상의 생명체와 공통된 뿌리는 이러한 미묘한 교류가 가능합니다. 우리의 뿌리는 연결되어 있고, 더 이상 위험하지 않다는 것을 느낍니다. 나는 뿌리의 미묘한 에너지가 나와 다른 사람들 사이를 통해 순환하도록 허용합니다.

"감사합니다"를 세 번 외우며 이 명상을 마칩니다.

44. 고양이Le Chat

나는 내가 원하는 대로 자유롭습니다.

당신 카드에 고양이가 있을 때, 타인의 판단에 대한 두려움 없이 본인이 되어 선택의 자유를 누리세요. 그런 다음에야 가장 만족스러운 창의적인 길을 자유롭게 선택할 수 있습니다. 만약 이 질문이 어떤 사람에 관한 것이라면, 그 사람은 자유롭고 싶어합니다. 사회, 권위의 지배로부터 벗어나고 싶어합니다. 당신은 자유롭고 불같은 성격의 소유자입니다.

키워드 #독립의 필요성 #큰 공간

♠ 점술

- 직업: 당신은 자신의 CEO가 되고자 합니다. 당신은 개인사업을 시작할 것입니다.
- 관계: 당신은 넓은 세상을 바라보고 있습니다. 당신을 질식시키는 관계에 살고 있다고 느끼며, 자유가 필요합니다. 이 카드는 당신이 대인관계에서 행복하려면 자유로운 공간이 필요함을 의미합니다.
- 건강: 다시 건강을 회복하려면 시간을 내어 잠시 떠나 생각을 정리할 필요가 있습니다.
- 재물: 재정적 자립이 필요합니다.
- 영성: 참신함과 독립을 경험할 준비가 된 것입니다. 다른 사람들이 없어도 당신 스스로 이룰 수 있습니다. 그 자유를 향해 달려가십시오, 당신은 안전합니다.

♠ 자기계발

- 성찰

- 나는 내 인생에서 자유로운가?
- 어떻게 더 많은 자유를 가질 수 있을까?
- 내가 자유로워지지 못하게 하는 것은 무엇인가요?

- 균형주문

- "감히 거절하지 못하는 것"과 "감히 거절할 수 있는 것" 사이 균형을 요청합니다.

- "나는 다른 사람들에게 의지하여 선택한다"는 믿음과 "내 선택은 독립적이고 자유롭다"는 확신 사이 균형을 요청합니다.

● 명상

숨을 들이마시고 깊게 내쉬기를 3회 반복합니다. 호흡 3회.

〈고양이〉 카드를 상상하십시오. 눈을 감으세요. 이 명상을 하는 동안 막히거나 불안하거나 불편하면 언제든지 균형주문을 외우고 명상을 계속하십시오. 필요할 때마다 이 주문을 소리 내어 외울 수 있습니다.

당신을 심판하려는 자들을 당신 앞으로 오게 하십시오. 그들은 당신 앞에 모여있습니다. 아마도 당신은 비판을 받는 것 같아 불편하거나 불안할 수 있습니다.

당신은 이 사람들이 당신 자신이 되는 것을 방해한다고 생각할 수 있습니다. 당신은 끊임없이 그들을 기쁘게 하고 그들의 판단을 만족시키려고 노력하다 보니 자신이 되기가 어려워집니다. 그러나 이들이 당신에게 이러한 권력을 가지는 것은 바로 당신이 그들에게 그러한 위치를 허용하기 때문입니다. 당신은 그들의 판단을 예상하거나, 그들이 당신을 판단할 수 있는 권한을 부여하기 때문에 이런 상황이 발생합니다. 이것이 얼마나 당신을 다른 사람들의 포로로 만드는지 깨달으십시오. 때로는 당신은 '아니오'라고 생각하면서 "예"라고 말하고 있음을 깨달으십시오. "예"는 당신에게 기쁨을 가져다주어야 합니다. 자신과 약속하십시오.

이제부터는 다른 사람들을 기쁘게 하려고 행동하기 전에, 당신의 "예"가 당신을 행복하게 하는지 생각해 보십시오. 만약 "예"가 당신에게 어떤 기쁨도 주지 않는다면, "아니오"라고 말하십시오. "감사합니다"를 세 번 외우며 이 명상을 마칩니다.

45. 불의/불공정L'injustice

나는 불의에 직면하여 부당함에 대한 입장을 표합니다.

〈불의〉 카드는 당신은 부당한 상처를 입거나 당신 입장에서 부당한 상황을 겪고 있는 것을 말합니다. 이 상황을 지혜롭게 초월할 수 있도록 어떻게 이 불공평함의 형태를 취하는지에 대해 당신 자신의 경험을 추적하여 살펴보십시오. 진실성과 공평성이 부족합니다. 당신은 거부감을 느낄 수 있습니다. 당신은 불공평함에서 벗어나기 위해 자신의 내면에서 자원을 찾도록 요청받을 수 있습니다. 〈불의〉 카드는 우리의 반항적인 측면에 호소합니다.

키워드 #부당 #불공평 #배제 #거부감

♠ 점술

- 직업: 당신의 가치가 직장에서 인정받지 못해서 부당하다고 느끼고 있습니다.
- 관계: 당신은 주변 사람들에 의해 평가받고 있습니다. 당신이 아닌 다른 모습을 요구받는 느낌입니다. 주변에 잡담이 많습니다.
- 건강: 당신의 건강 문제에 대해 불공평하다고 생각합니다.
- 재물: 당신의 사업에 관련된 사람 중 일부는 정직하지 않을 수 있으며, 당신은 불공평한 대우를 받을 수도 있습니다.
- 영성: 당신의 모든 노력에도 불구하고 우주와 조화를 이루지 못한 느낌이 듭니다. 당신은 낙담한 듯합니다. 그러나 이원성(Duality)의 세계에서는 모든 것이 가능하며 모든 것이 빠르게 변하고 있음을 기억하십시오.

♠ 자기계발

- 성찰

- 불공정한 상황을 자주 경험하는가요?
- 불의에 어떻게 반응하나요?

- 균형주문

- '불공평함'와 '공평함' 사이 균형을 요청합니다.

- "나는 불공평함에 굴복한다"와 "나는 불공평에 저항한다" 사이 균형을 요청합니다

● 명상

숨을 들이마시고 깊게 내쉬기를 3회 반복합니다. 호흡 3회.

〈불의〉 카드를 상상합니다. 눈을 감으세요.

이 명상 중에 막힌 느낌이 들 때마다 또는 불안하거나 불편하면 균형주문을 외우고 명상을 계속 진행하십시오. 필요할 때마다 이 주문을 소리 내어 외울 수 있습니다.

당신의 인생에서 불공평해 보였던 상황을 상상하십시오. 어린 시절에 불공평했던 상황으로 돌아갈 수도 있습니다. 그때의 당신은 피해자로서 보호받지 못했거나 인정받지도 못했습니다. 당신이 알아주지 못했던 그 고통을 이해한다고 그에게 말해주십시오.

그 순간이 당신의 어린 시절의 삶에서 얼마나 고통스러웠는지 알고, 아마 오늘날에도 여전히 고통스러워할 수도 있다는 것을 알고 있습니다. 힘들어했던 어린 당신을 품에 안으세요. 이제 어린 당신은 안심합니다. 계속해서 시각화를 더 진행합니다. 당신의 눈에서 불공평함을 바로잡아 더 정의로운 결말을 재창조할 수 있습니다. 최상의 시나리오를 다시 작성하고 이 긍정에너지를 자신에게 시스템으로 장착합니다.

"감사합니다"를 세 번 외우며 이 명상을 마칩니다.

카드 그리기/뽑기 방법

1. 연속 질문으로 카드 뽑기

가능한 구체적으로 질문하십시오. 카드를 섞습니다. 카드를 반으로 나눕니다. 날카로운 답을 얻기 위해서는 매번 카드를 뽑을 때마다 다른 구체적 질문을 하십시오. 4장까지 뽑을 수 있습니다.

예시:

- 나는 내 프로젝트에 성공할 것인가요?

〈28. 감사〉: 예, 귀하의 프로젝트는 성공할 것이며 이를 수행함으로써 번창할 것입니다. 여기에 오기까지 당신이 성취한 모든 것을 돌아보고, 그 모든 일에 감사하십시오.

- 동료를 믿어도 될까요?

〈10. 미로〉: 당신은 그들과 빠르게 원점만 돌 것이고, 당신은 같은 목표를 가지고 있지 않기 때문에 닫힌 느낌을 받을 것입니다.

- 다른 동료가 필요한가요?

〈44. 고양이〉: 이 프로젝트를 위해 자유롭게 혼자 진행하세요.

- 이 프로젝트를 성공적으로 이끌기 위해 특히 노력해야 할 것이 있는가요?

〈26. 사신〉: 더 이상 자신에게 적합하지 않는 모든 것을 끝내는 능력을 발휘하십시오. 마지막 문을 닫는 것을 두려워하지 말고 상대에게 엄격하십시오.

2. 카드 5장 뽑기

이 카드 뽑기를 통해 전체에 대한 상황을 알 수 있습니다.

카드1: 상황에 직면한 상담자의 상황을 나타냅니다.

카드2: 이 상황에서 막힘을 나타냅니다.

카드3: 외부 도움.

카드4: 상황의 이점.

카드5: 최종 결과.

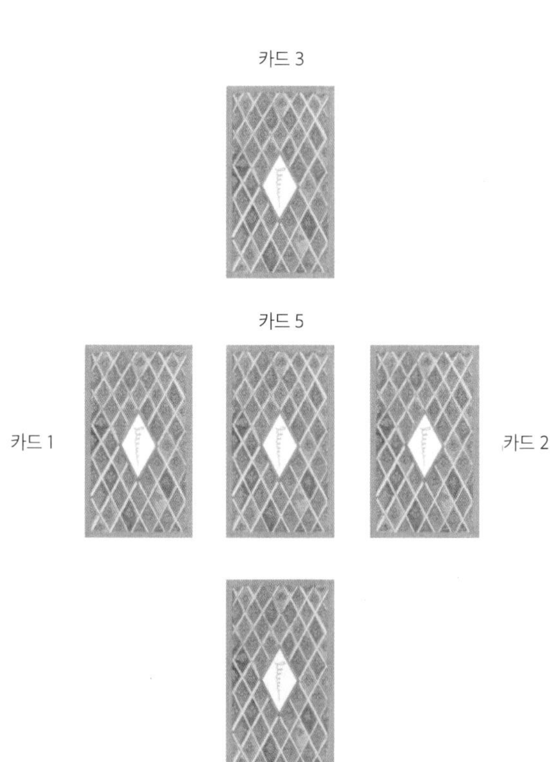

3. 관계에 대한 카드 뽑기: 거울 형태 카드 뽑기

3장의 카드를 뽑아 서로 마주 보도록 놓습니다.

카드 1~3은 상담자를 나타내고

카드 4~6은 다른 사람을 나타냅니다.

카드 7은 관계를 나타냅니다.

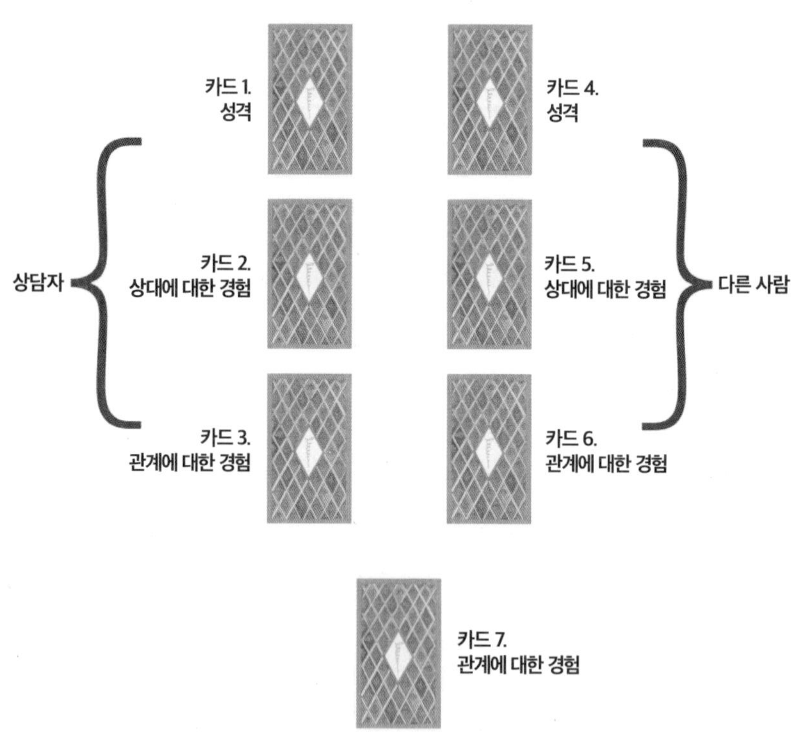

자기계발을 위한 카드뽑기 방법

1. 7년 주기의 인생단계 카드뽑기

이 카드 뽑기를 통해 7년 주기의 인생 단계를 살펴볼수 있습니다. 주기당 카드 2장을 뽑습니다(11주기 또는 22장의 카드).

- 0~7세 사이 카드 한장을 뽑습니다. 그런 다음 다른 한장의 카드를 선택하여 더 섬세한 정보를 봅니다.
- 7~13세 기간도 마찬가지입니다.
- 14~20세 기간도 마찬가지입니다.
- 21~27세 기간도 마찬가지입니다.
- 28~34세 기간도 마찬가지입니다.
- 35~41세 기간도 마찬가지입니다.
- 42~47세 기간도 마찬가지입니다.
- 48~54세 기간도 마찬가지입니다.
- 55~61세 기간도 마찬가지입니다.
- 62~68세 기간도 마찬가지입니다.
- 69세 이후도 계속 같은 방법으로 진행합니다.

2. 불편한 상황을 해결하기 위한 카드 선택

극복하고 싶은 상황을 생각해 보십시오.

- 카드 5장 뽑기:

카드 4

카드 2

카드 1

카드 3

카드 5

카드 1: 중앙, 상황에 직면한 상담자 자신을 나타냅니다.

카드 2: 왼쪽, 상황에 대한 잘못된 믿음을 나타냅니다.

카드 3: 오른쪽, 잘못된 믿음을 해제하고 행동할 수 있는 능력을 나타냅니다.

카드 4: 왼쪽, 세대를 초월한 무게, 부담, 책임을 나타냅니다.

카드 5: 오른쪽, 이 상황을 극복하기 위한 수단을 나타냅니다.

예: 내가 시작하는 것을 성공하지 못할 두려움에서 벗어나려면 어떻게 해야 하나요?

카드 1: 〈사무라이〉- 당신은 내면에 용기와 힘이 있습니다.

카드 2: 〈도서관〉- 막힘에 대한 정보는 가족계보에서 확인하십시오. 막힌 요인에 대한 정보를 얻을 수 있습니다.

카드 3: 〈무용수〉- 삶의 기쁨과 낙관주의를 통해 이러한 세대를 초월한 막힘을 해소할 수 있는 힘을 얻을 수 있습니다.

카드 4: 〈여왕〉- 막힘은 여성 선조나 여성 계통에서 비롯됩니다.

카드 5: 〈소용돌이〉- 생명 에너지가 자유롭게 흐르게 하십시오. 인생의 경험을 통해 문제를 직시하고 해결할 수 있도록 합니다. 이 해방의 자산은 당신의 용기 사무라이(Le Samouraï)와 당신의 기쁨 무용수(La Danseuse)입니다.

Ⅱ

나의 '생명의 근원 오라클'

강수연

1. 생명의 근원 오라클 카드 뽑기

♠ 카드 뽑기 순서

0. 어떻게 하면 예비 오라클 힐러들의 삶의 구석구석에, 절실한 순간에 내밀어주던 동아줄처럼, 지혜의 열쇠를 건네줄 수 있는 영원한 친구의 모습이자 그들 내면 자아와의 만남의 감동을 경험하게 할 수 있을까 고민하며 카드를 섞었다.

1. 카드를 섞는 도중 〈2. 연꽃〉 카드가 튀어 올라왔다. 이렇게 튀어 올라오는 카드들은 내가 뽑는 카드들의 동반자가 된다.
2. 카드를 섞은 후, 반으로 나누어 각 파트의 바닥에 있는 카드들을 조심스레 훑어보며, 전반적인 카드의 진행을 미리 짐작하고 살펴보았다(다만, 이 과정은 사용자에 따라 다를 수 있음을 미리 명시한다).

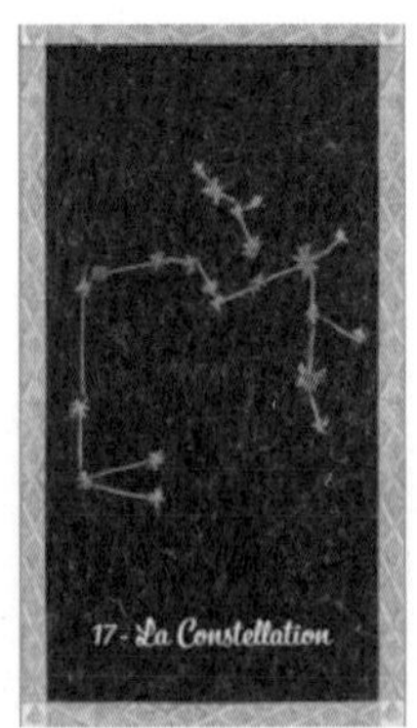

그룹A 〈17. 별자리〉 카드와 그룹B 〈19. 예수그리스도〉 카드

3. 확인 후, 카드들을 다시 제자리에 놓는다. 그룹B의 〈19. 예수그리스도〉 카드는 중간지점에서 내가 뽑은 카드이다. 이 카드를 아래로 위치시키고 〈17. 별자리〉 카드를 그룹A 위에 얹는다.

4. 이때 카드를 더 이상 섞지 않는다. 모든 준비가 되었다면, 오른손으로 쫘악 밀어주기를 한다(내가 좋아하는 쾌감을 주는 순간이다. 잘 밀리면 그 찌릿함을 느낄 수 있다. 이는 경험한 사람은 공감할 수 있을 것이다).
5. 이제 세 장의 카드를 뽑는다. 질문은 〈생명의 근원 오라클 카드〉 해설에 어떻게 나의 경험을 녹여 독자들이 쉽게 이해할 수 있도록 글쓰기를 전개할까?'이다. 첫 번째 카드는 중심에, 두 번째 카드는 나의 왼쪽 그리고 마지막 세 번째 카드는 나의 오른쪽으로 놓는다.

과거

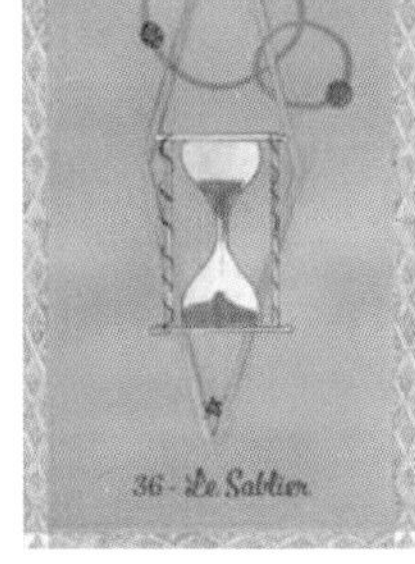

현재

미래

첫 번째로 뽑은 카드 〈36. 모래시계〉는 나의 정면에 두고, 두 번째로 뽑은 〈38. 할리퀸〉 카드는 나의 왼쪽에 두고, 마지막 세 번째 카드인 〈23. 내면아이〉 카드를 나의 오른쪽에 배치한다.

나는 어떻게 이야기를 전개할 것인가, 라는 질문을 했으니, 나의 에세이는 서론-할리퀸/ 본론-모래시계/ 결론-어린아이, 과거/ 현재/ 미래로 이야기를 이어나갈 것이다. 항상 시간에 따라 카드를 해석할 필요는 없다. 당신의 질문에 따라 시간의 흐름으로 읽거나 전체적으로 해석할 수도 있다.

처음 세 장의 카드를 대면한 나의 심정은 막막했다. 어떻게 이해해야 할지 고민하며, 막막한 마음에 '다시 카드를 뽑아볼까?' 생각했다. 그 순간 머릿속으로 한 가지 메시지가 스쳐 지나갔다. 그것은 나에게 프랑스 생활과 여전히 풀리지 않은 인생 숙제에 대해 명료하게 말해주고 있었다. 어쩌면 아직도 '해결하지 못한 내면아이의 상처가 있을 수 있겠구나'라고, 또 어쩌면 '나와 내 아이들과의 관계에 대한 조명일지도 모른다'라고 깨달았다. 결국 나는 나에게 상처 입힌 과거에 대한 반항으로, 싫어하는 상황을 받아들이지 않고 현실을 거부했던 것 같다. 자신을 보호하기 위해 적응력과 사회성이 뛰어난 척 허세를 부리는 '가면 에고'를 쓰고 있었다. 〈할리퀸〉은 나에게 이러한 생존본능의 가면을 벗고 다른 사람들의 다름을 인정하고, 나의 부족함을 받아들이며 자유로워지라고 충고한다. 여전히 나는 흥미롭게 인생 경험을 인정하고 받아들이려고 노력하고 있다. 이 노력의 시간은 나의 내면아이에게 인정과 사랑의 영양분을 주며 함께 손잡고 하나되어 성장하는 시간이다. 동시에 창조의 길로 나를 인도하는 것이다.

2. 카드 실전

1) 팝업(pop-up)카드

카드를 섞는 과정에 첫 번째로 튀어나온 연꽃 카드는, 신성한 사랑을 통한 재탄생을 의미한다. 이 카드를 팝업(pop-up)카드라고 부르겠다. 이 팝업카드는 이렇게 아래 사진과 같이 각 카드의 동행카드이다.

잠시 한국적 연꽃의 상징적 의미를 감상해보자(김훈, 경주 전통한옥 학교장의 10가지 상징적 의미).

하나, 연꽃은 진흙탕에서 자라지만 진부해지지 않는 고고함으로 주변의 부조리와 환경에 쉽사리 영향을 받지 않는다.

둘, 물이 연잎에 닿으면 그대로 굴러떨어지듯이, 연꽃잎 위에 한 방울의 오물도 머무르지 않으며, 악한 환경에서도 결코 악에 물들지 않는 튼튼하고 선한 멘탈을 지닌다는 의미이다.

셋, 연꽃이 피면 물속 시궁창 냄새가 사라지고 은은한 향기가 가득하듯이 고결한 인품의 그윽한 향기로 사회를 정화하는 참으로 아름다운 향기를 풍긴다는 뜻이다.

넷, 어떤 곳에 있어도 늘 푸르고 맑은 줄기와 잎을 유지하는 연꽃과 같이, 바닥에 오물이 즐비해도 그 오물에 뿌리내린 연꽃의 줄기와 잎처럼 항상 청정한 몸과 마음을 간직하였음을 뜻한다.

다섯, 둥글고 원만한 연꽃의 형상을 보고 있으면 이를 보는 우리의 마음이 절로 온화해지고 즐거워지듯이 얼굴이 원만하고 항상 웃음을 머금은 채, 말이 부드럽고 인자한 사람은 옆에서 보기만 해도 화평해진다는 뜻이다.

여섯째, 연꽃 줄기가 부드럽고 유연하여 바람이나 충격에 쉽사리 부러지지 않듯이, 자신을 지키고 살면서도 외부와의 소통에 유연하고 융통성 있는 태도를 지키는 것을 의미한다.

일곱, 연꽃을 꿈에 보면 이를 길몽이라 하듯이 실제로 연꽃을 보거나 지니고 다닌다면 그 기운이 더 충만해진다. 연꽃처럼 맑은 기운을 풍기는 사람과 함께한다는 것은 큰 축복임을 의미한다.

여덟, 연꽃이 피면 종국에는 열매를 맺듯이, 이로 인해 그 안에 든 좋은 씨앗이 또 다른 이로움을 확대 재생산한다. 마음을 비우고 정성을 다한 선행은 또 다른 선행을 이어가는 밑거름이 된다는 뜻이다.

아홉, 만개했을 때 색깔 고운 연꽃처럼, 보고 있으면 마음이 맑고 포근해지는 인품을 뜻한다. 이런 사람을 만나면 은연중에 눈이 열리고 마음이 맑아진다.

열, 연꽃이 넓은 잎에 긴 대의 형태로 굳이 꽃이 피지 않아도 연꽃인지 확인되듯이, 어느 누가 보아도 존경스럽고 기품 있는 사람의 모습을 말한다.

불교문화에 익숙한 국민이라면 자연스럽게 연꽃의 상징적 의미를 받아들였을지도 모르지만, 가톨릭 또는 다른 종교문화권 사람들은 어떻게 연꽃에

TIP〉 나만의 인튜이션 노트

나는 〈생명의 근원 오라클 해설집〉 이외에도 어떤 다른 의미가 있을지 호기심이 생기면 이렇게 검색해보고 나만의 인사이트(오라클) 사전에 메모한다. 나의 직관적 해석 능력을 높일 수 있고 인사이트를 얻기 때문이다. 또한, 오라클 카드와의 대화에 집중하며, 마음에 떠오르는 감정과 이미지를 글로 표현해본다. 나는 이 노트를 '인튜이션(Intuition, 직관)'이라고 이름지었다. 오라클 카드를 자유롭게 더 깊이 즐기고 싶다면, 당신만의 노트를 만들어보길 바란다.

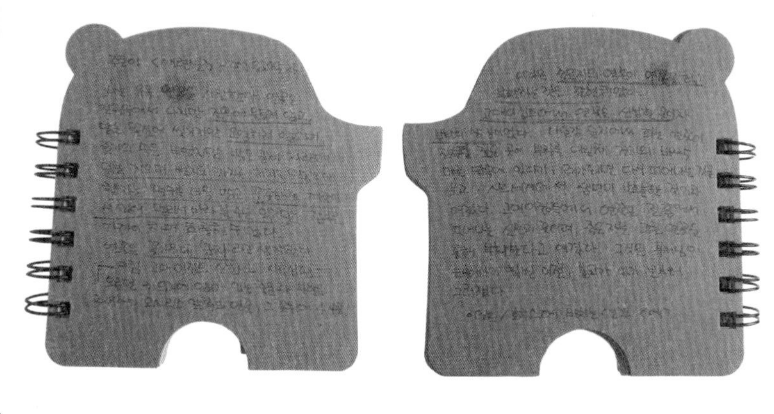

대한 의미를 받아들여 오라클 카드에 등장했는지 궁금했다.

우리나라는 조선시대 유교문화권 아래에서도 주돈이라는 유교학자의 글 '애련설'을 통해 연꽃에 대한 특별한 상징적인 의미를 볼 수 있고, 고대 이집트 신화의 '사후심판, 호루스에 바치는 연꽃' 그림을 통해 연꽃을 바라보는 동·서양을 넘나드는 의미를 알 수 있었다. 역시나 신성함, 영혼, 재탄생, 순결이라는 키워드를 뽑아낼 수 있었다. 또 우리 옛이야기 〈심청전〉에서 바다에 빠진 '심청이가 연꽃과 함께 돌아오는 모습', 그 고결함, 희생과 사랑을 통해 재탄생을 확인할 수 있다.

2) 맥락 카드

카드를 섞고 나서 두 그룹으로 가른 카드의 단면으로 흐름을 엿보려고 한다.

그룹A에서 본 〈별자리〉 카드는 나의 이미지가 거울처럼 나를 비춰주는 것을 의미한다. 내가 보내는 이미지가 올바른지, 누군가에게 평가받는 것을 두려워하여 솔직하지 못한 것은 아닌지, 나의 제한된 시각으로 세상을 바라보는 것은 아닌지에 대한 경각심을 나타낸다.

쉽게 다시 설명하면, 나의 내면에 반사되어 내 주변의 현실로 보이는 것이다. 'No(아니오)'를 'No(아니오)'라고 하지 못하는 강압된 그 느낌 뒤에서 나는 혼잣말을 중얼거리거나 속으로 말을 해왔다. 자유롭고 싶었지만 항상 나도 모르는 억제된 답답한 느낌을 갖고 있었다.

그룹B에서 본 〈예수그리스도〉 카드는 나의 희생과 나의 높은 자아와의 연결을 통해 영적 자아발전과 힐링 에너지의 성숙을 나타낸다. 우리 안에는 치유의 능력이 있음을 강조하고, 신의 메시지를 전달하기 위한 에너지 채널이 되어야 한다는 의미이다. 나는 안내 가이드를 믿고 나 자신의 경험을 통해 다른 사람들을 돕는 데 도움이 될 수 있음을 알려준다.

두 그룹A와 B의 맥락카드 내용을 종합해보면 나는 계속 완벽하려고 노력했으나, 이는 나의 내면의 부족함과 두려움을 감추기 위한 것이었다. 그래서 타인의 평가를 받을까 봐 나의 솔직한 생각을 말하기가 어려웠다. 이러한 막힌 에너지들은 그와 같은 낮은 주파수의 상황들을 나에게 답으로 보내준 것 같다. 그럼에도 예수의 인내심과 힐링에너지가 나를 인도하고 보호해주고 있다. 내 부족함 속에서 천재성을 찾아 계발하고, 이를 통해 타인을 도울 수 있음을 알려준다.

♠실전에 들어가기 전에 간단한 기본 학습

뽑은 카드가 맘에 안 들어 다시 뽑고 싶다면?

또는, 카드해석이 어렵게 느껴지거나, 이해할 수 없는 메시지로 느껴진다면?

① 당신 앞에 나타난 이 카드들이 지금 당장 당신이 이해할 수 없는 메시지를 담고 있을 수도 있다. 또 어쩌면 당신은 막막함에 해설을 멈출 수도 있을 것이다. 당신을 위한 질문의 답으로 뽑은 카드를 봐도 어떻게 해석해야 할지 막막한데, 만약 타인의 신점을 봐주는 상황이라면 더욱 당황스러울 수도 있다. 이때 카드를 접고 다시 섞어 뽑을까? 그래도 될까? 고민하고 있다면, 답은 '괜찮다'이다.

다만 주의사항이 있다면,

- 당신의 의도는 긍정적이어야 한다.
- 똑같은 질문을 피하고, 같은 질문에 대한 답을 더 구체적으로 얻기 위해 더 구체적으로 질문한다. '질문이 똑똑해야 답도 똑똑하다'라는 말도 있지 않은가?
- 어중간한 질문과 날카롭지 못한 질문은 당신을 더 혼란하게 할 수 있음을 명심한다.
- 카드를 보며 잠시 침묵의 시간을 가져보고 카드를 느껴보는 것이다.
- 타인의 신점을 봐 줄 경우 부담 없이 해설책을 들고 설명해주기를 바란다. 괜히 전문가인 척하는 것보다 고객 또는 친구의 성장과 변화를 위한 것에 초점을 두기 바란다.

프랑스에서 의사에게 진찰받으러 가면 그 의사는 본인이 지식 중에도 의심되는 부분이 있으면 내 앞에서 책을 펼쳐보고 인터넷검색을 해서 나에게 더 정확한 설명을 해준다. 또 나의 프라나 힐링 스승도 고객 앞에서 책을 펴고 에너지 힐링테라피하는 것이 더 바람직하다고 설명해주었다.

나도 이런 경험이 있다. 내가 해설지를 펴 보고 해설해주려는데, 인친이 내 어깨를 툭 치면서 '어, 너무 초짜처럼 보이는데요?'라고 말을 건넸다. 나는 매번 카드를 뽑을 때마다 항상 책을 펼쳐본다. 같은 문장 안에서도 다른 메시지를 내려받기 때문이다.

오래전 나는 더 이상 '척'하며 살지 않기로 결심했다. 나는 현재에 머물며, 상대와 이 생명의 근원 오라클 카드 사이에서 나는 오작교와 같은 다리일 뿐이다. '내 앞에 있는 사람의 변화를 일으킬 수 있는 그 하나의 메시지'에 집중할 뿐이다.

당신에게는 무엇이 더 중요한가 ? 당신이 프로페셔널해 보이는 것인가? 아니면 당신의 고객이 변화를 일으키는 것인가?

② 당신이 거부하고 직면하고 싶지 않은 마음일 수도 있고, 또 어쩌면 아무런 느낌이 들지 않을 수도 있다. 그럴 때는 그냥 자유롭게 끌리는 메시지만 읽고 편하게 넘어가자(Tip. 난 카드를 뽑을 때마다 사진, 또는 저널에 남겨놓는다).

이렇게 선택한 카드들을 무심하게 넘긴 순간들, 또는 이해하지 못했던 카드 메시지들의 반복이 더욱 당신의 '아하 모멘트'의 깊이를 더할 수 있다. 그때 카드를 다시 열어보길 바란다. 기억이 난다면 다시 카드의 해설을 읽어봐도 좋고 다시 새롭게 뽑아봐도 좋다. 중요한 것은 반복과 연습이다. 이것은 당신의 채널링*의 깊이를 성숙하게 할 것이다.

③ 또 한가지 추천하고 싶은 것은 오라클 카드 저널링을 해보는 것이다(내 인스타그램(@suyeon.pranahealing) 피드에서 45장의 오라클 카드와 함께하는 45일간의 오라클 저널 《#4545오라클》을 참고하기를 바란다).

---

*채널링(Channeling): 메디엄(medium), 영매라고도 하며 신비주의적인 차원에서의 소통을 말한다(구글).

④ 마음을 현재에 머물며, 오라클 카드와의 만남과 대화에 집중해야 한다. 그리고 마음에 떠오르는 감정과 이미지를 글로 표현해본다. 카드의 이미지와 메시지를 통해 떠오르는 감정과 인사이트를 단어로 옮겨 적는다.

⑤ 자신에 대한 호기심을 갖고 관찰하며 실험하는 습관을 갖기 바란다. 이것은 자연스럽게 의식적인 인식으로 넘어가게 하며, 당신의 이해를 확대시킬 것이다. 자기 자신을 탐구하는 과학자가 되어보자.

오라클 힐러 학생들을 통해 자주 듣는 말이 있다. "해석이 안 돼서 당황스럽다." 나는 그럼 다시 질문한다. 상대방의 카드점을 잘 봐주려고 하는 마음에 너무 급하지 않았는가? 혹은 나의 수준보다 더 잘 읽으려고 하지는 않았는지? 처음으로 지금 이 카드를 읽기 시작한 당신이라면 당신의 수준은 설명집을 이해한 수준만큼일 것이다.

나도 당신도 오라클 카드를 통해, 자신 또는 타인의 에너지와 지혜를 전달해주는 메신저 역활을 하는 것이다. 그렇다면 더 여유를 갖고 당신의 신성한 생명의 근원에 접근하는 연습을 하기를 부탁한다. 자신에 대한 카드를 더 많이 읽고 자기성찰을 하며 이에 따른 명상을 연습하면서 당신의 에너지주파수를 높여가는 것이다. 적극적인 실천을 위해 《#4545오라클》 저널을 써보는 것도 당신의 직관력을 향상시킬 수 있는 좋은 방법이라 하겠다. 이렇게 연습을 하는 중 당신은 당신의 삶의 변화를 느끼기 시작할 것이다. 이러한 해설책과 함께 당신의 경험을 통한 진실, 카드의 에너지, 그리고 자연과의 연결을 통해 다양한 관점에서 시야를 넓히고, 상황과 상대방에 맞춰 메시지를 통합하는 연습이 필요하다. 당신의 인생 경험이 녹아있는 해설은 사람들을 더욱 감동시킬 것이다.

아직도 카드점을 미신이라고 믿는가?

이런 호기심을 가져본 적 있는가? 근거없는 타로카드점, 왜 사람들이 찾는 걸까? 그렇다면 오라클 카드를 믿을 이유가 무엇일까? 아직도 당신은 카드점을 단순한 재미로만 보는가? 재미와 더불어 당신 삶에 적극적으로 활용해 보는 것은 어떨까?

다음 장에서는 이 오라클 카드의 진정성과 진실성이 당신에게 전해질 수밖에 없는 이유를 설명해보겠다. 이렇게 설명하는 이유는 나 또한 에너지 공부를 하기 전까지 카드점이나 무속신앙 등을 미신이라고만 여기고 있었기 때문이다. 과학적이고 논리적인 접근을 통해 나를 설득할 수 있었으며, 오라클 카드를 즐기며 이제는 함께 성장하자고 당신을 보채는 중이다. 맛있는 음식을 먹으면서 느끼는 그 감동을 사랑하는 사람과 함께 누릴 수 있었으면 좋겠다고 생각해본 적이 있을 것이다. 나도 그렇다.

당신의 주파수(Hz)를 높여라

나는 여러분이 '모든 것이 '에너지', '기(氣)'라는 것을 꼭 머릿속에 염두하길 바란다.

에너지에 대한 이해를 돕기 위해 간단하게 중학교 물리 시간에 배운 내용을 살짝 복습해보겠다.

에너지란?

보존되는 물리량의 한 종류를 가리키는 과학용어(한국민족문화백과사전적 정의).

동양에서 사용되었던 기(氣)의 개념은 위와 같은 정량적(定量的) 정의가 이루어지기 이전 정성적(定性的)으로 형성되었기 때문에 그 종류가 매우 다양하다. 우리가 일상적으로 사용하고 있는 단어 중에 '기'자가 들어간 단어의 종류는 수십 종에 이른다.

그러나 정량적 정의에 의한 에너지 보존법칙이 확립되면서 에너지의 종류는 운동에너지·위치에너지·열에너지 등 몇 가지의 간단한 종류로 분류될 수 있음이 밝혀졌다. 물리학의 발전에 따라 열에너지는 원자나 분자들의 운동에너지임이 알려졌고, 새로이 빛에너지와 질량에너지 등이 추가되었다.

20세기 초반에 이루어진 이러한 발전 과정에서 중요한 성질로 밝혀진 것이 에너지의 양자화 현상이다. 곧 원자와 같이 미시적인 세계에서는 에너지가 연속적인 값을 갖는 것이 아니라 불연속적인 값을 가진다는 것인데, 이는 입자의 파동적 성질과 밀접한 관계가 있다.

입자의 파동성은 불확정성 원리의 근간이 되는데, 불확정성 원리에 의하면 더 작은 세계를 보기 위해서는 더 높은 에너지가 필요하다는 결론에 이르게 된다.

원자란?

모든 물질을 구성하는 기본 구성 단위입자인 단일원자 또는 복합원자들로 구성되어 있다. 원소의 화학적 성질을 가진 최소 단위체로 정의한다. 그리스어 아톰 atomos '쪼갤 수 없다'라는 어원에서 왔다(ko.m.wikipedia.org에서 내용 참고).

『브레이킹(Breaking)-당신이라는 습관을 깨라』(닥터조디스펜자 p.36~37)에서는 원자 구조에 대해 변화된 과학적 논리 인식을 1-2-3의 순서대로 보여준다.

양자물리학이라고 불리는 새로운 과학 분야가 나오기 전까지 사람들은 하나의 원자는 단단한 원자핵과 그것을 둘러싼 더 작고 견고한 물체로 구성된다고 믿고 있었다고 한다.

뉴턴 이후 약 200년이 지나 아인슈타인은 에너지=질량×광속의 제곱($E=mc^2$), 이는 질량과 에너지는 동등하며 질량은 에너지로, 에너지는 질량으로 변환될 수 있음을 나타낸다. 결론적으로, 에너지와 물질이 근복적으로 연관되어 있기 때문에 그 둘은 하나이자 같은 것임을 증명하는 방정식이다. 그의 연구는 물질과 에너지가 서로 변환될 수 있다는 것을 보여주었다(『브레이킹(Breaking)』, p.34).

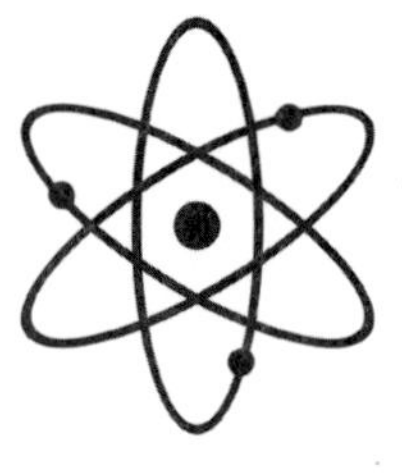

(1)고전적인 원자 모델

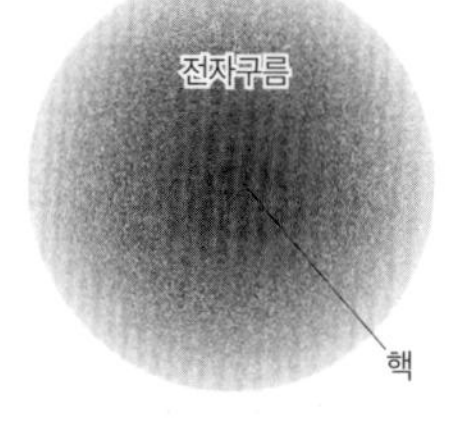

(2)양자역학적 원자 모델

(3)진정한 양자 역학적 원자 모델

1. 뉴턴의 고전적인 원자모델: 물질에 초점이 맞춰 있다.
2. 양자 역학적 원자 모델: 원자는 99.9999999999999퍼센트가 에너지이고, 0.0000000000001페센트가 물질이다. 따라서 물질적으로 거의 존재하지 않는 것이다
3. 진정한 양자역학적 원자 모델: 원자는 물질적으로 '아무것'도 아니지만, 잠재적으로는 '모든 것이'다.

최소단위의 원자는 이 우주의 모든 것임을 배웠다. 여기서 나는 당신에게 한가지 질문을 해보고 싶다. 위 (1)~(3) 가운데 당신의 우주관은 무엇인가? 내가 이 질문을 하는 이유는 이 우주관이 당신의 인생관과 연결되기 때문이다. 당신이 생각하고 믿는 것이 당신이 보는 세상, 그리고 사고방식에 엄청난 영향을 끼치기 때문이다.

세상에 우연이라는 것은 없다. 모든 변화와 사건은 우연히 일어난 것이 아니라 원인과 결과의 연속이다. 그리고 이것은 나의 정체성까지 뒤흔든다. 당신이 현실을 보는 관점을 깨지 않는다면 삶의 모든 변화는 일시적이고, 우연하게 발생한 것으로 지나치게 될 수도 있다. 하지만 그 우연은 당신이 알아차릴 때까지 계속해서 반복될 것이다.

나는 이 진실을 깨닫기까지는 상당한 시간이 걸렸다. 서울에서 아일랜드

로, 그리고 프랑스로 이렇게 다른 문화 사람들과의 관계 속에서 오랜 시간 혼란의 시기를 겪으며 이 단순한 진리를 깨달았다. 이 진리를 깨닫기 위해, 나는 지금 이곳 프랑스 마녀마을로 유명한 베리 지역의 이쑤덩에 머물고 있는 것은 아닌지 생각해본다.

당신의 삶을 둘러보기 바란다. 주변 사람들, 동네, 당신의 생각, 현재 그리고 나, 이 모든 것은 연결되어있다. 그리고 이 모든 것은 당신의 오케스트라 단원들이다. 당신의 지휘에 따라 단원들은 각자의 악기를 연주하며 조화롭게 당신이 원하는 예술로 승화시켜줄 것이다. 당신의 지휘봉이 마술봉임을 알겠는가?

나는 세상의 모든 것이 에너지라고 앞서 강조했다. 이제 말을 바꾸어 보겠다.

세상 모든 것은 원자로 되어 있다. 이는 우리 몸도 원자로 되어 있다는 것을 의미한다.

지금부터 138억 년 전 대폭발(Big Bang)에 의해 생겨난 우주의 역사에서 양성자와 전자가 만나 원자로 결합된다. 산소나 탄소 같은 원자들이 수십억 년에서 수백억 년 동안 우주를 떠돌게 되고, 그러다가 때로는 태양 같은 별이 되기도 하고 때로는 지구 같은 행성이 되기도 한다. 그렇게 지구에 우연히 모인 물질들이 때로는 바위가 됐다가 때로는 공룡이 되기도 하고 때로는 지금 여러분과 같은 생물체가 되기도 한다.

알다시피 원자는 굉장히 작다. 작은 것들이 모여 사람과 같은 거대한 덩어리를 만들려면 무수히 많은 원자가 필요하다. 우리 몸을 구성하는 원자는 대략 1,028개라고 한다. 사람 몸의 대부분이 물로 되어 있음을 우리 모두 알고 있다. 학창시절 과학 시간엔 수소 원자(H) 두 개와 산소 원자(O) 한 개가 합쳐 물 분자 한 개가 된다는 것을 배웠다. 수소 원자는 우리 몸의 63% 정도를 차지한다. 그다음으로 많은 것은 산소이다. 24%를 차지한다. 탄소가 12%, 그다음은 질소, 칼슘 순이다. 이런 익숙한 60종의 원자들이 우리 몸을 구성하고 있다.

※이글은 미시적인 에너지와 연결된 우리의 삶에 대한 설명을 뒷받침하기 위해 이화여대 물리학과 김찬주 교수의 2015년 K-MOOC 원자, '우주 그리고 나'라는 강의 내용에서 발췌했음을 밝힌다. 우리 인생에 녹아있는 양자학과 상대성원리에 대해 쉽게 풀이되어 있다. 오라클 힐러라면 꼭 이 강의를 들어보기를 적극 추천한다.

여기서 나는 이런 질문을 하고 싶다. 당신은 누구인가?

다음은 조 디스펜자 박사가 "생명력을 불어넣은 우리 안의 영은 단지 생물학과 무작위성의 함수, 즉 우연적인 것에 지나지 않는 것일까?"라는 질문에 "그렇다"고 생각하는 사람들과 논의한 대화 내용이다.

우리의 심장 박동을 유지하는 지능은 어디서 옵니까?

- 그건 자율신경계의 일부분이에요.

자율신경계는 어디에 위치해 있죠?

- 뇌에 있어요. 뇌의 변연계가 자율신경계의 한 부분이죠.

그러면 뇌 안에 심장 박동 유지를 담당하는 조직들이 있나요?

- 맞아요.

그런 조직들은 무엇으로 구성되었죠?

- 세포요.

그럼, 그 세포들은 무엇으로 구성되어 있죠?

- 분자요.

그 분자들은 무엇으로 이루어져 있나요?

- 원자요.

그럼 그 원자들은 무엇으로 이루어졌죠?

- 아원자 입자요.

그러면 그 아원자 입자들은 주로 무엇으로 구성되어 있죠?

- 에너지요.

— 조 디스펜자, 『브레이킹(Breaking)』, p.56~57.

우리의 몸은 실제로 우주와 같은 물질로 구성되어 있으며, 우리 몸에 생명을 부여하는 것은 물질우주를 구성하는 99.999999999999%의 형체가 없는 에너지이다. 그리고 우리는 그 소수인 0.000000000001%에 해당하는 물질적인 부분에만 관심을 기울이고 있는 것이다.

안타깝게도 대부분 사람이 에너지의 영향과 중요성을 잘 모른다. 이것은 양자학적인 에너지, 원자, 그리고 "아무것도 아니지만, 잠재적으로 모든 것을 담고 있는" 아무것도 없음인 'nothingness'이다. 이 에너지와 물질의 상호작용과 중요성에 더욱 집중해야 한다는 것을 의미한다.

감정은 에너지를, 주파수는 정보를 담고 있다. 물질세계의 가장 기본적인 요소는 파동(에너지)과 입자(물질)이며, 관찰자의 마음에 따라 상태가 결정된다.

— 조 디스펜자, 『브레이킹(Breaking)』

파동에 대한 이해를 돕기 위해 시각적 이미지를 덧붙인다. 아래의 물방울에 의한 파동 이미지는 우리의 현실 세계, 즉 물질세계에서 눈으로 볼 수 있는 파동의 에너지를 보여준다. 이전에 언급한 바에 따르면, 우리가 관찰하는 물질적인 에너지는 전체 에너지의 0.000000000001%에 해당하며, 나머지 99.999999999999%는 형체가 없는 에너지인 파동으로 존재한다는 것이다. 이 무형의 에너지는 물방울에 자극을 받고, 그 자극에 대한 반응으로 물의 파동인 유형의 형태로 나타난다.

물방울에 의한 파동(https://commons.wikimedia.org/wiki/File:2006-01-14_Surface_waves.jpg#/media/파일:2006-01-14_Surface_waves.jpg)

모든 에너지는 존재를 드러내기 위해 유형의 물체가 필요하다. 우리의 육체는 무형의 에너지로 존재하는 거의 전체 에너지에 비해 매우 작은 부분 0.000000000001%을 나타내는 것이다. 무형의 에너지인 파동을 통해 우리 신체와 물질적인 경험들이 표현되는 것이다. 우리 몸은 우리 존재의 일부이지만, 그 자체로는 무형의 에너지에 의해 보이는 작은 부분에 불과하다는 사실을 이해하는 데 도움이 되길 바란다.

파장은?

파동의 한 차례 주기가 가지는 거리 또는 길이이다(정보통신기술용어 해설 참고).

당신의 존재상태 즉, 마음, 생각과 행동에 따라 다른 파동을 만들고, 파동의 주기적인 반복이 당신의 주파수가 된다. 이 주파수에는 당신의 정보가 담겨있다. 만약 당신이 끌어당김의 법칙에 관심이 있다면, 그것은 당신의 '아하! 모멘트(Aha ! momen)'가 될 것이다. 따라서 당신에게 일어나는 모든 일은

진동수 = 주파수 = Frequency = 단위Hz

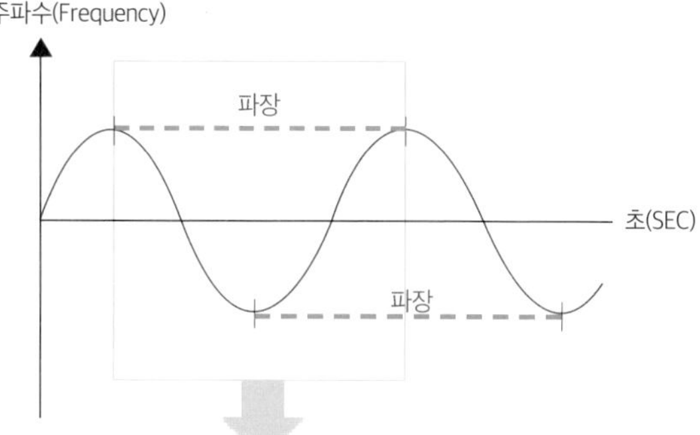

진동수는 진동하는 물체 그리고 신호의 단위당 진동횟수를 말한다.

- 1Hz(헤르츠)는 1초에 1번 진동한다.
- 100번을 반복해서 진동했다면 100Hz가 된다.
- 예로 시계의 초침은 1Hz로 '뚝딱'한다.
- 1Hz는 파장이 300000000m(미터), 빛이 1초에 가는 거리이다.
- 원래 1Hz가 1초에 빛의 속도만큼의 거리(300000000m)를 이동하며, 주파수가 높아질수록 파장은 점점 짧아진다.

당신의 에너지 파동 즉, 당신이 보내는 주파수에 대한 응답을 끌어당긴 것임을 이해할 수 있을 것이다. 이것이 '공명현상'의 원리이다.

공명현상은 외부에서 오는 동일한 주파수의 진동이 고유한 진동수를 가진 물체에 주기적으로 전달되어 진폭이 크게 증가하는 현상을 말한다. TV광고에서 한 성악가가 노래를 부르는 중에 와인잔이 깨지는 장면을 기억할 것이다. 와인잔은 같은 주파수를 끌어당겨 자신의 진동을 증폭시키며 깨지는 것이다.

여기서 한가지 짚고 넘어가야 할 중요한 요점이 있다. 당신에게 일어나는 모든 일은 모두 당신이 끌어당긴 것이다. 그동안 당신에게 일어난 일들을 억울함과 불공평함으로 받아들이거나 또는 타인의 탓으로 돌렸다면 이제는 개인 책임의 영역으로 인정하고 받아들이기를 희망한다. 개개인의 알아차림 혁명은 개인의 성장과 발전뿐만 아니라 더불어 행복하고 안전한 사회를 만드는 데 기여한다고 생각한다.

"세상은 잘 돌아가고 있다. 나만 잘하면 된다."

나 자신에게 항상 하는 말이다.

당신의 현재 주파수는 높은 편인가 낮은 편인가? 당신에게 현재 좋은 일들이 내가 원하지 않는 일보다 더 많이 일어나고 있는가? (부록 1.펜듈럼의 기초 부분에서 당신의 주파수를 실험해보도록 하자.)

생존지향적인 감정은 낮은 주파수의 에너지 또는 낮은 에너지의 감정이라고 할 수 있다. 그것은 느린 파장에서 진동하며, 우리를 물질적 상태로 머물게 한다. 우리는 이 오라클 카드를 통해 내면을 탐구하고 물질적 세계를 초월하고 생명의 근원 오라클과 하나의 의식이 되어가는 과정을 연습할 것이다.

실전으로 들어가기 전에 다시 정리하자면, 당신이 카드를 뽑을 때 당신은 당신과 공명하는 카드를 끌어온다. 이것은 당신이 그 카드와 동일한 에너지 장 안에 있다는 것을 의미한다. 이때 당신은 당신의 잠재의식의 에너지 장과 채널링의 접점에 당신이 있음을 인식하길 바란다.

잠재의식에 접속하다

무의식적으로 영향을 주는 기억, 욕구, 부정적인 경험 등이 잠재의식에 속하며 잠재의식은 일상적인 생각과 의사결정에 영향을 미치고 있음을 여러 책과 강의를 통해 당신은 알고 있을 것이다. 기억이 흐릿한 전화번호인데 손가락이 알아서 누르고 있는 경험, 아침에 눈 떠서 가장 먼저 화장실을 가는 행동, 방어적인 나의 행동과 말투 등. 몸이 나보다 더 기억을 잘하는 습관적인 상태 속에 있음을 이야기한다. 내 몸은 잠재적인 마음이 된 것이다.

우리는 모두 성공을 꿈꾸고 행복해지고 싶어 한다. 행복의 조건과 기준은 사람마다 다르지만, '기본적으로 모든 인간은 끊임없이 자유를 탐닉하고 자신의 한계를 깨고 싶어 한다'. 이것이 인간의 기본욕구라고 한다.

미니 마라톤을 뛰고 다음 풀 마라톤을 준비하는 것과 같다. 내가 가진 돈보다 더 많은 돈을 원한다. 당신은 어떤가? 더 원하지 않는가? 그렇다. 그렇다면 나는 왜 내가 원하지 않는 모습에 머물러 있었을까? 이는 인간의 기본욕구에 어긋나는 일이다. 그것은 나도 모르는 과거의 불편한 무언가가 나의 발목을 붙잡고 있어서일 수도 있다. 어쩌면 나도 모르는 부정적인 감정이나 더 이상 필요하지 않은 프로그램들이 잠재의식 안에 저장되어 있고, 이것이 불필요하게 나의 행동에 영향을 미치고 나의 성장을 제한하는 요소가 된다는 결론에 이르렀다.

2021년 나는 토니 로빈스의 UPW(Unleash The Power Within, 내면의 힘을 발휘하세요) 버츄얼 강연에 참석하여 4일간 집중수업을 받았다. 그의 특별한 에너지와 열정은 시차(미국-프랑스) 적응이라는 것은 저해요소가 되지 않을 만큼 대단했다. 그만큼 나도 바뀌고 싶었기 때문에 가능했다. 그때 나의 내면아이를 처음 발견했다. 나는 4일 만에 다른 멘탈을 가지게 되었다. 그러나 여전히 나는 나의 삶의 여정 속에 헤매고 있었던 것 같다. 단순하게 나의 꿈을 좇아가는 것만으로는 나의 동기부여가 되지 않았다. 그때 당시 나에게는 더 큰 삶의 의미가 필요했다. 감사하게도 4일째 되는 마지막 날 프라닉* 힐러 마스터 코스

*에너지 치유를 중심으로 한 전통적인 치유 기법 중 하나로, 몸의 에너지 중심인 '프라나(prana)'의 흐름을 균형 있게 조절하고, 신체, 마음, 영혼의 통합된 치유를 목적으로 한다.

티븐의 등장은 나의 갈증을 해소해 주었다. 나는 나의 영성개발에 목이 말라 있음을 그때 알게 되었다. 나는 그 이후로 프라닉 힐러의 길을 가고 있다.

잠재의식을 통한 자기계발 책은 잠재의식을 통해 자아계발과 변화, 목표 달성, 창의성, 행복한 삶, 리더십, 자기치유, 관계발전에 초점을 둔다. 누군가는 이 단계에서도 충분히 삶의 밸런스를 유지하면 살 수 있지만, 어느 누군가에게는 물리적인 자아계발로는 충분하지 못한 느낌, 갈증을 느낄 수도 있을 것이다. 이런 갈증을 느끼는 당신이라면, 영성계발을 통한 자기계발이 필요한 사람일 것이라고 생각한다.

모든 동물은 영적인 산물이다. 그중에 인간만이 할 수 있는 진정한 자기계발의 정점은 영성계발이라고 생각한다. 〈생명의 근원 오라클 카드〉는 당신의 영성계발과 함께 개인계발까지 이끌어줄 것이다. 아래는 영성계발이 인생성공에 미치는 영향에 대해 성공한 사람들의 예시를 적어두었다.

빌게이츠는 주로 기술과 사업 분야에서의 업적으로 유명한 인물이지만, 그는 영성계발과 자기 발전을 통해 더욱 풍요로운 삶을 살아가는 것에 관심과 실천을 보였다. 자선활동, 부의 공유와 사회적 책임에 대한 개념을 갖고 있으며 세계적으로 가난과 질병으로 고통받는 사람들을 돕기 위한 재단인 '빌 멜린다 게이츠 재단'을 설립했다. 이 재단은 건강, 교육, 경제 개발 등의 분야에서 사회적 문제를 해결하고 사람들의 삶의 질을 향상시키기 위한 목표를 가지고 있다. 그의 예는 영성계발과 자기 발전이 성공적인 사업가나 지도자에게 있어서 중요한 요소가 될 수 있다는 것을 보여준다.

파라마한사 요가난다의 『어느 요기의 자서전』이라는 책은 스티브 잡스에 의해 유명한 책이 되었다. 이만큼 그의 영성계발은 그의 창의성과 혁신력의 원천이 되었다. 스티스 잡스의 선의 정신(깨달음이 일상을 벗어난 어디에 있는 것이 아니라 바로 여기, 이 순간 삶에 있다는 뜻)들은 그의 삶과 제품에 담겨 있다. 본체와 배터리 일체형 아이폰 디자인은 단순함을 직관적으로 표현했고, 인터넷음악 아이튠즈의 유료화는 '삶의 현재의 중요성'에 가치를 둔 전략이었다. 단순함의 유기적인 연결 전략이 아름다운 산업 생태계를 만든다(핵심적인 기능만 생산하고 외주를 준다).

> "시간은 제한되어 있습니다. 그러니 남의 인생을 사느라 삶을 낭비하지 마십시오. 다른 사람들이 생각해 낸 결과인 도그마에 갇혀있지 마세요. 다른 사람의 의견이 여러분 내면의 목소리를 잠식하도록 놔두지 마세요."
>
> — **스티브 잡스**

영성계발이 자기계발에서 중요한 이유를 간단하게 적어보았다

1. 삶의 더 큰 의미와 목적을 찾을 수 있고 더 깊은 차원에서의 의미있는 삶을 살 수 있다. 사랑이 되어가는 것이다.
2. 개인의 삶의 균형을 잡아준다.
3. 통찰과 인식이 확장된다.
4. 윤리적인 지향과 책임감 강화된다.
5. 개인의 연결과 공동체의식을 발전시킨다.

여기서 나는 자발성의 중요성을 강조하고 싶다. 자발성은 자유로운 창조로 이어지고, 그 결과로 행복을 경험할 수 있다. 마라톤을 완주하는 것은 자신을 이겨내는 고통을 지나야만 한다. 누군가는 원한 만큼 이 고통을 자발적으로 받아들이며 승자의 쾌감과 희열을 맛볼 것이고, 누군가에게 부름을 받

고 책임감 때문에 억지로 수행은 하지만 그 고통의 무게와 기쁨의 차이는 크게 다를 것이다. 어느 쪽을 택하든 모두 우리의 자유이다.

자발성은 자신의 능력을 스스로 알아보고 인정하는 것과 같다. 이는 내가 가진 무한한 잠재 에너지를 해방시켜 준다. 이 자발성에는 '나'라는 열쇠가 중요하다. 나 자신이 그 열쇠가 되어야만 한다.

나 = 열쇠

> 내가 능력을 자발적으로 인정하면, 나는 행복해지고. 그것이 자발적이지 않은 경우, 나는 불행해질 수 있다.
>
> — **사드구루 이너엔지니어링**

생명의 근원 오라클에 다가가기

세상에 우연도, 그리고 당연한 것도 없다는 것을 뒤늦게 깨달았다.

우리는 광활한 우주의 원자의 일부이며, 우리는 모두(자연, 동물, 인간, 지구, 우주, 별, 기생충, 미생물 그리고 식물 등)가 생명의 근원에 연결되어 있음을 기억해야 한다. 이것은 이 오라클 카드를 이해하는 데 매우 중요한 기본 사항이며, 당신 내면의 지성, 천재성, 무의식 그리고 자아 무엇이든, 당신이 부르는 '나'에 더 빠르게 다가갈 수 있는 지름길이 될 것이다.

당신은 생명의 근원에 접속하여 당신이 원하는 질문에 대한 정보를 얻을 수 있다. 생명의 근원 오라클 카드는 당신 생명의 근원에 연결하는 징검다리 역할을 해준다. 그 카드들은 당신 인생미로에 대한 경험에 대한 지혜 열쇠를 찾기 위한 힌트를 보낸다. 힌트는 잡고 열어보지 않으면 그냥 지나친다. 그리고 카드점에 대한 해석 능력도 당신의 경험과 채널링의 깊이에 따라 달라질 수 있음을 명시한다.

〈생명의 근원 오라클〉을 읽는 당신은 이미 행운을 가진 사람이다. 나는 태어날 때부터 행운아였다. 사실 나는 이 이야기를 부모님 또 주변 사람으로부터 귀에 꽂히도록 듣고 살아왔다. 우리는 행운이 넘치는 같은 에너지 장에 존재하며 생명의 근원 오라클 에너지에 가까워지는 삶의 여정을 동행하고 있는 것이다.

이 책을 통해 나는 당신 채널링의 깊이를 성숙시키는 기초체력 다지기를 하려고 한다. 물리, 과학 시간에 배운 에너지는 단순하게 우리가 사용하는 전기, 화학적 에너지뿐만 아니라 생명 자체가 경이로운 자연 에너지임을 다시 한번 강조한다. 45장 카드에 대한 스토리는 인간 의식과 잠재의식의 기본적인 에너지를 설명한다. 당신은 45장의 카드를 통해 당신의 내면 여행으로 안내되며, 45가지 당신의 삶의 에너지를 만나게 된다. 각각의 카드는 인간의 기본인 자연에 바탕을 둔 신점(divinity), 에너지의 균형에 대해 알려준다. 각 카드에 대한 점술을 통해 당신 에너지의 막힘을 이해하도록 도와준다. 명상 가이드를 따라 막힌 에너지를 해제, 정화, 그리고 활성화를 위해 연습을 되풀이하면서, 당신의 에너지는 점점 강화되고 건강해질 수 있다. 당신의 에너지가 높아진다는 의미이며 이것은 비슷한 높은 주파수의 끌어당김이 가능하다는 것을 의미한다. 또 당신이 성숙된 채널링을 하는 데 깊은 관련이 있다.

시중에 많은 오라클 카드와 비교해 〈생명의 근원 오라클 카드〉가 갖는 장점을 말하자면, 자기성찰 부분과 명상이 하나의 완벽한 패키지로 구성되어 있다는 점이다. 내가 이 오라클 카드를 통해 성장할 수 있었던 이유는 여기에 있다. 자기성찰 질문을 통해 나의 더 깊은 내면, 즉 무의식 세계를 탐구하고, 내 인생의 질문에 대한 답을 찾으려고 노력했다. 우리는 모두 자신의 무의식적인 생각, 감정, 행동들을 관찰할 수 있는 능력이 있다. 우리 두뇌의 전두엽이 이 부분을 총괄한다. 알아차리고, 관찰자가 되어 자신의 생각, 믿음, 행동 그리고 감정 속에 빠지지 않고 상황과 거리를 두는 것이다. 그리고 우리 몸의 주인이 되어 마법사처럼 우리 잠재의식 프로그램을 원하는 모습으로 재프로그래밍하는 것이다. 오라클 카드는 당신의 잠재의식을 재프로그램하기 위해 명상으로 안내한다. 이를 통해 오래된 낡은 프로그램의 에너지를 해방시키고, 그 에너지를 이상적인 자아의 모습으로 유도함으로써 당신이 원하는 미래를 지금부터 살아나가는 것이 이 생명의 근원 오라클 카드의 목표이다.

당신은 여전히 끌어당김의 법칙과 신경전을 하는 중인가? 그렇다면 실제 당신 삶의 주파수는 당신이 원하는 삶의 주파수와 멀고 다르기 때문이다. 원하는 것을 끌어당기기 위해서는 '마음의 에너지장 주파수'를 높이는 것을 연습하길 바란다.

이 책을 선택하고 읽는 독자들은 이미 우리라는 같은 에너지 파장 안에 있음을 의미한다. 생명의 근원 오라클이라는 에너지 장에서 우리 각자 '자신(神)'-'우주의 유일한 생명'이며, 생명의 근원에 접속하여 내가 원하고 내 에너지와 정렬된 정보를 다운로드받고 내가 원하는 것들을 자석처럼 끌어모으며 그것들과 일치되는 경험을 할 수 있을 것임을 확신한다. 당신만의 독특한 선물과 일치할 때 당신은 자아실현의 힘(Authentic self power)을 창조할 수 있다. 그리고 우리는 우주라는 자연 법칙 안에 모두 공평하다.

깊은 내면 성찰과 명상을 통해 당신 내면의 자유를 만나고 신성한 생명의 근원 오라클에 다가가 당신만의 선물을 찾기를 기대한다. 나는 이 선물을 직관력(intuition)이라고 이름 짓는다. 당신은 무엇이라고 이름 짓겠는가?

우리의 오감(Five Sense)에만 머물지 않고 그것을 초월하는 진정한 자기계발을 통해 다감각적인 인간(Multisensory Human)으로, 그리고 초자연인(Supernatnal)으로 거듭나길 바란다. 이제 함께 생명의 근원 오라클로 여행을 떠나보자.

Bienvenue tous les Healers d'Oracle de la Source de Vie sur la TERRE.

Bon voyage à tous!

지구별의 '생명의 근원 오라클' 힐러 여러분을 환영합니다.

여러분 모두에게 행복한 여행이 되길 희망합니다.

3) 3장의 메인카드

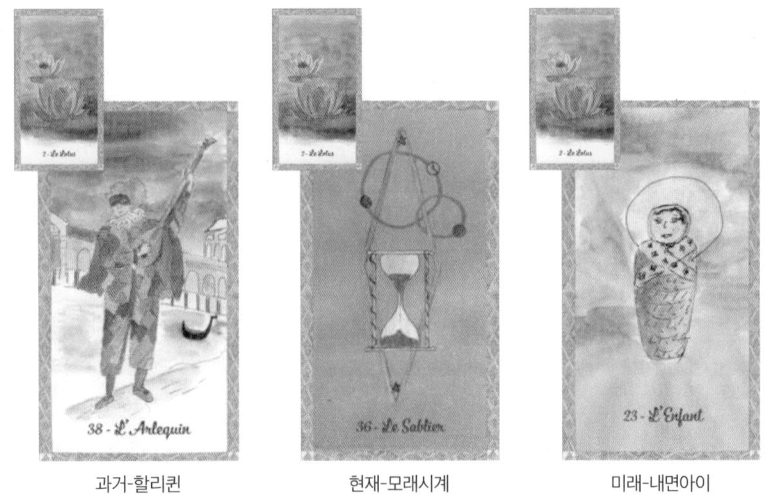

과거-할리퀸 현재-모래시계 미래-내면아이

당신이라면 어떻게 이 이야기를 끌어갈 것인가?

기억하자. 이 카드의 목적은 '어떻게 힐링과 치유에 다가가며 어떻게 자기계발 즉, 내가 원하는 나의 모습이 될 것인가?'이다.

만약, 당신이 제3자의 카드를 읽어주는 중이라면, 기본적인 내용에 충실하게 전달하면서도 '어떻게 하면 나의 고객이 힐링과 치유에 다가가도록 이야기를 풀어줄 것인가?', '어떻게 하면 내 고객의 성장과 발전에 도움을 줄 수 있을까?'라고 자주 질문하기 바란다. 많은 결과를 끌어내려고 하는 것보다, 고객이 가장 큰 도움이 필요한 부분에 집중하여 이야기를 풀어주는 것이 가장 효과적이다. '단순함의 힘'을 이용하기 바란다.

나의 과거를 보여주는 〈할리퀸〉은 앞에서 본 흐름 카드의 〈별자리〉 카드와 비슷한 메시지를 보내준다. 그리고 그와 동시에 나의 어린 시절 내면아이를 방문하도록 안내한다. 따라서 〈할리퀸〉과 〈내면아이〉 카드를 동시성으로 풀어가도록 하겠다. 〈모래시계〉는 내가 앞으로 더 성장하기 위한 수련의 시간이자 견뎌내는 시간을 의미한다. 흐르는 시간 속에 하루하루를 살아낸 나의 경험담으로 풀어갈 것이다. 내면아이에 관련된 나의 인생 이야기는 현재 내 삶 속에서 계속 이어지는 중이다. 현재 상황에서 앞으로 어떻게 더 성숙하고 발전할 수 있을지를 고민하며, 오늘을 살아가는 이야기를 통해 마무리하려고 한다.

나의 카드 해설

서론. 〈할리퀸〉은 나의 불편한 〈내면아이〉로 안내해준다

과거의 나는 자신의 부족함과 서투름을 받아들이지 않고, 오히려 완벽주의 성향의 에고(EGO) 가면을 쓰며 이를 감추려고 했다. 또한, 나 자신이 되는 것을 두려워해서 싫음과 거절을 표현하는 부분에 있어서 항상 말을 꺼리고 '괜찮은 척'이나 '잘 하는 척'을 하며 살아왔다. 이는 나의 어린 시절 내면아이를 돌보지 않음으로써 계속되는 불안과 공포의 감정이, 나를 보호하기 위해 내 잠재의식 속 '자동 임기응변 프로그램'으로 자리 잡았기 때문이다. 어른이 된 나는 이런 자동 프로그램에서 벗어나야만, 더 솔직한 나의 본 모습으로 성숙할 수 있다. 또한 '척'이나 감정표현이 부족하게 되면 많은 스트레스나 불안, 우울감에 시달릴 수 있다. 그것은 나의 본성과 점점 멀어지기 때문이다. 그 감정으로 인해 육체에 병이 들 수 있기 때문에, 지금 현재 있는 현상과 나를 받아들이고, 내가 그동안 쌓아 놓았던 생존감정 필터를 벗어버리고 삶이 균형을 맞춰나간다. 그리고 현실의 새로운 가능성에 주목하며 삶을 발전해 나갈 수 있다.

나는 언제부터 이런 성장방해 프로그램을 만들었을까?

나의 어린 시절로 돌아가 보았다.

사람들에게 비친 내 모습은 완벽해야 했다. 그리고 정직하고 착한 사람이어야만 했다. 나는 매우 순진하고 착한 딸이었다. 착한 사람이어야 했기에 남들에게 내 의사를 표현하지 않아야 했다. 그래야 아빠한테 덜 혼날 수 있었다. 내 의사를 표현하는 것은 말대꾸였기 때문이다.

아빠한테 덜 혼나려고 공부를 했다. 아빠가 집으로 돌아오는 퇴근 시간이면 나는 가슴이 두근거렸다. 그때마다 나는 책상머리에 앉아 공부하는 척했다. 그래야만 아빠의 술주정을 피할 수 있었다. 이로 인해 내 엉덩이는 무거워졌고 인내의 한계도 길어졌다. 한자리에 오랫동안 앉아있을 수 있다.

불쌍한 내 아빠는 어린 시절 길거리에 버려졌다

어린 시절 내 눈에 비친 아빠는 항상 불쌍했다. 왜 그렇게 술만 드시면 호통을 치며 우시는지……. 술을 좋아하고 술주정도 꽤 하셨던 아빠!

아빠는 '어린 시절 길거리에 버려졌다'고 고백하셨다. 1951년 5월 18일, 7남 1녀 중 여섯 번째 아들로 태어났다고 한다. 자식이 많은 집에 홍역에 걸린 갓난아이를 보살피자니 다른 큰 자식들이 걱정되었을 것이다. 그래서 버려졌다. 당시 하인 열 명을 집에 둘 정도였으면 부잣집이었을 듯한데, 막 태어난 새 생명을 버린 것을 보면 얼마나 방역사태가 심각했을지 코로나19를 겪은 이후라 더더욱 상상이 간다(1965년 홍역 백신이 국내에 도입).

버려진 일곱 번째 손주를 친할머니가 거두셨다고 한다. 본인 안방에 두고 친손자를 보살폈다고 한다. 한밤중 아이가 갑자기 숨을 멈춰 '죽었구나!'라고 모두 생각했지만, 그다음날 다시 살아났다고 아빠는 이야기했다(참으로 신기하고, 믿거나 말거나 한 일이다). 2022년 동생이 하늘나라로 떠난 해의 겨울, 그날도 아빠는 술을 얼큰히 드시며 본인 기억을 더듬어 어린 시절 이야기를 들려주었다. 나의 친할머니는 아빠가 네 살이 되는 해 하늘나라로 가셨다고 한다.

아빠는 술을 드시기 전과 후가 극적으로 다르다. 저렇게 점잖은 사람이 있을까 하다가도 술을 드시면 어떻게 사람이 저렇게 못날 수 있을까, 할 정도로 망가지셨다. 당하는 가족 입장에서는 지옥과 천국을 넘나드는 감정이랄까. 천국에 있다가도 멀리서 들리는 아빠의 술 취한 발자국 소리에 이미 나는 지옥에 있었다. 아빠의 발자국 소리가 들릴 때면 우리 삼형제는 외할머니 뒤에 숨어 콩닥콩닥 뛰는 가슴을 억누르고 숨죽이고 아빠가 현관문에 들어오는 순간까지 기다려야만 했다. 아빠는 인사성, 예의, 착한 인성을 평생 강조하셨다. 그래서 아빠가 들어오실 때까지 우리 삼형제는 항상 문 앞에서 대기하고 있다가 인사를 했다. 인사를 하지 않으면 그날은 큰일이 났다.

'버려졌다'라는 기억과 어린 시절 사랑을 제대로 받지 못한 채 친할머니를 하늘로 보낸 아빠는 마음에 깊은 상처를 품고 지금까지 지내고 계신 것 같다. 술을 드시면 항상 엄마(친할머니)를 부르며 통곡하셨다. 아빠는 다시 그 시절 기억도 없는 엄마의 품을 그리워하는 어린아이로 돌아간 듯했다. 그렇게 성장을 멈춘 아빠에게 훈육받은 우리 삼형제는 이유 모르는 벌을 계속 받았다. 엄마가 말리기라도 하면 엄마에게 화살이 돌아갔다. 잠시도 조용하지 못했던 나의 어린 시절이었지만, 엄마 그늘 아래에 우리는 항상 보호되고 안전했다. 그리고 따뜻하고 행복한 기억들로 가득하다. 어렸을 때 먹은 엄마의 맛있는 요리는 나에게 여전히 깊은 영감을 준다.

꽁꽁 어린 시절에 얼어있던 내면아이

나는 항상 여자가 더 편하고 잘 맞았다. 친구들, 언니, 여동생, 이모 어쨌든 여성들과 어울릴 때가 가장 나다운 모습에 가까웠던 것 같다. 하지만 항상 남자들은 불편했다. 꿈에서 살려달라고 고함치고 싶을 때면 목소리가 나오지 않는 악몽을 자주 꾸곤 했다. 마치 나의 목소리가 어떤 것에 묶여있는 듯한 느낌이었다. 현실에서 소리 지르고 싶은 순간들……. 간간이 일어났던 지하철, 버스 성추행, 술자리에서 선배 손이 허벅지에 얹혀있던 상황, 피하고 싶었던 상사와의 블루스, 이런 상황 속에서 싫다고 말 못 하는 내가 이상했지만, '내가 왜 이럴까?'라는 의문을 가져본 적은 없었다. 그냥 그런 날은 속상해하기만 했다. 아빠에게 훈육받은 나는 그럴 수밖에 없었던 것일 수도 있겠다, 라는 생각을 한다(물론 그건 아빠 잘못이 아님을 안다). 싫은 소리를 하면 안 되었고, 착하게 행동해야 하는 것이 장기 프로그램으로 자리잡은 것뿐이다. 아빠에게 하는 말들은 모두 말대꾸로 여겨졌다. 감히 어른 남자에게 솔직한 감정을 표현할 수 없었던 환경에 적응된 어린 시절, 나는 감정억제를 반복하며, 내성적인 아이로 성장했다. 어린 시절 공포와 불편함에 적응하기 위해 내가 형성한 생존 프로그램은, 나도 인식하지 못하는 잠재의식에 갇혀 있었다. 성인이 되었음에도 나의 행동과 사고의 성장을 방해하는 굳어진 감정은 여전히 존재했다.

자유로운 영혼의 시작

실업계 고등학교에 진학하면서 아빠의 기대에서 조금은 멀어지며 나는 자유로워진 듯했다. 어쩌면 누군가에게는 힘들었을 고등학생 사춘기 시절은 나에게는 자유이자 아빠에 대한 도전이었다. 학교가 멀었기에 집에서 일찍 나가고 늦게 들어오는 것이 자연스러웠다. 이때부터 나는 주체적인 나의 행동을 시작했던 것 같다. 장학금을 받고 전문대를 졸업했고, 일하면서 야간대학에 편입해서 학자금 대출을 다 갚아 나갔다. 나는 누구보다도 주도적이었고 열정적인 내가 좋았다. 사실 그 배경에는 매일같이 귀에 박히듯이 들은 아빠의 치사한 돈 이야기가 있었다. 우리 3남매는 "아빠가 벌어온 돈으로 먹는 밥, 입는 옷 그리고 잠자는 집세까지 모두 나중에는 갚아야 한다"는 아빠의 술주정을 반복해서 들으면서 자랐다. 그 결과, 우리 3남매의 독립심과 생활력은 매우 강하게 훈련되었다.

1999년 삼성에버랜드에서 롤러코스터 기차를 타며 신나게 즐기며 일했다. 밀레니엄 2000년 나는 SK패션 그룹 강남사옥에서 일하는 얌전한 사무직원이었다. 혹시 나중에 장사하려면 트럭이라도 몰아야 한다는 생각으로 운전면허1종을 땄다. 2001년 9·11테러 사건이 아직도 그해의 충격으로 남아있다. 회사 부장님의 아낌없는 애정과 지원으로 회사 일과 동시에 야간대학에 진학할 수 있었다. 2002년 한국월드컵 한국의 4강 진출, 모르는 사람들과 껴안고 함께 토끼처럼 뛰며 단합되었던 열기, 잠실운동장에서 느꼈던 대한민국 국민의 함성 에너지와 윤도현의 〈오! 필승 코리아〉 응원가의 감동적인 전율…….

나는 한성대 야간 공간디자인 전공과 동시에 아르코 무대예술학교 무대디자인을 공부하며 2004년 두 개의 졸업작품을 제출하고 두 학교를 졸업했다. 아르코 무대예술극장 무대감독 인턴으로 입사했고, 그다음 해에 국립극장 무대감독으로 1년 근무하며 나라는 사람의 가능성 1퍼센트를 보기 시작했던 것 같다. 공연이 바뀔 때마다 무대설치와 철수를 반복했다. 다른 작품들을 통해 다양한 사람들을 만나며 작품에 따라 달라지는 무대설치와 그에 따른 테크닉을 배우는 것도 좋았고, 작품 연출의 예술성을 최대한 표현하기 위해 그 방안을 찾아 해결해주는 기쁨도 컸다. 그래서 그 나름대로의 모험을 즐겼다. 무대 스태프는 끝없이 공부해야 하고 끝없이 체력을 요구한다. 각 연출의 예술성과 창조성을 최대한 무대 위에 표현할 수 있도록 보조해야 하기 때문이다. 그래서 오히려 열정과 에너지가 넘치던 나의 20대 후반이 내가 최고로 빛났던 순간이 아니었을까 생각한다. 무대예술은 공연 기획부터 시작과 끝, 리허설과 라이브, 무대 뒤 그린룸에서 배우들과의 소통, 음향, 조명, 무대 테크닉팀과의 조율과 조화, 이 모든 것이 순간순간 하나로 융합되었을 때 최고의 작품으로 관객에게 어필할 수 있다. 하나의 작품을 위해 시·공간과 여러 에너지가 모여 이룬 예술을 내가 지휘했다는 것은 지금도 인생의 영광이다.

그때는 열정에만 치우쳐 알지 못했던 것들은 현재 요가와 에너지를 공부하는 나에게 또 다른 감동으로 나를 깨우치게 한다. 공연이 끝난 후 막내 감독인 나는 빗자루질과 물걸레로 마무리했다. 무대 위에 걸래 자국이 남지 않도록 잘 말리고 확인했다. 그리고 그때마다 나는 무대 중앙에 섰다. 텅빈 객석, 설명할 수 없는 그 특유한 먼지와 섞인 무대 냄새를 맡으며 내 세포들이 살아있음을 느꼈다. 그 감동은 여전히 내 코끝에 닿고, 내 세포들을 자극하고 나를 깨워준다. 공연의 시작과 끝 그리고 다른 공연의 시작, 그리고 끝 그리고 반복되는 패턴……. 인생, 삶, 생명의 짧은 주기를 보여주는 것 같다. 짧지만 매우 강하고 선명한 라이브, 그 라이브가 끝나면 다시 되돌릴 수 없다.

그때는 몰랐지만 지금 기억을 되살려보니 인생의 수레바퀴를 간단하게 여러 번 돌려본 것 같은 느낌이 든다. 애착과 집착을 통해 만들어낸 멋진 인생작품, 그 인생작품의 제한된 시간, 그리고 그 시간을 다하면 막을 내리고 애착과 집착을 내리는 것이다. 다른 작품의 연출을 최대한 표현하기 위해 다시 인생의 새로운 막을 매일 아침 눈을 뜰 때마다 시작하고 잠들면서 마무리하며, 그렇게 매일을 새롭게 살아가는 것이구나, 라는 생각을 해본다.

뮤지컬공연 수입이 많이 되던 시기였다. 〈오페라의 유령〉, 〈맘마미아〉, 〈라이온킹〉, 〈아이다〉, 〈시카고〉, 〈돈키호테〉, 〈캣츠〉 등……. 이때, 한국 뮤지컬도 〈명성황후〉, 〈난타〉가 세계시장에 선을 보였고, 큰 인기를 얻고 있었다.

이런 공연들을 보면서 나는 뮤지컬 무대에서 일하고 싶다는 생각에, 먼저 언어의 장벽을 무너뜨리기 위해 2006년 독일 월드컵이 열리는 해, 어학연수를 떠나기로 마음먹었다.

지금의 현실은 과거의 생각과 행동의 결과이다(조 디스펜자)

2007년 1월 나는 아일랜드 더블린에 있는 템플 바 뮤직센터(Temple Bar Music Center)에 입학했다. 극장에 들어가서 일하고 싶은데 나를 끌어줄 연이 없으니 이렇게라도 해보면 답이 나오지 않겠나 해서였다. 무대에서의 전문 용어들을 원어민들처럼 사용하고 싶은 욕심도 있었다.

졸업한 해에 나는 아일랜드 국립 아비극장(The Abbey Theatre)에 무대 스태프로 일할 수 있었다. 하루의 일과가 끝나고 무대 스태프들과 함께 뒷골목 펍에서 마시는 기네스 맥주 1파인트와 아일리쉬 특유의 영어 악센트, 그 향수가 나의 오감을 스쳐 지나간다. 항상 내가 가장 빨리 마시고 자리에서 일어났던 것 같다. 하루 일과가 끝난 적당한 목마름, 배도 어느 정도 허전한 상태여서 검고 쌉싸름한 기네스는 허기진 나의 배를 든든히 채워주었다. 그곳에서 나는 유일한 여자 스태프였다. 그러나 나는 여전히 남자들과의 대화를 잘 이어가기가 힘들었다.

그때 당시 나는 현재의 남편과 짜릿한 연애 중이었다. 남편은 편의점 스파에서 일하고 있었다. 나는 남자의 기준을 딱히 생각해본 적이 없었다. '착하고 성실하고 따뜻한 사람이었으면 좋겠다'라는 막연한 생각만 하고 있었다. 아, 딱 하나 확실한 기준은 있었다. '아빠 같은 사람을 만나지 않을 것'. 고등학교 시절 나는 자기 아빠와 격 없이 친구처럼 지내는 옥분이라는 친구를 부러워했다. 여친도 남친도 많고 인기가 넘치고 학교 선생님 앞에서도 본인의 의사를 주저없이 표현하는 멋진 친구였다.

결과 1〉 남편과의 만남

남편은 나보다 다섯 살 연하다. 1983년 돼지띠. 이 사람은 뭐가 있어서 행복하기보다는 삶 자체가 행복한 자유로운 영혼이다. 내 눈에는 철없어 보인다. 2007년 10월, 멕시칸 루이스 친구의 이별파티(란넬라 러셀 펍)에서 만났다. 남편은 동양 여자와 결혼할 거라고 항상 주문했다고 한다. 그럼 나는 친절한 내 아이들의 아빠를 주문했나 보다. 내 남편은 내가 원하던 아버지의 모습으로, 내 아이들과 친구처럼 지내고 있다. 남편에게 감사하다. 그리고 건강하게 잘 성장해주는 아이들에게도 감사하다.

지금 생각해보면 우리는 더블린에 올 때부터 다른 목표를 가지고 왔던 것이다. 나는 내 꿈에 더 가까이 가기 위해 전투적으로 살았다. '내 남편이 멀지 않은, 같은 유럽 땅 아일랜드 더블린으로 친구들이 있는 그곳으로 즐기려고 온 사람이었던 것을 내가 그때 깨달았더라면 그런 맘고생은 하지 않았을까?' 하고 잠시 웃어본다.

결과 2〉 2013년 6월 28일 다시 찾아온 내면아이의 적

2013년 내 막내딸 아이의 생일 다음 날에 이쑤덩(issoudun centre de la France)으로 이민왔다. 아일랜드 더블린에서 여유롭지 않은 경제 상황과 아이들에게 보다 나은 환경을 제공하고 싶은 마음, 그리고 가족의 정이 그리워, 한국과 프랑스 두 갈래 길 중 더블린에서 가까운 프랑스(남편의 고향이자 시어머니가 계시는 곳)로 이사가기로 결정했다. 더블린에서 가족처럼 지내는 친구, 동생들이 모두 가지 말라고 충고했지만, 남편과 아이들의 성장을 위해 필요한 인생단계라고 여겼기 때문에 주변의 충고를 거부하고 프랑스행 이민을 선택했다.

그러나 내가 그리워했던 따스한 엄마의 품과 손길, 애정 그리고 남편의 보살핌은 나의 기대와 완전하게 어긋났다. 나는 덩그러니 아이 셋 엄마로 홀로

서기를 해야만 했다. 시어머니와 뜻이 맞지 않아 집을 자주 비우는 남편, 알콜중독 시어머니, 그리고 감옥살이하는 시동생……. 할렐루야!

와우, 'what a wonderful world(정말 아름다운 세상)' 아닌가?

그럼에도 나는 이 생활에 적응하기로 결심했던 것 같다. 아무런 판단도, 생각도 할 수 없었고 그냥 멍한 상태였다. 난 내 세 아이를 지켜내야만 했다.

6개월이 지나, 프랑스에서 이민자에게 지원하는 1년짜리 불어 수업이 있었다. 샤토루(Chateauroux)라는 곳이다. 기차를 타고 20분이면 도착한다. 그곳에 가니 다양한 민족을 만날 수 있었다. 몽골, 미국, 캄보디아, 태국, 인도네시아, 아랍, 아프리카…….

그들 중에서도 나만큼 불행해 보인 사람은 없었다. 그들의 웃음과 미소는 매우 진실되고 투명했다. 그들과 있는 시간이 참 즐거웠다. 쉬는 시간이었던 걸로 기억되는데, 웃음이 '빵' 하고 터지는 순간이었다. 그런데 동시에 나는 울음을 '펑' 터뜨리고 말았다. 다들 손발 구르며 웃는 상황이었고, 나도 따라 웃는데도 나의 근육들은 웃지 않는 것이었다. 나의 얼굴 근육들이 일그러지는 이 괴상한 느낌……. 괴물은 이렇게 만들어지는 거구나. 이러다가 나도 괴물이 되어가겠구나.

'어……, 나 왜 울지?', '웃고 있는데 왜 슬픈 거야?'

많은 질문과 혼란이 뒤섞였다. 잘은 모르지만, 무엇인가가 나를 깨우는 느낌이었다.

가족들에 대한 책임감과 못난 환경이더라도 적응하며 그들에게 인정받으려고 했던 나의 노력과 행위가 피에로처럼 어리석은 나였음을 발견하는 순간이었다. 더 이상 그 역할을 하고 싶지 않았다. 그러자 두려움이 엄습했다.

그날따라 나는 시어머니 집에 들어가는 게 너무 싫었다. 수업이 끝나고 기차역에서 기차를 기다리는 시간에도, 달리는 기차 안에서 20분 동안 이쑤덩

에 도착하기까지 마음속으로 수백 번이나 외쳤던 것 같다. '저에게 천사를 내려주세요. 제발…….'

나의 간절함이 하늘에 닿았을까? 남편의 숙모 브리짓이 500미터 남짓한 곳에서 나에게 손짓했다. 무대 위 중앙, 벤치에 앉아있는 숙모 브리짓과 주변 인물들을 향해 스포트라이트가 비친 듯 5월의 뜨거운 오후 햇살은 나를 천사에게 안내하고 있었다.

'Gratitude(고맙습니다).'

결과 3〉 생존본능

나는 스스로 허수아비가 되기로 결심했다. 허수아비는 자신을 보호하기 위해 새들에게 무서운 표정으로 겁을 준다. 그리고 주변의 두려움으로부터 거리를 유지한다.

시어머니는 집안에서 담배를 끊임없이 폈다. 어린 세 아이와 나는 그 담배의 피해자였다. '담배' 하면 내 아빠를 떠올리지 않을 수 없다. 다섯 가족이 한 방에서 살던 어린 시절, 내 아빠도 집안에서 담배를 폈다. 어른들이 모여 잔치를 하는 날이면 더더욱 담배 연기가 가득했던 그 지긋지긋한 방 한구석, 텔레비전 앞에서 나는 배가 아파 움켜쥔 날……. 오늘 처음으로 그 기억을 꺼내어 본다(이렇게 사진처럼 선명하게 떠오르는 게 참으로 신기할 뿐이다). 당연하게 받아들인 환경이었지만, 내가 이렇게 숨 막히고 힘들어 했는지 이제야 알아차리는 중이다. 그리고 그날은 내가 초경을 경험한 날이었다. 그 어린 시절의 숨막힘이 아이 셋 낳은 40대 아줌마가 된 나에게 다시 돌아올 줄 몰랐다. 담배 연기로 인한 나의 비염과 알레르기는 더욱 악화되었고, 코가 막혀 잠을 자지 못하는 고통에 시달리며 그로 인한 만성피로로 몸은 무거워지기만 했다.

나의 영혼은 마음의 노예가 된 육체에 눌려 전혀 힘을 쓰지 못했다. 약을 먹어도 그때뿐, 전혀 나아지지 못했다. 나의 육체는 염증이 가득한 에너지로 활개를 쳤고 그 화에 갇힌 나는 고통에 시달렸다. 그리고 나는 여전히 나를 바라봐 주지 않았다. 나를 잃어버린 채 가족들의 희로애락에 장단을 맞춰 적응하려고 아등바등 육체만 기계처럼 돌리고 있었다.

내가 프랑스에 도착한 2013년 6월 말 시어머니는 한참 라임병(Lyme disease-감염진드기에 의한 박테리아 감염질병)에 걸려 있었다. 이 병이 알려지기 시작한 초기라 특별한 처방도 없었고, '이 병에 걸리면 정신병에도 영향을 미친다'는 소문이 돌고 있었다.

나는 어렸을 때부터 요리하는 것을 좋아했다. 건강한 음식에 대한 관심도 많았다. 엄마는 음식을 먹을 때마다, 예를 들어 당근을 먹을 때면, "수연아, 당근은 눈에 좋단다. 근데 지용성이라서 이렇게 볶아 먹어야 흡수가 더 잘 된다고 하더라", 이렇게 습관처럼 말해주었다. 시어머니의 병 치료를 돕기 위해 열심히 요리를 했다. 건강한 한국음식과 염증에 최고인 마늘, 생야채, 생강차 등 내가 알고 있는 모든 지식을 동원해 시어머니의 병을 다스릴 수 있었다. 시어머니의 담당 의사와 주변 사람들도 놀라워 했다. 그 이후로 시어머니의 식생활도 육식 위주에서 점차 채식을 더 드시는 방향으로 개선되었다.

나는 내가 할 수 있는 최선을 다했다. 그럼에도 나의 마음은 허기지고 메말라감을 느꼈다. 먹어도 허기지고, 피에로 같은 영혼 없는 웃음…….

나의 에너지는 이렇게 비워지고 메말라갔다.

2014년 봄, 남편이 가출했다

단절된 소통, 잃어버린 자아는 자꾸 나를 더욱 작게 만들었다. 나는 여전히 호박부침개를 자주 해 먹는다. 건강에도 좋고 맛있고 저렴하다. 시어머니 집은 마당이 넓다. 저 넓은 땅에 손길이 닿지 않아 적막했다. 나는 화분을 한 번도 키워본 경험이 없다. 엄마가 꽃 화분을 키우는 것을 보고 자라서 그랬을까? 왜인지는 모르겠지만, 무의식중에 그냥 세 개의 작은 화분에 호박씨 한 알씩 심고 물을 주었다. 4~5일째 되는 날 흙 위로 올라오는 초록빛이 보이기 시작했다. 그 호박씨를 키우며 나의 기쁨이 커지는 것을 느꼈다. 나의 애정에 반응하며 나의 마음을 알아주는 이쁜 호박씨들이 너무 감사했다. 무시당하며 짓밟혔던 나의 마음이 이 작은 생명들한테 큰 위로를 받고 있었다. 내 마음 한켠에서 이런 생각들이 올라왔다.

'어, 너희들 아무것도 아닌 씨앗인데도 이렇게 흙을 뚫고 나오는데……, 여기서 멍때리며 울고 있는 나는 뭐야? 나 지금 뭐하고 있지? 수연아, 네가 이렇게 약했어? 기억해 봐. 그동안 네가 얼마나 멋지게 살아왔는지? 네가 왜 아일랜드로 유학 갔는지? 너 스스로 돈 벌어서 대학 졸업하고 한국에 국립극장 게다가 유학 가서 더블린에 있는 국립극장에서 일하던 너야? 기억해 봐. 네가 어떤 사람이었는지?'

남편이 가출했다. 친구 집에서 놀다가 자는구나, 라고 생각했는데 며칠간 연락도 없고 소식도 없었다. '부부 사이가 좋지 않아도 그렇지, 어떻게 타국에서 온 언어소통 장애인 아내와 어린 세 아이를 두고 나갈 수 있을까?' 나에게는 상상도 할 수 없는 일이었지만, 현실이었다. 수입이 없는 우리를 바라보는 시어머니의 따가운 눈초리는 견디기가 힘들었다.

2014년 여름, 집을 나가기로 결심했다

집을 나가기로 결심했다. 내게 중요하다고 생각하는 것들만 챙겼다. 네 살짜리 첫째 아들을 걷게 하고, 2인용 유모차에 두 아이를 태웠다. 그리고 기억은 안 나지만, 호텔에서 며칠은 머물 수 있는 소액의 통장 잔액, 점심과 저녁 도시락을 준비했다. 걸어서 20분 거리의 공원으로 놀러 나가자고 아들을 설득해 나갔다.

그날 나는 몇 번이나 하늘에 외쳤는지 모르겠다. '감사합니다. 감사합니다. 감사합니다.'

따뜻한 햇살, 돗자리 펼 수 있는 마른 땅, 나무 아래 그늘, 그리고 건강한 내 아이들……, 내가 가질 수 있는 것은 다 가졌다. 여기서 돗자리 펴고 며칠 자도 되겠구나 싶었다. 더 이상 필요한 것은 없었다. 지금 생각하면 어디서 그런 용기가 나왔는지 나도 모르겠다. 하지만 내가 가는 곳곳마다 따뜻한 보호와 안전의 길을 열어주는 천사들이 내 곁에 있었음을 이제는 알 수 있다.

그날 나는 남편에게 메시지를 남겼다.

"지금 안 오면 우리는 끝이다. 나는 절대 네 엄마 집에 안 들어갈 테니 올 생각이라면 오늘 우리 가족이 머물 수 있는 곳을 마련해 오도록 해."

그날, 남편은 사촌 집 아파트를 잠시 빌려달라고 부탁했다고 한다. 그 이후 우리 다섯 식구는 한집에 살게 되었다.

하우스 파티를 할 때면 담배 연기가 가득한 공간에서 괜찮은 척하며, 잘하지 못하는 불어(francais) 대신에 독주를 잘 마시는 나를 표현했다. 남편 친구들은 순수하고 착했지만, 철이 없었다. 나도 역시 철이 없었다(이건 10년 전 나의 개인적인 소견임을 밝힌다. 그때 당시 나는 지금의 나보다 훨씬 작은 나였으며, 오라클 카드에 외눈 거인과 같았다). 함께 어울리고 싶었고, 외톨이로 살고 싶지 않았다. 내가 살던 방식 그대로 사회성 좋은 강수연으로 나는 최선을 다해 생존하는 반면에 나의 에너지는 자꾸만 찌그러져 가고 있었다.

지금은 안다. 나답지 않은 나의 허위와 사랑받기 위한 광대 짓이 나를 아프게 만들었음을……. 나 자신을 돌보지 못한 나는 매우 미련했다. 남편의 친구들은 2023년에도 여전히 변함없이 순수하고 착하다. 우리 각자는 10년이라는 세월 동안 각자의 삶을 살아내기 위해 최선을 다했을 것이다. 우리는 각자 자신의 속도대로 인생을 살아가는 중이다.

나는 여기서 놓아버림을 연습해야만 했다. '내 속도에 맞춰 다른 사람들이 성장해주기를 바라는 마음' 말이다. 나의 기준에 맞춰 사람들을 평가절하했던 나 자신을 반성한다. 그리고 '사람은 쉽게 변하지 않는다'는 사실을 다시 깨달았다.

채워지는 배, 비워지는 영혼

'친구 따라 강남 간다'는 말처럼 나도 남편 따라 이곳 문화에 따라 육식에 치우친 식사를 했다. 손 큰 시어머니는 푸짐하게 음식 차리는 것을 좋아하신다. 남겨진 음식을 집으로 챙겨가 먹기도 했지만, 결국 버려지는 음식 또한 여전히 많았다. 그때마다 나는 죄의식을 떨칠 수 없었다. 가난한 나라의 굶어 죽는 아이들이 자꾸 내 눈앞에 스쳤다. 이상하게도 채워지는 배와 달리 나의 영혼은 비워지고 있었다. 배를 채워도 배고프고 만족스럽지 않았다. 나는 풍부하고 맛있어 보이는 음식 앞에서도 행복하지 않았고, 내 위장은 이미 부담스러웠고 음식을 거부할 준비를 하고 있었다. 이런 풍요로움을 즐기지 못한 이유는 나의 정신세계의 결핍에서 온 것임을 이제는 안다.

끼니에 맞춰 습관적, 의무적으로 먹는 행위를 하는 나의 모습은 나를 혼돈에 빠지게 했다. 〈센과 치히로의 행방불명〉 중 동물과 인간의 경계가 모호해지는 레스토랑의 장면을 기억하는가? 잘 차려진 주인 없는 레스토랑에서 주인의 허락 없이 허겁지겁 접시에 담긴 음식으로 자신의 욕망을 채우는 돼지들은 자신의 본성을 잃어가며 욕망의 노예가 되어 그 레스토랑에 갇히게 된다.

반복되는 생활 패턴 속에 의무적으로 하는 행위, 그리고 거기에 나는 노예였다. '나'라는 본성 DNA의 흔적이 없어질 만큼 열심히 최선을 다해 산다고 생각했는데, 결국 나는 열심히 생존을 위한 노예 쳇바퀴를 돌렸던 것이다. 그것도 최선을 다해서 돌렸다. 나의 육체는 쳇바퀴를 돌리는 데 매우 훌륭한 기계가 되어버렸고, 그곳에 주인은 필요하지 않았다.

내 육체의 주인은 누구인가? 왜 나는 이런 행동을 했나? 이 행동의 뿌리는 무엇일까? 아직도 이 행동들이 이어지는가? (본문의 〈할리퀸〉 내용에서 자기성찰에 대한 질문과 답을 통해 나는 나의 행동분석과 평가를 할 것이다. 여기서 중요한 질문이 있다.)

♠할리퀸 자기성찰 질문과 답 그리고 평가

다음 표를 적다 보면 나의 무의식적 프로그램과 사고/행동 패턴을 알아볼 수 있다.

질문에 대한 답은 하나일 수 있지만, 그 행동으로 인한 영향은 긍정과 부정적인 평가로 나눌 수 있다. 우리 자신에 대한 냉정한 평가와 동시에 따뜻한 시선으로 자신을 평가한다면 긍정적인 면을 재발견할 수 있다. 세상은 양면성의 원리로 돌아간다. 이 부분을 우리가 역이용하는 것이다. 어떻게 하면 이 긍정적인 면을 더 빛나도록 발전시킬 수 있을까 고민한다면 이것은 당신에게 혁명을 일으킬 수도 있다.

아래 나의 혁명 가능성 리스트와 앞으로 부정적 평가를 통해 자기계발이 필요한 리스트를 다시 나열했다. 그리고 나의 자기계발 리스트 앞에 '왜?'라는 의문형을 붙여 다시 생각해보았다. 이 리스트들이 나의 성장을 방해하는 깊은 내면의 무의식적 자아에 숨어있는 막힘일 수 있기 때문이다. 그리고 이것은 분명히 나의 서글픈 내면아이와 관련이 있다.

〈할리퀸 자기성찰 질문과 답 그리고 평가〉

질문	왜 이런 행동을 하는걸까? 분석해보기		
	답	긍정평가	부정평가
나는 나의 결점을 어떻게 인식하는가?	-불편한 인간관계 -여자가 더 편하고 남자는 불편했다.	-긍정적인 관계에 대해 깊이 성찰하게 되었다. -사람에 대한 집착보다는 현재 내 앞에 있는 사람에게 집중하게 되었다.	남자들과의 사회생활은 불편했다. 그래서 과장된 자신감을 표출했다.
	-나는 솔직한 나의 의견을 말하지 못했다.	-솔직하게 자기 생각을 말하지 못해서 받아들인 적이 더 많았는데 주변 친구들은 내가 인간관계가 넓다고 부러워했다. -수용성의 범위 확장	내가 솔직해지는 것은 사람들에게 민폐라고 생각했다.
	-누군가의 친절을 받는 것보다 내가 해주는 것이 더 좋았다.		조명받는 것이 부담스럽고 어떻게 대처해야 할지 모르기에 나는 그림자 위치를 선택했다.
나는 취약한 나의 모습을 다른 사람에게 보여주는 것을 받아들이는가?	-아니요. 나는 나의 부족한 부분을 감추려고 한 의도는 아니었던 것 같지만 생존법칙처럼 내가 편안한 위치를 찾고 내가 할 수 있는 일을 했다고 생각한다. 그리고 나는 그 그림자 위치에서 사람들을 보조해주는 역할이 좋았다.	-긍정적인 면에서의 희생을 통한 기쁨과 나누는 삶에 대한 긍정적인 이해를 갖게 되었다. -내가 잘하는 것을 더 잘할 수 있게 되었다. -상대방의 이야기를 잘 들어주게 되었다.	-자신감과 자존감의 부족. -그림자 위치가 익숙함. -안전지대에서 발전을 취하기보다는 머무름. -의사표현 부족으로 싫은 것도 아무 말 없이 그냥 했다. -의사표현의 정직성 부족/공포
내가 다른 사람을 너무 신뢰하는가?	-나는 사람들을 매우 좋아하는 성향이었고 모든 사람이 다 좋은 사람이라고 생각하며 살았다. 나는 그들을 신뢰했다.	-주체적인 나의 생각은 중요하지 않았기에 사람들과 섞이기가 편했고 그들의 이야기를 잘 들어주었다.	-주체성 부족. -자신감과 자존감의 부족
나는 살면서 많이 속았나?	-내가 너무 순진해서 오히려 어정쩡한 사람들은 다가오지 못했나 보다. -다행히 크게 사람들에게 사기를 당했던 적은 없었다.	-대부분 좋은 친구들과 직장동료 등 긍정적인 환경에서 노출되었다. -그래서 나는 참 복 많은 사람이구나, 라는 생각을 다시 해본다.	-현명하지 못한 선택으로 돈을 잃은 적은 있지만, 나의 부족함의 결과라고 생각한다.

이 연결고리를 따뜻하게 안아주고 이해함으로써 나는 더 자유롭게 성장할 수 있을 것이다.

나의 혁명가능성 리스트(긍정평가)

- 수용성, 경청, 인내, 원만한 인간관계, 건강한 사람과 환경을 찾는 능력이 있음. 나는 사람들 돕는 것을 좋아함.

개인 발전의 필요 리스트(부정평가)

- 왜 남성들과의 자율적인 인간관계의 불편함이 생긴 걸까?
- 왜 과장된 자신감표출을 했을까?
- 왜 나의 솔직함이 상대에게 민폐라고 생각했을까?
- 왜 나는 조명 위보다 그림자에 있기를 선택했을까?
- 왜 나는 의사표현을 하는 데 공포를 느꼈을까?
- 왜 나는 주체성, 자존감, 자신감이 부족했을까?

왜(Why)라는 답을 찾기 위해 깊은 내면으로 들어갈 필요가 있다. 나의 성장을 방해하는 장애 요소는 무엇인가? 위의 질문들은 나를 내 어린 시절 불편한 공포의 현장으로 반복해서 안내했다. 그리고 세 장의 카드는 이미 나에게 답을 알려주었다. 세 번째 카드 나의 '내면아이'이다. 예측해서 카드를 읽어보자면 "나의 성장과 발전은 나의 내면아이 시절에 묶여있던 매듭을 풀어줘야만 나는 자유로워지고 더 성장할 수 있다"라고 카드는 말하고 있다.

왜 나는 내가 원치 않는 이런 행동 패턴을 보이는 걸까?
그리고 나의 취약점은 무엇인가?

〈씨크릿우먼 헤어웨어〉 김영휴 대표의 『여자를 위한 사장 수업』이라는 책을 보면 이런 문장이 있다.

"싫은 만큼 분노가 올라오는 내 모습을 개선하는 최적의 방법은 보이고 싶지 않은 내 모습을 내가 들여다보는 것이다." 나에게 매우 직설적이면서 명확한 메시지로 다가왔다.

"누구나 취약함을 직면하는 것이 가장 불편하기에 그것을 덮고 밟고, 외면하기 일쑤다. 멈추고 보면 비로소 보게 된다. 취약함이 내 일과 삶의 미개척 지대라는 것을……"

— 김영휴, 『여자를 위한 사장 수업』

〈가장 핵심적인 나를 아는 법?〉

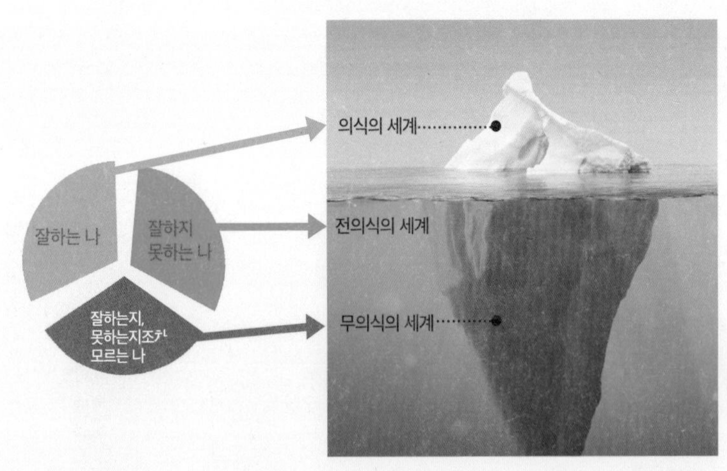

위의 그림은 내가 참여했던 '여자를 위한 사장 수업'이라는 김영휴 대표의 강의 내용 중에서 '의식과 무의식의 세계 표'를 도입하여 나의 오라클 카드 힐링 프로세스에 접목해서 내가 실천했던 부분이다.

아래와 같이 세 가지 분류의 리스트를 자기성찰을 통해 뽑는다. 이 실습은 나의 의식, 전의식, 무의식의 세계에서 의식의 세계로 끌어올려 내가 원하는 나의 모습으로 발전하는 원리를 체험해 보는 것이다. 여러분도 이렇게 노트에 적어 실천해보길 바란다. 나는 계속해서 〈할리퀸 자기성찰 노트〉를 기본으로 실천을 했다.

- 〈내가 잘하는 것〉 리스트
- 〈내가 잘하지 못하는 것을 알고 있다〉 리스트
- 〈내가 잘하는지 못하는지조차도 모르고 있다〉 리스트

〈나의 무의식을 의식으로 끌어내는 프로세스(의식/ 전의식/ 무의식)〉

내가 잘하는 것 수용성, 경청, 인내, 원만한 인간관계, 건강한 사람과 환경을 찾는 능력이 있음. 나는 사람들 돕는 것을 좋아함.	**의식의 세계** 수용성, 경청, 인내, 원만한 인간관계, 건강한 사람과 환경을 찾는 능력이 있음. 나는 사람들 돕는 것을 좋아함.	**ACTION** 행동으로 옮겨 실천한다. 알아차림/반복적 실천을 통해 원하는 나로 거듭난다.
내가 잘하지 못하는것 왜 남성들과의 자율적인 인간관계에 불편함이 생긴 걸까? 왜 과장된 자신감을 표출했을까? 왜 나의 솔직함이 상대에게 민폐라고 생각했을까? 왜 나는 조명 위보다 그림자에 있기를 선택했을까? 왜 나는 의사표현을 하는 데 공포를 느꼈을까? 왜 나는 주체성, 자존감, 자신감이 부족했을까?	**전의식의 세계** 왜 남성들과의 자율적인 인간관계에 불편함이 생긴 걸까? 왜 과장된 자신감을 표출했을까? 왜 나의 솔직함이 상대에게 민폐라고 생각했을까? 왜 나는 조명 위보다 그림자에 있기를 선택했을까? 왜나는 의사표현을 하는 데 공포를 느꼈을까? 왜 나는 주체성, 자존감, 자신감이 부족했을까? ☹이유를 찾기 위해 나는 오래된 나의 기억을 방문한다.	**알아차림의 단계로 상승** **반복실천과 실패의 단계** 알아차림 단계로 상승 전의식적 프로그램/ 습관/ 행동과 사고패턴
내가 잘하는지 못하는지조차도 모르고 있는 것	**무의식의 세계** **무한한 가능성** 무의식적 프로그램/ 습관/ 행동과 사고패턴 내면아이/트라우마 -아빠(남성)에 대한 두려움/불편함/억제	

표를 작성했다면 결과를 정리해보는 시간을 갖고, 그에 따른 액션플랜을 짜서 실행해 보자.

♠나의 무의식을 의식으로 끌어내는 ACTION 1

- 나는 이 프로세스를 통해 나를 얼게 만든 내면아이의 두려운 감정을 재발견했다. 그것은 남성에 대한 불편함과 두려움으로 나타났다. 왜 내가 남성에 대한 불편한 감정을 갖게 되었는지에 대한 그 공포의 뿌리를 내면아이를 통해 확인할 수 있었다.
- 나에게 항상 선택할 권리가 있다. '싫은 나의 모습에 머무를 것인가?' 아니면 '싫은 나의 행동을 깨부수고 내가 원하는 나를 향해 걸어갈 것인가?' 성인이 된 이후에도 20년 넘게 항상 쉽고 편한 선택을 하며, 마음 한구석의 '나'는 울고 있었다. 나는 울고 있는 수연이를 꺼내주어 자유롭게 해방시켜주고 싶었다. 그래서 나는 더 이상 싫은 내 모습에 머물지 않을 것을 결심했다.
- 나는 아빠를 이해하려고 노력했다. 70년이 넘는 인생을 살아온 아빠를 내가 고칠 수 없다. 나는 더 이상 그에 대한 미움도 없고 그냥 안타깝고 미안하다. 이제라도 아빠가 술 조금 덜 마시고 건강하게 지내셨으면 하는 바람뿐이다. 아빠를 아빠로서만이 아닌 한 인간으로 이해하려고 노력했다. 나의 영역과 활동이 넓어지고 자신감이 생기면서, '불편한 남자들'이라는 감정에서 벋어날 수 있었다. 성의 개념에서 벗어나서 한 인간으로 대하면 우리는 모두 평등하고 이 우주의 생명일 뿐이다. 나 자신을 많이 발견할수록 나눌 수 있는 것도 점점 늘어갔다. 의견을 제시하기도 더 쉬워졌다. 지속적으로 이러한 두려움에 대한 도전을 통해 극복할 수 있었다.

하지만 이렇게 해도 상처받은 마음이 완전히 치유되지 않을 수 있다. 시간이 걸리는 과정이다.

한국 가족을 방문할 때마다 부모님 댁에 머무를 때면 어김없이 아빠의 심각한 술주정이 불꽃처럼 솟아오를 때가 있다. 그럴 때마다 나는 의식적으로 행동과 감정을 다루려고 노력한다. 오히려 상황을 바꾸기 위해 아빠와 뜬금없이 웃기는 대화로 상황을 반전시킨 경험도 있다. 웃긴 이야기지만, 상황이 심각할 때면 그때마다 외우는 주문이 있다. 그리고 더 이상 어린 시절의 내가 아니라는 것을 느끼고, 아빠도 점점 약해져 가는 게 보인다.

현재 아빠와 물리적으로 떨어져 있다. 또한, 명상과 마음을 내려놓는 연습을 통해 아빠와의 거리두기를 연습했다. 이 또한 하나의 방법이었다. 그 결과 아빠의 안부가 궁금해져 한 번씩 영상통화를 하면 아빠는 하트를 날려주시곤 한다. 아빠는 여전히 어린 아이 같다.

그 불편한 매 순간 나는 내가 배운 지식을 실천하며 다른 행동을 취했다. 나의 다른 행동은 아빠와 내가 웃는 다른 경험을 낳았다. 그리고 이 경험은 나의 잠재의식 속에 있던 불안과 공포를 해소시켰다. 이제는 아빠에 대한 연민을 느끼고, 아빠가 더 이상 서글프지 않고 행복하기를 바라는 마음이다. 이렇게 나의 경험은 나의 유전자 일부를 활성화하고 변화시켰다.

또한, 주변의 내면아이 치료사를 방문하는 것도 큰 도움이 될 것이라고 생각한다. 〈생명의 근원 오라클〉 해설책 안에 있는 〈23. 내면아이〉 카드 명상을 연습해보는 것도 추천한다. 실제로 내면아이 치유와 관련된 명상자료는 유튜브에서도 쉽게 찾아볼 수 있으니, 본인에게 맞는 방법을 찾아 실천하고 극복하기를 적극 권장한다. 이는 당신에게 해방의 기쁨을 안겨줄 뿐만 아니라, 당신 인생의 큰 전환점이 될 수 있기 때문이다.

간단하게 내가 했던 치료방법을 정리해본다.

- 의식적으로 행동과 감정을 다루려고 노력한다.
- 웃기는 대화로 상황을 반전시킨다.

- 상황이 심각할 때면 그때마다 외우는 주문 "나는".
- 아빠와 물리적 거리.
- 명상/ 용서와 내려놓기(호오포노포노-Ho'oponopono).
- 〈생명의 근원 오라클 내면아이(No.23)〉 카드 명상.
- 내면아이 치료 명상자료 찾아보기(본인에게 맞는 유튜브 명상 찾아보기 또는 김새해 작가의 내면아이치료 프로그램/ 오재은 교수-내면아이치료연구소).

〈나는(I AM) 〉 확언

나는 내 몸도 내 마음도 아니다. I am not the body, I am not even the mind.

나는 나이다. 나는 영혼이며 신성한 빛이다. I am that I am, I am the soul, divine light.

<미, 용, 감, 사> 미안합니다. 용서합니다. 감사합니다. 사랑합니다.

※휴렌박사는 1984년 하와이 주립병원 내 정신요양시설에서 임상심리학자로 일하면서 심리치료를 하지 않고도 환자의 내부에 문제해결을 돕는것에 집중하고 회개와 용서 변형의 호오포노포노를 실행하여 3년만에 치유함으로써 이 주문의 위력을 실증하였다. 『호오포노포노의 비밀』 뒷장 차크라와 음양에너지에 대한 이해에서 명상방법을 첨부하였다.

결과 4〉 계속되는 염증들/ 떨어지는 체력

나는 왜 내가 이러한 행동 패턴과 성향을 보이는지, 그 이유조차도 모른 채 43년을 살아왔다. 사실, 나는 그냥 그런 사람인 줄 알았다. 이런 행동의 이유에 대해 생각조차 하지 않았다. 혹시 나만 그런가? 그냥 바보처럼 착하게만 사는 것이 잘 사는 것이라고 생각했지만, 세상살이가 그렇게 만만하지 않다는 것을 뒤늦게 깨달았다. 결혼생활과 함께 '이상한 나라의 엘리스'의

회오리 바람에 휩쓸리듯 낯선 환경과 낯선 사람들 사이에서 펼쳐지는 드라마와 그에 따른 내가 창조한 부정적인 감정 에너지들에 숨이 제대로 쉬어지지 않았다.

나는 산 채로 죽어 있었다. 그저 주변 사람들과 기대에 맞춰 살아가는 내 모습, 그리고 정체성 없는 좀비 같은 나는 이 외국 땅에서 환영받지 못한 존재였다.

2017년 5월 아랫배에 불편함을 느끼며 통증이 시작되었다. 나는 작은 통증에도 예민하긴 하지만, 잘 참는 편이기도 하다. 내 몸에 이상이 생기면 난 항상 실험적인 접근을 통해 해결책을 찾으려는 습관이 있다. 그래서 이번에도 마찬가지로 염증에 좋은 마늘을 팍팍 넣은 브로콜리를 먹었더니 볼록 튀어나온 배가 작아지더니 통증도 사라지는 것을 확인했다. 병명을 확인하지도 않고 재미있게 내 몸을 실험하며 아이들과 달달한 간식을 즐길 때면 다시 또 염증이 돌아오기를 반복했다.

그러던 어느 날, 걷기 힘들 정도로 아픈 날이었다. 응급실을 찾아갔더니 이것저것 검사를 많이 했다. 5시간이 지났을까? 옆 동네 큰 병원으로 이동해서 검사받으라고 소견서를 내게 건네주었다. 내가 사는 이곳은 의사도 많지 않고, 진료를 받으려면 한참을 기다려야 하는데 이렇게 빨리 처리를 해주는 것을 보니 심상치 않은 듯했다. 그다음 날 병원을 찾아가 다시 조영 MRI 검사를 받고, 즉시 입원 수속을 하고, 일주일간 병원에 머물렀다. 병명은 신장염이었다.

그리고 1년 후 폐렴이 찾아왔고, 비염은 오래된 나의 고질병이기도 했지만, 자연에 둘러싸인 프랑스에 이사 온 이후로 꽃가루 알레르기와 비염은 더욱 심해지고 잠을 방해할 만큼 고통스러웠다(다음 장에는 나의 병력을 공개하고자 한다. 이유는 내가 프랑스에서 겪은 상황을 자세히 설명하지 않아도, 병명의 근원에 대한 정의로써 내가 어떤 상황과 감정에 처해있었는지 명확하게 설명될 수 있기 때문이다).

♠신체 병상에 따른 심리적 의미와 병명의 근원에 대한 정의

이어서 설명하는 병명의 근원에 대한 정의들은 자크 마르텔(Jacques Martel)의 『의식과 신체의 불균형: 증상과 질병 대사전(The complete dictionary of ailments and diseases』)의 내용 중 나에게 해당하는 질병들과 그에 따른 감정을 요약하였다.

감정들은 우리도 잘 알다시피 눈물과 미소처럼 시각적으로 반응한다. 그 이외에도 다른 반응 즉, 염증, 감기로 표출하며 우리에게 조심하라고 가벼운 경고장을 날리지만, 우리는 자주 이런 경고들을 무시하고 지나간다. 이런 반복적인 무심함은 우리 몸에 통증, 그리고 질병으로 더 짓궂게 고통을 호소하며 당신과의 소통을 요구한다.

여기서 흥미로운 점은 각 장기가 특정한 감정표출을 하며, 자신이 느끼는 감정의 막힘과 그 정도에 따라 해당 장기와 관련된 질병이 발생한다고 설명하고 있다. 따라서 나의 병력을 통해, 이 글을 읽는 독자들도 자신의 병력을 통해 자신에 대해 더 깊이 알아볼 기회가 되기를 희망한다.

작은 인사이트를 공유한다. 사드 그루에게 명상에 대한 질의응답 내용이다.

질문〉 명상을 하는 동안 너무 많은 생각 때문에 명상에 집중할 수 없습니다. 어떻게 명상에 집중할 수 있을까요?

대답〉 당신의 장기들이 살아있다는 증거입니다. 당신의 장기들을 멈추게 하면 생각을 하지도 않을 것입니다. 당신의 장기를 멈추게 하고 싶나요? 당신의 두뇌, 심장, 신장, 허파=폐 등……. 이들이 활발하게 움직이는 동안에도 당신은 명상할 수 있습니다. 뭐가 문제인가요? 당신의 생각을 멈출 필요가 없습니다. 당신은 그저

멘탈설사증(mental diarrhea)에 걸려 있습니다.

나는 이 이야기를 들으면서 내 생각의 교통 혼잡, 내 멘탈의 변비현상 등에 대해 다시 생각해보았다. 내 생각에 먹인 나의 소울푸드는 올바른지, 내 입으로 들어가는 음식들, 내가 만지는 사물들, 나와 교류하는 사람들, 그리고 내가 바라보고 느끼는 시선 등에 대해 다시 생각해보게 되었다. 내가 명상하는 동안, 만약 황홀한 꽃향기가 나는 생각들이 나를 가득 채운다면 과연 생각들이 나에게 문제가 될까? 한번 같이 고민해봤으면 좋겠다.

다시 본론으로 들어가서 병과 심리의 상태를 노트에 옮겨보는 시간을 가져보자.

예를 들면 아래 정리된 정의들을 보면서 내가 몇 년도에 어떤 병이 있었고, 그때 나의 감정과 상황은 어떠했는지를 생각해보고 한번 노트에 적어보는 것이다. 여기서 당신의 심리적 불편함이 무엇이었지, 그래서 이 심리가 내 신체 어느 부위에 어떤 증상으로 나타나는지 관찰할 수 있을 것이다. 여전히 만성적인 통증을 겪고 있다면, 그 감정과 상황에서의 그 연결고리를 깨끗하게 끊어야만 치유가 일어날 수 있다. 과거나 현재 불편한 상황에 처했을 때 감정과 행동 패턴의 변화 즉 자신의 반응을 관찰해보는 것이 중요하다. 이 무의식 세계에 있는 패턴에 당신의 치유와 변화를 위한 열쇠가 있다.

다음의 내용을 읽기 전 한가지 당부를 하자면, 이 신체병상에 따른 심리적 의미 사전을 읽는 동안 당신이 주체가 되어 읽어주기를 바란다. 만약 내용 중 당신 마음을 울리는 문장들이 있다면, 당신이 읽어 내려가는 동시에 당신의 에너지에 어떤 울림이나, 이미 변화가 일어나고 있음을 느낄 것이다. 필요하다면 당신이 필요한 부분만 발췌하여 읽어도 좋다.

신체병에 대한 심리적 의미

●감염의 전체적인 의미

인체 내에서 병원체인 박테리아, 바이러스, 곰팡이 또는 기생충과 같은 병원체의 국소 또는 전체적인 발생을 통해 감염이 발생하는 것으로 정의됩니다. 감염은 내 삶에서나 내면적인 갈등을 겪는 누군가와 관련이 있을 수 있습니다. 해결되지 않은 갈등은 감염의 형태로 나타날 것입니다. 급성 감염은 짧은 기간 동안 강한 감정으로 인해 발생하지만, 만성 감염은 오랫동안 지속된 감정을 가리킵니다. 나는 균형을 유지하기 위해 타협했으며, 지금은 선택해야 할 시기입니다. 이러한 결정 과정의 불확실함, 그리고 행동하지 않는 것은 내 에너지 비축을 고갈시키고 있습니다. 다른 사람을 위해 나의 자유를 자발적으로 억제했고, 이제 한계에 이르렀음을 말해줍니다. 짜증이나 불편함을 경험하는 것은 내 면역 체계를 약화시키며 더 이상 병원체의 침입을 막을 수 없게 합니다.

여기서 스스로에게 물어봐야 할 질문이 있습니다.

- 왜 나는 이렇게 깊이 짜증이 나거나 영향을 받을까?
- 직장이나 가족과 어떤 일이 나를 이렇게 괴롭히거나 혼란스럽게 하는 걸까?
- 나를 제대로 보호하지 못하고 내 삶을 감염시키게 만드는 것은 무엇일까?
- 어떤 상황 또는 어떤 사람에 대해 두려움을 느끼고 약해지는 걸까?

결국 감염은 오랫동안 슬픈 감정과 걱정이 쌓이는 결과입니다. 감염은 더 이상 견딜 수 없을 때 나타냅니다.

내면의 평화를 찾기 위해 변화하고 진화해야 합니다. 내 삶의 상황이 바이러스에 감염되어 다른 사람이 내 삶을 통제하고 있음을 보여줍니다. 감염은 휴식을 통해 내 삶을 재평가하는 시간이 필요함을 말합니다. 그러나 상황이 깊어지면 곰팡이 감염이 내 몸에 기생하고, 이것은 나 자신의 분노와 무력감이 얼마나 내 안의 나를 갉아

먹고 있는지를 드러냅니다. 눈뜬 장님처럼 남을 따라갈 것인가요, 아니면 나만의 신념과 깊은 가치관에 따라 살 것인가요?

- 나의 모든 잠재력을 보는 것을 받아들이며 내 삶의 변화를 받아들입니다. 만약 큰 통증이나 발열을 동반한다면 당신이 느끼는 분노의 의미에 대해 심각하게 생각해 볼 필요가 있습니다. 내 신체의 어느 부분이 영향을 받는지 확인해봅니다. 감염된 부위가 예를 들어 생식기인 경우, 나는 '성적인 측면'이나, '성에 대한 자신의 지각'에 대한 충돌을 경험하고 있을 수 있습니다.
- 감염은 내가 상황을 해결하지 않는 한 계속될 것이고, 그것이 내 삶에 가져올 결과와 변화가 두렵기 때문에 해결책을 찾는 것을 미룰 수도 있습니다.
- 감염은 종종 내 면역 체계가 약화된 후 발생합니다. 이는 나 자신에 대한 사랑이 위태롭다는 것을 의미하며, 내가 어떤 태도, 생각, 행동을 바꿔야 하는지 자문해야 합니다. 내 삶에 더 많은 사랑을 가져다주어야 합니다. 행복한 사람들은 강한 면역체계를 가지고 있습니다. 나는 사랑이 내 안에서 자라서, 사랑이 나의 방패 그리고 나의 보호가 되도록 수단을 강구합니다.
- 더 이상 나에게 유익하지 않은 태도와 행동을 내려놓기 위해, 내 삶을 청소하고 정화하기 위해, 내 삶의 변화를 받아들입니다.

●신장 염증과 정서적 상태의 관계

신장은 여러 가지 역할을 하며 심리적인 영향과 관련이 있습니다. 첫째로, 신장은 혈액 정화와 체액 균형 유지를 통해 내부 환경의 균형을 유지합니다. 이는 신체의 안정성과 균형을 상징하며, 도전에 대처하는 데 도움을 줄 수 있습니다. 또한, 신장은 감정의 거름망 역할을 하여 감정을 걸러내고 정화 작용을 통해 기쁨 속에서 살 수 있는 환경을 조성합니다.

신장은 균형을 유지하고 타협하는 능력을 상징합니다. 만성적인 염증은 오랫동안 존재해 온 감정을 의미하며, 타협이 필요하고 우유부단함으로 인해 에너지가 소모될 수 있습니다. 또한, 신장은 나 자신과의 관계뿐만 아니라 파트너와의 관계에도 영향을 받을 수 있습니다. 부조화적인 관계 또는 관계 개선은 신장에 영향을 줄 수 있습니다.

신장 문제는 과거 감정 패턴을 억제하거나 의식하지 않으려는 것과 관련이 있을 수 있습니다. 또한, 두려움과 자책감을 상징하는 경우도 있습니다. 신장이 약해지거나 손상을 입을 때는 의식하고 싶지 않은 두려움이나 자책감이 생길 수 있습니다. 신장 문제는 분별력과 판단력의 저하, 극단적인 사고, 비판적인 성향 등을 초래할 수도 있습니다. 또한, 상실감과 불균형을 경험할 수 있으며, 삶이 실패로 가득하다고 느끼는 경향도 있을 수 있습니다.

요약) 신장은 신체의 안정성과 균형을 상징하며, 감정의 거름망 역할을 합니다. 신장 문제는 과거 감정 패턴과 관련이 있으며, 두려움과 자책감을 상징할 수 있습니다. 분별력과 판단력 저하, 상실감, 불균형 등이 신장 문제의 특징일 수 있습니다. 신장과 심리적인 연관성을 이해하기 위해서는 정확한 진단과 개인 상담이 필요합니다.

●폐렴의 근원과 정서적 상태의 관계

폐 질환은 삶과 존재에 대한 깊은 두려움을 나타내는 신호입니다. 폐는 생명의 순환과 삶을 위해 중요한 역할을 합니다. 공기를 필터링하고 생명을 들이마시며 우주로 다시 방출합니다. 폐가 잘 작동하면 각 세포를 환기시킬 수 있습니다. 이를 통해 "나"의 존재를 알게 되며, 폐는 적응력과 벽을 허물 수 있는 능력을 상징합니다. 부정적인 감정을 사랑으로 정화함으로써 폐 기능을 활성화할 수 있습니다.

폐렴, 기관지염, 천식, 섬유증 등의 폐 질환은 질식이나 죽음에 대한 깊은 두려움을 나타낼 수 있습니다. 이로 인해 삶과 깊은 열망에 반하여 살고 있는 느낌이 들 수 있습니다. 이는 삶을 마주하는 것에 대한 두려움으로 이어지며, 자아 상실의 느낌이나 갇힌 느낌을 줄 수 있습니다. 자기를 잃으면 죽어가는 것과 같은 느낌을 가질 수 있으며, 사회적 활동에 어려움을 겪을 수 있습니다. 또한, 폐 기능 장애로 인해 생존에 필수적인 산소 전달이 어려워지며, 이로 인해 죽음에 대한 두려움을 느낄 수 있습니다.

자아 회복을 위해서는 슬픈 감정을 약화시켜야 합니다. 내 감정과 아이디어를 차단하거나 제한하는 느낌이 들 때, 특히 폐와 호흡에 영향을 줄 수 있습니다. 자신의 과거에 버려진 느낌이 있다면 폐에 영향을 미칠 수 있으며, 갈등과 이중성을 경험할 수 있습니다. 슬픔과 우울감에 대항하고 내 가치를 인정하며 행복을 찾는 방법을 배워야 합니다. 자신감을 회복하며 삶의 풍요로움을 바라보는 태도가 중요합니다. 또한, 자아 회복을 위해 생명에너지를 호흡하는 것을 상징적으로 이해하고 받아들여야 합니다.

요약) 폐 질환은 삶과 존재에 대한 깊은 두려움을 나타내는 신호입니다. 자아 회복을 위해 폐 기능을 활성화하고 슬픔과 갈등을 극복해야 합니다. 내 감정과 아이디어를 차단하지 않고, '자아'를 인정하고 행복을 찾는 방법을 익혀야 합니다. 호흡법을 연습하는 것은 도움을 줍니다.

●비염과 정서적 상태의 관계

알레르기는 내 삶의 상황, 과거에 대한 기억 또는 내 성격에 한 측면에 대한 기본적인 저항을 나타낸다는 것을 알 수 있습니다. 때로는 내 인생이 미리 프로그래밍되는 것을 원치 않아서 성에 대한 저항을 느낄 수 있습니다.

건초열은 내가 누군가와 단절되어 나에게 큰 영향을 미친 사실과 관련이 있을 수 있습니다. 꽃가루 알레르기는 삶과 모험을 떠나는 데 어려움을 줄 수 있습니다. 그러나 알레르기를 통해 불편함의 근본 원인을 찾고, 이를 통해 개인적인 성장과 더 나은 삶을 이룰 수 있다는 것을 알 수 있습니다.

시간의 흐름을 저항하는 것은 알레르기 증상과 연관될 수 있습니다. 빨리 변하는 환경에 대한 두려움이나 아이를 갖는 것에 대한 불안이 알레르기 증상의 원인이 될 수 있습니다.

또한, 알레르기는 자기에 대한 열등감, 거부감, 죄책감 등의 감정을 유발할 수 있습니다. 그러나 나는 자신을 받아들이고 사람들과 관계를 형성하기 위해 알레르기로부터 벗어나려는 의지를 가지고 있습니다. 또한, 새롭고 생소한 성향이라도 긍정적으로 받아들이고 나 자신을 표현하며 사랑과 조화 속에서 삶을 즐길 수 있다는 것을 이해하고 있습니다.

요약) 알레르기는 내 삶의 변화와 관련된 저항과 불안의 표시입니다. 이를 통해 자아 성장을 추구하고, 개인적인 성장과 사회적인 관계 형성에 도움을 줄 수 있습니다.

●일반적 허리 통증과 정서적 상태의 관계

허리는 생명을 지지하고 지원하는 역할을 합니다. 그러므로 허리의 통증은 정서적인 부담과 지원의 부족으로 인해 발생할 수 있습니다.

허리 통증은 내가 지켜왔던 것에서 무력한 상황에 대한 반응일 수 있습니다. 지원이 부족하거나 지원받지 못하는 경우 허리에 근육통이 나타날 수 있으며, 이 통증은 생존이 위태로운 것처럼 느껴지고 사회적인 배신감을 느끼게 할 수 있습니다.

또한, 허리 통증은 억압된 감정을 나타낼 수 있습니다. 억압된 경험을 표현하거나 숨기는 경향이 있으며, 꿈과 욕망을 억압하고 제한된 자아를 나타낼 수 있습니다.

또한, 허리 통증은 권위에 반응하거나 복종을 원하는 상황을 나타낼 수 있습니다. 통증을 통해 강하고 곧은 등은 유연한 정신과 개방성을 나타내며, 굽힌 등은 권력과 양보를 거부하는 것을 나타낼 수 있습니다.

요약) 허리 통증은 정서적인 상황과 밀접한 관련이 있습니다. 억압된 감정을 해제하고 통합하기 위해 문학을 접하고, 대화와 교류를 통해 해결방안을 찾을 수 있습니다. 또한, 내 안에 있는 능력을 믿고 표현하며 강하게 살아갈 수 있는 방법을 선택해야 합니다. 허리 통증은 목표 달성에 방해되는 자원을 나타내며, 내 직감을 따르는 것이 중요합니다.

●허리 하반신과 정서적 상태와의 관계

허리 아랫부분은 신장과 혼동되기도 하지만, 일반적으로 신뢰와 안전을 상징하는 지지 시스템의 일부입니다. 이 부위 통증은 물질적 안정과 감성적 불안의 증거로 작용합니다. 또한, 내부적인 감정인 "부족함에 대한 두려움"이나 "이룰 수 없다는 확신"이 통증으로 잘 나타납니다. 이로 인해 물질적인 것에 과도하게 집착하고, 이로 인해 공허함과 아픔을 느낄 수 있습니다. 또한, 허리 아랫부분은 욕망과 행동의 어긋남을 나타내고, 물질주의적인 삶에 의존하는 경향이 있습니다.

허리 아랫부분 통증은 다양한 사례와 연관될 수 있습니다. 일자리 상실, 은퇴, 자녀의 이동, 이별 등과 같은 사건이 발생할 때 허리 아랫부분 통증이 나타날 수 있습니다. 또한, 다른 사람들에 대한 생각과 과도한 걱정 그리고 관심을 얻으려는 노력으로 인해 허리 아랫부분에 부담을 느낄 수 있습니다. 또한, 자신보다 다른 사람들을 돌보고 구원하려는 경향이 있어 에너지를 흩트릴 수 있습니다.

이러한 통증은 개인적인 변화를 위해 자기 돌봄이 중요합니다. 내 삶의 한 측면에서 느끼는 무력감은 두려움을 굴복시키지 않고 나 자신을 괴롭힐 수 있습니다. 성적인 면에서 무력감도 허리 아랫부분 통증을 유발할 수 있으며, 사람들과의 관계가 충돌적이고 변화에 대처하는 것이 어려울 수 있습니다. 오래된 루틴과 습관에서 안전감을 찾으려는 경향이 있으며, 융통성이 부족하고 고집스러울 수 있습니다. 하지만, 다른 사람들에게 의존하는 대신에 내 안에 있는 자아와 접속을 통해 자신 안에 있는 힘을 발견하고 균형을 찾을 수 있습니다.

요약) 허리 아래 부분 통증은 내 안전과 확신 및 삶에 대한 신뢰의 상징적인 표현입니다. 이를 이해하고 내면의 변화를 추구하며 새로운 가능성을 탐구하는 것이 중요합니다. 다른 사람들의 도움과 자기 돌봄을 통해 내 안에 있는 힘과 지원을 발견할 수 있습니다.

마지막으로, 주변의 도움과 지원은 허리 아래 부분 통증을 해소하는 데 중요합니다. 다른 사람들의 도움을 받아들이면 자립적이고 책임감 있는 존재가 될 수 있습니다. 내가 필요한 지원을 요청하고 부담을 떠안지 않는 것이 중요합니다. 휴식을 취하고 우선순위를 재조정하여 필요한 변화를 실현할 수 있습니다. 또한, 자기 안에 있는 모든 능력을 결합하여 물리적, 감정적, 영적인 필요를 충족시킬 수 있습니다.

●경추와 정서적 상태와의 관계

경추는 상반신 영역에 속하며, 심장 지역과 심장 에너지 중심에 해당합니다. 이러한 경추는 감정을 표현하는 힘을 지니고 있으며, 의사소통과 개방성에 관련이 있습니다. 경추의 통증은 기본적으로 필요한 초기단계 창조와 존재 구조와 관련이 있습니다. 이러한 경추 영역에는 일반적으로 7개 척추가 있으며, 각 경추는 다양한 측면에 영향을 미칩니다. 경추 통증은 다른 사람들의 심판, 비판 또는 상처에 대한 민감함과 관련이 있을 수 있으며, 이에 대한 반응으로 굴복하거나 폐쇄적인 태도를 취할 수 있습니다.

또한, 경추는 의사소통 능력, 단언력, 선택권 또는 복종과 관련이 있습니다. 특히 C2, C3 경추는 자기 평가를 낮추는 경우에 영향을 받을 수 있으며, 하부 경추는 불공정함에 대한 불만이나 주변의 불공정함에 대한 반응으로 작용할 수 있습니다. 각 경추는 개인의 불편 원인에 대한 추가적인 정보를 제공합니다.

요약) 경추는 상반신 영역에 속하며, 심장 지역과 심장 에너지 중심입니다. 경추는 감정표현과 의사소통, 개방성과 관련이 있으며, 통증은 억제된 창조, 존재의 구조와 관련이 있습니다. 다른 사람들의 심판에 민감하게 반응하거나 폐쇄적인 태도를 취할 수 있습니다. 또한, 경추는 의사소통, 단언력, 선택권과 관련이 있으며, 자기 평가와 불공정함에 대한 영향을 받을 수 있습니다. 각 경추통증은 개인의 불편 원인을 이해하는 데 도움을 줍니다.

●무릎과 정서적 상태의 관계

무릎은 복종과 움직임의 관절로서 중요한 역할을 합니다.

이를 통해 우리는 유연성과 압력 완화를 나타낼 수 있습니다. 무릎은 또한 우리의 인내력과 우유부단함의 정도를 나타내기도 합니다. 만약 자신을 가치있게 여기지 못한다면, 무릎이 영향을 받을 수 있습니다. 어려움 없이 무릎을 굽히는 것은 겸손과 유연성의 표시이기도 합니다. 이러한 무릎은 우리의 사회적인 위치와 지위를 유지하는 데 필수적이며, 주변 환경에 열려있음을 나타낼 수 있습니다.

무릎에 영향을 미치는 불편을 제거하기 위해서는 세상에 마음을 열어야 합니다. 이를 위해 내 방식을 바꾸고, 과거의 생각을 버리며 새로운 방향으로 나아가는 것이 필요합니다. 우리는 상대 또는 상황 앞에 무릎을 꿇거나, 삶 앞에 무릎을 꿇어 새로운 현실을 받아들일 수 있어야 합니다. 또한, 자각하여 억압되었던 분노에 대처하고, 진정한 가치를 다시 생각하며 내 마음의 소리를 들어야 합니다. 이러한 과정에서 창의력과 직감을 통해 내 참된 가치를 발견하고 발전시켜야 합니다.

요약) 무릎은 복종, 움직임, 유연성, 인내력 등을 상징적으로 나타내는 관절입니다. 자아 회복을 위해서는 주변에 열려야 하며, 제한적인 과거의 사고를 버리고 새로운 방향으로 나아가야 합니다. 무릎을 꿇음으로써 새로운 현실을 받아들이고 내 마음의 소리를 듣는 것이 중요합니다. 창의력과 직감을 통해 내 참된 가치를 탐구하고 발전시켜야 합니다.

●어깨 통증과 정서적 상태의 관계

어깨와 심리적 의미를 이해하며 삶이 지닌 의미와 무게를 살펴봅니다.

어깨는 무게를 들 수 있는 능력을 상징하며, 기쁨, 슬픔, 책임, 불안 등 다양한 감정을 담당합니다. 그러나 다른 사람들의 행복과 안녕을 위해 지나치게 많은 책임을 진다면 어깨가 아프고 무거워질 수 있습니다. 또한, 다른 사람들의 의견에 영향을 받아 행동에 제한받거나, 자신의 프로젝트에 지원받지 못할 때도 불안을 느낄 수 있습니다. 이러한 어깨의 통증은 무기력함과 무능력한 느낌을 줄 수 있으며, 자신의 삶이 혼돈스러워질 수 있습니다. 게다가, 어깨 통증은 두려움과 불안으로 인해 물질적 또는 정서적인 불안정을 나타낼 수 있습니다.

어깨 통증을 해결하기 위해서는 완벽함을 요구하지 않고 자신을 받아들이고, 자책하지 않도록 노력해야 합니다. 또한, 다른 사람들의 의견에 영향을 받지 않고 자신의 목표와 욕구를 추구하는 자세를 가지는 것이 중요합니다. 어깨의 긴장을 풀고 통증을 완화하기 위해 심장 에너지를 팔과 손으로 향하도록 합니다. 두려움과 걱정을 내려놓고 자신을 솔직하게 표현하며, 가면을 쓰는 것보다 자신의 감정을 자유롭게 표현해야 합니다. 또한, 자신과 다른 사람들, 특히 가족과의 관계에서 자신감을 유지하도록 노력해야 합니다. 미래에 대한 과도한 걱정보다는 현재에 집중하고 일부 책임을 타인에게 위임하는 방법을 익히면 부담감을 경감시킬 수 있습니다.

요약) 어깨는 무게를 들 수 있는 능력과 함께 심리적인 의미를 지닌 중요한 부위입니다. 어깨 통증은 책임과 부담, 두려움과 불안 등을 나타낼 수 있습니다. 이를 해결하기 위해서는 자신을 받아들이고, 다른 사람들의 의견에 영향받지 않으며, 자신의 목표와 욕구를 추구하는 자세가 필요합니다. 또한, 감정을 솔직하게 표현하고, 자신과 다른 사람들과의 관계에서 자신감을 유지하는 것이 중요합니다. 현재에 집중하고, 일부 책임을 위임하는 방법을 익히면 부담감을 경감시킬 수 있습니다.

●손목 염증(텐더니트 tendinite)과 정서적 상태의 관계

손목염증은 손과 손목을 사용하는 활동 중 어떤 움직임과 습관에서 개선이 필요한지를 자문해야 합니다. 무엇인가를 두려워하는 이유와 목표 달성을 위해 개선해야 할 상황에 대해 고민해야 합니다. 막다른 길에 처해 있고 도움이 필요한 상황에서 자신을 무력하게 느낄 수 있습니다. 목표를 향해 나아가지만 성취할 수 없을 것 같

아 두려움을 느낄 수 있습니다. 이중성을 조화롭게 어우르는 능력은 내 권한이자 새로운 생각으로 자유롭게 전환할 수 있는 능력입니다.

손목염증을 해결하기 위해서는 과거의 생각에서 벗어나 새로운 생각으로 유연하게 전환할 수 있는 능력을 갖는 것이 중요합니다. 또한, 자신의 에너지를 균형 있게 유지하고 삶을 전진시키는 것의 중요성을 인정해야 합니다. 내 안의 지혜와 자신감을 신뢰하며, 다른 사람들을 생각하면서도 자기를 중심으로 존중해야 합니다. 자신을 약하거나 무능하게 느낄 때도 포기하지 않고, 도움을 받아 극복하기 위한 노력이 필요합니다. 행동이 가치 없이 여겨질 수 있다는 느낌을 받을 수 있지만, 자신을 인정하고 가진 능력을 최대한 활용해야 합니다.

요약) 손목 염증은 목표 달성과 관련된 이중성을 보여줍니다. 유연성과 균형, 자기 신뢰와 타인 존중, 지혜의 활용이 중요한 해결 방안입니다. 자신을 약하게 여기거나 목표 달성에 대한 두려움을 극복하기 위한 노력이 필요하며, 내 안의 지혜를 신뢰하고 에너지를 조화롭게 유지하여 삶을 전진시켜야 합니다.

나의 카드 해설

본론. 〈모래시계〉, 나다움을 위한 성숙의 시간

세상에 문제라는 것은 없다. 상황만 있을 뿐이다.

— 사드구루

경험과 학습에는 시간이 필요하다. 상황이 성숙하는 시간 속에서 우리도 성숙한다. 때로는 힘든 시간을 묵묵히 살아내야만 하는 날들이 있다. 이렇게 모래시계는 내가 앞으로 더 성장하기 위한 수련의 시간이자 견뎌내는 시간을 의미한다. 또한 '나를 위한 시간을 갖고 진정한 나 자신으로 살아가라'고 말한다. '상황을 편안하게 받아들이고 인내하면 적절한 시기에 우주가 내 길을 열어줄 것'이라는 메시지이다. 내가 할 수 있는 그 이상의 일은 자제하라고 충고한다.

나의 부정적 과거 패턴과 프로그램을 알아차림으로써 나는 그전의 사고나 행동 패턴과 다른 선택을 하는 것이다. 다른 선택은 다른 결과를 낳는다. 나의 내면아이의 부정적인 프로그램을 해제하고, 그전과 다른 선택을 하고 있는 현재진행 중인 나의 삶에 대해 이야기하고자 한다.

나의 시련과 신체적 고통은 과거의 결과임을 받아들였다.

"다 내 탓이요!"

그래서 나는 누구의 탓을 하는 대신, 힘들게 견뎌낸 시간 속에서 어떤 깨달음을 얻을 수 있을지에 초점을 맞추었다. 좋은 일과 나쁜 일은 동시에 찾아온다는 말처럼, 시련 속에서 나는 '나'를 찾았고 큰 선물을 얻었다.

내가 누군가를 탓하면 탓할수록 내 마음을 더욱 지옥으로 향했다.

상황 속에서 빛을 보는 힘, 상황 속에서 문제를 풀어내는 힘, 상황 속에서 선택하고 그에 대한 책임을 지는 힘! 그 지혜의 열쇠를 쥐게 되었다.

상황에 부딪히면 내 안을 들여다보는 습관이 생겼다. '그래, 내 잘못이지……, 어디서부터 해결해야 할 것인가?' 나의 책임 영역으로 문제를 가져왔기 때문에, 상황을 해결할 수 있는 열쇠를 쥘 수 있게 되었다. 만약 당신이 일에 대한 책임을 누군가에게 돌린다면 그 열쇠는 당신에게 없다는 의미이다. 아직도 답답한? 그렇다면 생명의 근원 오라클 카드를 펼쳐보자!

개인의 성장을 위해 무엇을 받아들이고 수련하며 성숙시켜야 하는가에 대해 〈모래시계 자기성찰 질문과 답 그리고 평가표〉를 중심으로 정리하였다. 이 질문은 개인의 해설에 따라 달라질 수 있다.

〈모래시계 자기성찰 질문과 답 그리고 평가표〉

질문	개인의 성장을 위해 무엇을 받아들이고 수련하며 성숙시켜야 하는가? 분석해보기		
	답	긍정평가	부정평가
나는 내 인생에서 항상 서둘러 가려 하는가? 아니면 경험을 삶에 녹이는 데 시간이 걸리는가?	프랑스 이민 이후 다시 0부터 살아가야 했으므로 더욱 서둘러서 자리를 잡으려고 노력했다.	수박 겉핥기의 성공. 하지만 속을 채우느라 너무 벅차다.	-수박 겉핥기식의 불어를 해서라도 내 자리를 잡기 위해 서둘렀다. -나의 정체성을 뺀 채로 사람들에게 적응하느라 바빴다.
	-경험을 삶에 녹이는 시간을 이제야 가져야 할 것 같다. -누군가의 친절을 받는 것보다 내가 해주는 것이 더 좋았다.	수박 겉핥기의 성공. 하지만 속을 채우느라 너무 벅차다.	적응하려고 하지 말고 나다움으로 경험을 창조해보면 어떨까 생각한다.
나는 왜 항상 더 빨리 가고 싶은가?	빨리 삶의 기반을 잡고 싶어서인 듯하다. 한국 부모님이 마음에 항상 걸린다. 자유롭게 한국을 다닐 수 있는 시간과 경제적 자유를 원한다.	시간적 제약은 나를 더 현명하고 똑똑하게 만들 것이다. 결핍이 열쇠다.	-내가 만든 심적인 부담감과 스트레스. -너무 강한 애착심은 피할 것
시간을 내어 쉬어가는 방법을 알고 있는가?	네. 명상, 걷기, 운동, 여행, 맛있는 음식 먹기, 좋은 사람들과의 만남, 고독을 즐긴다.	자연에서 놀기, 여행, 운동 등 여러 가지 힐링 레시피를 찾았다.	뭔가에 집중할 때는 몸이 망가지는 현상을 발견했다. 몇 시간이고 움직이지 않으니 관절들이 뻑뻑해짐을 느꼈다.
나는 살면서 많이 속았나?	프랑스에 살면서 사람들에게 뒤통수를 몇번 당했다.	부정적인 사람들은 나를 불편해하며 모두 자연스럽게 떠나갔다.	자신감과 자존감 결여로 자기표현이 부족했다.
미래가 두려운가?	그 전에는 두려웠다. 지금은 긍정적이다. 삶은 경험이고, 진정성 있게 즐기는 것이다.	-두렵기보다는 기대된다. -실패해도 기대된다. 그 안의 교훈을 배울 준비가 되어있다.	
나는 항상 과거에 연연하는가?	아니요. 전혀.	과거의 행적은 나에게 긍정 도구가 되어준다.	

- 현재에 집중하고 즐기며 기다리는 여유를 갖는다. 서두름은 스트레스를 낳는다.
- 사람들과의 애착관계에서 자유로워지는 것. 만남이 있으면 헤어짐이 있음을 받아들인다.
- 나에게 부정적인 사람들을 대처하는 방법에서 조금은 자유로워졌다.
- 나만의 힐링 레시피를 찾아본다.
- 상황과 사람들에게 적응하려고 하지 말고 창조를 통해 더 긍정적인 커뮤니티를 만들어본다.

과거/ 할리퀸	현재/ 모래시계	미래/ 내면아이
생존본능적 환경적응에 의한 에고적인 본능적 행동이 프로그램화되다.	갈등과 시련속에서 해답을 찾기위해 *내답즐게임을 즐겨본다. 점점 나 답게 행동하며, 나다움의 행동으로 나의 일상을 채운다..	나다움으로 꽃피우기 방법을 실험을 통해 의식적으로 알아차리고 내 몸에 시스템으로 장착한다. 에너지 힐러의 모습+한복으로 한국문화를 알리다.

아래 그림은 내가 나다움의 힐링을 찾기 위해 작성한 연습노트이다. 여기서 나는 무엇을 좋아하는 사람인지, 나는 어떻게 힐링을 하는지를 통해 나다움의 루틴을 찾는 데 초점을 맞췄다. 그리고 나만의 힐링 레시피를 만들어보았다.

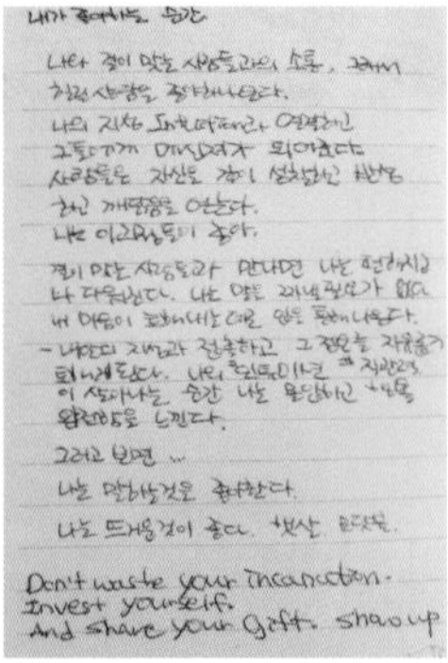

'나다움' 꽃 피우기 힐링 레시피 작성 연습

- 내가 좋아하는 순간
- 나는 어떻게 휴식을 취하는가? 당신의 감각적 느낌과 오감을 이용해 휴식 리스트를 만들어본다.
- 내가 원하는 하루의 시작은 ?

*내답즐게임: 내안에서 답을 찾는 즐거움(여자를 위한 사장수업 온라인 코칭 수업을 통해 배웠던 내용이다. 문제 속에 빠진 나의 의식과 무의식적인 나를 점검하고 잘하지 못하는 나를 단계적으로 발전연습을 하여 의식적으로 잘하는 나로 끌어올리는 것이다. 문제에 빠진 나를 대면하는 잠재워있는 나의 리액션을 통해 나를 알아채림으로 의식적으로 끌어올려주는 게임이다(더 알고 싶다면 참고 레퍼런스에 확인하길 바란다).

내가 좋아하는 시간	나는 어떻게 휴식을 취하는가	내가 원하는 하루의 시작은?
-나와 결이 맞는 사람들과의 만남/소통. 서로 win-win할 수 있다. -사람들에게 인사이트를 주는것을 좋아함. 상담(나는 말하는것을 싫어한다고 생각했는데 잘못 알고있었음을 알아차림). -뜨거운 햇살/ 하늘을 보는 시간 -일출/ 석양/ 별/ 달을 보는 시간. -명상/ 요가/ 배우는 시간 -먹는 시간/ 요리하는 시간/ 아이들과 외출하는 시간/ 생각을 정리하는 시간 -혼자 있는 시간	-운동/ 혼자 걷거나 뛰며 인사이트 듣기를 하며 노트하기도 한다. -샐러드를 씻으며 뿌드득 소리 그리고 물소리와 교감한다. 그들의 생명 에너지에 저절로 힐링된다. -건강한 요리를 하는 것은 나에게 생활 속의 요가와 같다. -명상/ 청강 -채소밭/ 화분에 물주며 그들의 행복한 비명을 느껴본다.	-6시간 수면. -손바닥 비비고 손에 대어 내 몸의 신경 깨우기. -미지근한 물에 소금+레몬+꿀 타서 마시기. -얼굴을 레몬으로 헹구어주기. -요가/명상 + 시각화. -사드구루 명언감상 -하루일과 시작.

나다움의 루틴으로 일상을 채운다면 일상이 힐링되지 않을까? 그리고 그 힐링 루틴은 당신의 꿈으로 이어질 것이다.

당신의 힐링 레시피는 무엇인가?

힐링 레시피를 당신의 일상의 루틴으로 적용해보기.

그리고 점점 힐링 레시피를 나의 일상에 늘려간다.

나다움 꽃 피우기

나는 매일 아침 요가와 명상으로 에너지샤워를 한다.

프라나 힐링 에너지 치료사/ 한복을 평상복으로 입으며 한복 알리기

나의 가능성을 널리 이롭게 한다.

나는 여러분이 꼭 이 연습을 해보기 바란다. 100번 쓰기를 하는 이유는 당신도 알다시피 의식적으로 알아채리고 행동함으로써 장기기억 즉 잠재의식적 습관형태로 장착한 우리는 그 꿈을 이룬다. 같은 원리이다.

당신은 무엇을 좋아하는지 생각하면서 행동하지 않는다. 자연스럽게 그냥 무의식적으로 행동한다. 무의식적으로 하는 행동 중에 당신다움의 힐링요소들, 당신이 지쳐있을 때 버팀목이 되어주는 일들을 잘 살펴보길 바란다.

이 레시피는 지치고 힘들 때 멍때리며 읽어보면 더욱 효과적으로 활용할 수 있을 것이라고 생각한다. 거기에 당신다움의 꽃의 씨앗이 있을 것이다. 기억하자! 당신이 무엇을 즐겁게 반복적으로 하는가? 누가 시키지 않아도 하는 일 같은 것 말이다.

결과 5〉 돌연변이 DNA는 생물학적 진화를 위한 투쟁의 결과이다

결핍은 결점이 아니다. 가능성이다. 그렇게 생각하면 세계는 불완전한 그대로, 불완전하기 때문에 풍요롭다고 여긴다.

"걷는 듯 천천히."

— 고레에다 히로카즈

살기 위한 투쟁과 결핍은 나에게 큰 선물을 안겨 주었다

나를 깨어나게 하고 그 전과는 다른 방식으로 소통할 수 있는 채널을 갖게 되었다. 채널링이라고 하는데, 수학적, 논리적 근거에 의한 사고적 한계를 넘어 볼 수 있는 다른 통로로 인도해 주었다. 그리고 지금도 꾸준히 연습을 통해 개발 중이다.

채널링이라고 하면 무엇이 생각나는가? 무속인 또는 샤머니즘을 떠올릴 것이다. 사실 모든 인간은 채널링을 할 수 있는 마술 같은 능력이 있다. 이 능력은 당신의 사용 빈도, 연습에 따라 다르게 발달될 수 있다. 누군가는 음악가, 미술가, 학자 등 우리 모두는 각자 자신다운 방법으로 채널링을 하고

있다.*

그럼 나는 어떤 특별한 능력을 갖고 있는가, 라는 의문을 가질 것이다. 나는 당신처럼 평범함 속에 비범함을 연습하는 중이다. 명상 중에 또는 꿈에서 보이는 영상과 사진을 통해 메시지를 받는다. 그리고 뜬금없이 드는 생각들과 행동과 같은 직감력 등 신기한 일들이 잦아졌다. 나는 나만이 가진 따뜻함과 포용성이 있으며 사람들의 다양성을 존중할 줄 안다. 그리고 나는 아직 모르는 무한한 가능성을 가지고 있는 사람이다. 이 정도면 멋진 능력이지 않은가? 사실 이런 자신감을 회복하게 된 것도 최근의 일이다.

주변 사람들과의 소통단절 그리고 애정결핍(자기애·자아 상실), 이런 결핍들은 나에게 질병을 가져다주었다. 내가 나를 알아봐 주지 않고 돌봐주지 않으니, 이렇게라도 고통을 주며 자신을 주시하라고 호통을 치고 있었을 것이다. 염증과 고통은 나의 내면 안을 들여다보는 징검다리가 되어주었다. 질병들의 뿌리를 들여다보고 나를 실험했다. 그리고 영성에 대한 호기심과 배고픔을 느꼈다. 명상 그리고 요가, 에너지 힐링, 카르마를 배워가며 나의 인생을 분석적으로 들여다보게 되었다. 처음에는 '나는 왜 내 남편을 만나 이 고생을 하고 있을까?', 이렇게 질문을 시작하였지만, 지금의 나는 내 남편이 나의 성장 징검다리였음에 매우 감사하고 있다.

나에게 독 같은 주변 사람들과 거리를 두고 나를 보호하려고 했지만, 나를 보호하려 할수록 나의 두려움, 주변의 위협은 더 크게 느껴졌다. 허수아비 같은 무표정하게 무장한 겁쟁이의 모습이 사람들 눈에도 보였을 것이다(앞에

*채널링의 대표적인 예로, 『셀러리 주스』 저자 앤서니 윌리엄은 뉴욕타임스 베스트셀러 작가이자, 의료 영매(Medical Medium) 건강과 치유에 관한 여러 권의 책을 펴냈다. 태어날 때부터 '연민의 영(the Spirit of Compassion)'과 대화할 수 있는 특별한 능력을 지녔던 앤서니는 영의 도움으로 훌륭한 의학지식을 쌓았고, 네 살이 되던 때부터 자신의 채널링을 통해 사람들의 몸 상태를 읽고 건강을 회복하는 방법을 알려주었으며, 현재 난치병 치유에 애쓰는 의사들을 도우며 함께 일하고 있다.

서 팝업카드로 튀어나온 별자리 카드의 메시지, 즉 내가 무의식중에 표출하는 이미지이다).

화, 질투, 시기, 중독, 싸움닭 같은 사람들, 쾌락주의적인 삶에 굴레 속에 사는 사람들 사이에 나는 불편한 돌이었다. 나의 중심이 없었기에 더군다나 걷어차이기 쉬웠다. 불어 언어장애인이었기에 사람들 입에 오르기 매우 쉬웠고, 바보같이 퍼주기 좋아하는 성격은 사람들에게 이용당하기 딱 좋았다.

나는 이런 환경독이 내 몸에 염증 반응을 일으키고, 나의 세포들을 감염시키며 내 몸에 기생하는 것을 수용했던 것이다. 주변 사람들과 다르고 싶지 않았었다. 쉽지는 않지만 그들과 비슷하게 섞이고 싶었었다. 그들의 천진난만함, 아이같은 장난기가 순수하고 좋았다. 성인의 나이에도 저렇게 생각없이 놀수있구나 하며 감탄하기도 했다. 나와 다른 그들에 대한 호기심만 가득한채로 의문의 꼬리를 물고, 그때 나는 그냥 헷갈리기만 했다.

'좋다' 또는 '나쁘다'라는 개념으로 바라보고 싶지 않았다. 그래서 판단도 미뤄뒀다. 적응하는 자가 살아 남는다, 라고 하지 않는가? 대한민국 교육환경이 낳은 최고의 적응훈련을 받으며 착한 아이 교육을 받은 나로서는 너무나 자연스러운 리액션이지 않았을까? '모든 것이 내 탓이요, 어른을 존중해야지, 어디 감히 어른에게 말대꾸하는가?' 이런 나의 사상 배경에서 내 할 말을 하고 내가 원하는 대로 행동한다는 것은 상대의 미움을 사는 것이라고 생각했다.

혼자라는 두려움, 바닥으로 떨어진 자존감은 기생충 같은 염증들이 내 몸에 자신의 영역을 더 넓혀가도록 방치해 두었다. 몸의 주인인 나는 더 이상 저항하지 않고 그 위협에 항복하고 소극적인 반응만 한 것이다.

이 소극적인 반응 뒤에 어쩌면 나 '참나'는 나의 돌연변이 단백질 DNA에 자극을 주었을지도 모르겠다. 주변환경과 소통이 단절되니 답답하였을 것이다. 당시 나는 늪에 빠져 숨이 막혀 죽을 것만 같았다. 그래도 포기하지 않고 끊임없이 내면 안 깊은 곳으로 찾아가 소통의 열쇠 DNA 유전자를 찾았다. 그것이 나에게 다른 소통의 채널을 열어주었던 것은 아닐까 생각한다. 외부와의 단절은 내 안에 접속하여 세상 우주의 만물과 연결하게 하고 돌연변이 선물, 에너지 힐러 강수연을 낳았다.

나는 호기심으로 소통장애 돌연변이라는 주제를 구글에서 찾아보았다. 1950년대 언어학자 노엄 촘스키는 '언어는 인간의 독특한 특성이며 유전적인 선물'이라는 이론을 주장했고, 이를 한층 발전시켜 매사추세츠공대 심리학자 스티븐 핑커도 1994년에 '언어본능에서 사람이 말을 할 수 있게 된 것은 유전자의 돌연변이 때문일 것'이라고 주장했다.

김민정 한의원장의 칼럼 "세포의 돌연변이와 진화 그리고 암은 어떤 연관이 있나?"에서 보면, '암과 같이 생명에 치명적인 돌연변이가 아니더라도 정상 세포도 주변 환경에 적응하기 위해서 돌연변이가 일어난다. 주변환경에 적응하기 위해서 생긴 변이가 모여 생물이 진화하게 되고 이것을 처음에 가장 잘 연구한 사람이 다윈'이라고 이야기하고 있다. 이 자료는 동생과 함께 암에 대한 공부하면서 본 자료였다. 조 디스펜자 박사는 명상과 시각화를 통해 DNA의 진화, 즉 후성유전학과 양자학을 통해 기적적인 치유 현장의 감동을 사람들과 나누고 있다.

이 이야기들을 종합해보면, 인간의 의사소통 본능과 결핍, 그리고 그것을 해결하고자 하는 의지, 이 결합이 모든 가능성을 실현하도록 하였다. 모든 가능성이 꼭꼭 우리 내면에 숨겨 있다면 3D 물질세계에서는 절대 찾을 수 없다. 그래서 우리는 자신의 내면으로 들어가 다감각적 자연적 인간(Multisensory Human)으로 자신을 열고 받아들이며, 자신의 초자연적 본성과 정렬하고 내가 필요한 DNA의 잠금을 해방시키는 것이 유일한 방법일 것이다.

또 다른 한 가지를 꼭 짚고 넘어가자면, 나의 바보같이 퍼주는 성격은 바꿔지 않는 것 같다. '바보 같은 지혜'라고 표현하고 싶다. 나에게 사람을 볼 수 있는 기준을 주었다고나 할까? 계속 주다 보면 나를 이용하려는 사람과 나에게 정말 관심과 애정이 있는 사람들로 나뉘는 것을 깨달았다. 그리고 결국 나를 이용하려는 사람들은 저절로 나를 떠나게 되더라는 것이다.

명상

당신이 명상을 시작한 이유는 무엇인가?

'죽음'이라는 단어를 생각하니 내 불쌍한 아이들이 생각났다. 그러더니 '살자'라는 내 안의 생명의 응어리가 불처럼 솟아올랐다. 더 이상 그 깜깜하고 끈적한 늪으로 들어가고 싶지 않았다.

'사실 나는 혼자가 아니었는데…….' 내 세 아이는 나를 보며 계속 소통하자고 보챘는데도, 나는 그것도 알아차리지 못했다. 그렇게 프랑스에서 3년을 보냈다. 첫째 아들은 일곱 살, 둘째 다섯 살, 셋째 딸 세 살 때였다. 아이들의 눈은 참으로 맑았다. 여섯 개의 눈동자에 비친 내 모습을 우연찮게 보게 되었다. 숨만 쉬는 엄마, 웃지 않는 엄마, 그냥 엄마, 일하는 엄마였다. 게다가 불어를 못해서 사람들과의 의사소통이 쉽지 않은 엄마였다.

어느 날은 내 큰아들이 학교에서 불편한 일을 겪고 집으로 돌아왔다. 가서 따지고 싶었지만, 표현할 수 없었다. 정말 화가 위로 치밀며 나의 자존감은 더 이상 떨어질 곳도 없었다. 이런 엄마가 얼마나 약해 보이고 싫었을까? 아들을 픽업해서 집에 가는 길 건널목에 서 있었다. 초록색 신호등에서 내가 아들 손을 잡고 걸으려고 하는 찰나에 아들이 내 손을 확 뿌리쳤다. "너, 왜그래?"라고 질문했지만, 아들은 아무 말도 하지 않았다. 그날 밤 나는 깜깜한 방에서 안절부절 핸드폰을 들고 구글 검색엔진을 두드렸다. 완벽하지 않은 영어문장으로 그냥 생각나는 대로 적었다. "How can I get out of the situation in my life(어떻게 하면 나는 내 인생의 상황에서 벗어날 수 있을까요)?" 구글 검색엔진은 조 디스펜자 박사의 수없이 많은 유튜브 영상을 보여주었다. 그냥 무엇인가에 홀린 듯 다음날 고요한 새벽 4시 30분, 'Heart and Brain Coherence(뇌와 심장의 일관성)' 명상을 한 첫날이었다.

"살고 싶다."

그렇게 간절한 마음에도 불구하고 한편으로 나는 두려웠고 새벽은 음산했다. 무서움에 여러 번 눈을 떴다 감았다를 반복했다. 괜히 귀신이 옆에 있을 것 같은 느낌도 들었다. '살고 싶다'라는 마음은 모든 두려움을 다 내려놓게 했다.

갑자기 내 몸 아래에서 소용돌이가 치고 올라왔다. 처음에는 '이게 뭐지?'라는 호기심이었지만, 시간이 지나면 지날수록 진동이 더욱 커지고 나의 몸체가 크게 좌우로 흔들렸다. 너무나 두려워서 눈을 뜰 수밖에 없게 만든 그 에너지의 진동은 천천히 잠들어갔다. 그리고 나머지 명상을 마무리했다. 그렇게 나는 쿤달리니가 뭔지도 모른 채 그 에너지의 첫 경험을 했다.

조 디스펜자 박사는 사이클 경기 도중 트럭과 충돌하고 심각한 척추부상으로 다시 걸을 수 없는 장애인 판정을 받았다. 그는 명상을 통해 자신의 몸이 정상인처럼 걷고 활동하는 시각화를 매일 끊임없이 반복하며 본인의 기적(miracle)을 만들어낸 뇌과학자이다. 나는 운수, 카드점, 사주, 그리고 미신을 믿지 않는 사람이었다. 내가 그의 미라클을 아무런 의심없이 믿을 수 있었던 이유는 그가 제시하는 과학적 근거와 자료 그리고 자신을 실험한 경험과 결과 때문이었을 것이다. 이제는 나의 경험까지 덧붙여졌다. 위대한 선생들은 자신을 맹신하라고 말하지 않는다. '배우고 직접 체험하고 느껴라. 그것이 진리이다.'

나는 그의 지식을 몸소 실험하고 느끼고 있으며, 〈생명의 근원 오라클 카드>와 함께 성장의 가속도를 느끼고 있는 중이다. 아직 그의 세미나에 참가하지는 않았지만, 가까운 미래에 꼭 참석하여 그 미라클의 현장을 느껴보고 싶다. 그리고 여러분들과 그 경험을 공유하는 시간을 시각화해 본다.

명상이란 산스크리트어로 '디야나(dhyana)-자아를 일구다(cultivate)', 티베트어로 '곰(Gom)-친해지다'라는 의미를 가지고 있다. 자아를 일구는 것은 마음의 정원을 가꾸는 것과 같다. 정원을 가꾸기 위해서는 관심있게 관찰하고 친해져야 하며 어떤 씨앗을 심을지 계획해서 땅의 거름과 물의 비율을 어떻게 할지 결정한다. 어느 계절에 얼마나 많은 씨앗을 어떤 간격으로 심을 것인지 등 내가 원하는 결과를 얻기 위해 의식적인 계획과 준비, 그리고 계속된 관심이 필요하다. 이렇게 '참나'를 깨우고 나의 행동을 의식적으로 알아차리는 과정은 시간이 걸릴 수도 있다.

조 디스펜자는 육체를 동물에 비유했다. 개를 훈련시키 듯이 '진짜 나'는 주인이 되어 나의 육체를 개처럼 훈련시킨다고 비유했다. 그동안 당신이 한 명상이 틀리지 않았다는 것을 이젠 당신도 짐작했을 것이다. 당신이 원하는 고요한 상태(육체와 마음)가 될 때까지 계속 도전하는 정신이 필요하다.

우리는 '명상적'이 될 수 있다. 내가 내 몸이 아니고 내 마음이 아님을 알며, 마음, 육체 그리고 나와의 거리를 두고 관찰하는 것이다. 여기서 마음과 육체의 주인은 '참나'가 되어야만 삶의 균형을 잡아갈 수 있다. 그리고 여기 이 시점에서 마법이 펼쳐진다.

명상은 나에게 자유를 선물해주었다. 육체에서 해방되고 광활한 우주의 자식이자 나 자신이 하나의 신임을 확인시켜주었다. 또 나는 그저 작은 원자 같은 존재, 아무것도 아니었다. 나는 내가 원하는 것들을 느낄 수도, 될 수도 있었다. 그리고 공기처럼 흩어져서 같이 흘러 다닐 수도 있었다. 나는 한국에 있는 부모님과 동생 가족들이 오손도손 식탁에 둘러앉아 있는 시공간을 방문하여 그들을 볼 수 있었고, 걸으면서 하는 명상은 내가 자연(바람, 물, 공기, 해, 나무)이 되어 나를 해방시켜 주며 그들과 하나됨을 느낄 수도 있었다. 그렇게 나는 요가를 연습하며 실천했다. 살기 위한 투쟁과 결핍 그리고 소통에 대한 나의 염원은 나에게 큰 선물을 안겨주었다(명상에 대한 정의와 인사이트는 조디스펜자와 사드구루의 수업을 통해 배운것을 바탕으로 정리하였음을 밝힌다).

나는 나의 영원한 친구(참나)를 만나고 나서부터 나는 나로서의 완전함을 더 자주 느끼려고 노력 중이다.

GRATITUDE.

세상에 우연이라는 것은 없다

질병 중 크게 인상에 남는 병은 신장염이었다. 병원에서 퇴원한 이후 나는 고기 냄새를 맡기만 하면 역겨웠고, 삼키려고 하면 위장에서 거부하며 요동을 쳤다. 실험정신이 발휘하여 여러 번 육식을 시도하였지만 실패였다. 신기했다. 뭔지 모르는 에너지에 내가 인도되어가는 느낌이었다.

나는 비건을 선언하며 베스킨라빈스 아이스크림 회장의 아들 존 로빈스와 손자 오션 로빈스가 진행하는 '음식혁명(Food Revolution)'이라는 채식 수업을 들으며 채식을 다양하게 즐겨 먹는 계기가 되었다. 그중에 간단하게 만들 수 있는 디저트로 블루베리 치즈케익과 초코 치즈 케익이 있는데, 매우 간단한 세 가지(캐슈너트, 메이플시럽, 쵸코렛 또는 블루베리) 재료로 건강하게 영양섭취를 할 수 있다. 이러한 레시피들이 놀라울 정도로 많았다. 비건 치즈케익은 2019년 최고의 시원한 여름 저녁식사로 기억된다. 현재 나는 정통 비건 철학과 사고와는 상관없이 꾸준히 음식들을 내 몸에 실험하며, 내 몸과 에너지가 안내해주는 대로 나만의 채식방법을 유지하고 있다.

나의 비건 선언은 주변 사람들과 가족들에게 적지 않은 충격을 주었다. 나의 비건적 사고와 행동이 체면에 걸린 사람처럼 급작스럽게 극단적이었기에, 가족들과 주변 사람들의 불편한 시선을 피하기 어려웠다. 나도 내가 왜 이렇게 극단적인 선택을 했는지 이해하기 어려웠다. 한국의 여동생 소식을 듣고 나니 그제서야 이해하기 시작했다. 그녀가 유방암 4기 진단을 받았다. 슬프고 속상한 마음과 동시에 내가 여동생을 도와줄 수 있겠구나, 라는 마음에 너무도 다행스러웠다.

동생아, 멀리 살아서 미안해

에너지가 바뀌어야만 사람도 병도 치유가 가능하다.

동생의 암 소식은 굉장한 충격이었다. 나는 조 디스펜자 박사 커뮤니티 명상챌린지에 참여하고 있었다. 동생의 암 소식을 이 커뮤니티에 공유하며 사람들에게 동생을 위해 기도해달라는 메시지를 공유했다. 그리고 조 디스펜자 힐링그룹에 대해 알게 되었다. 즉시 나는 그들에게 연락하여 동생의 상황을 전하고 일주일 후 힐링명상 일정을 잡았다. 여섯 명의 힐러들과 영상채팅으로 여동생과 함께 접속하여 2019년 10월 그룹힐링 명상을 참여하였다. 여동생 본인도 신기한 경험을 했다고 전했다. 명상을 한 이후 그녀는 마음이 우선은 편안해졌고 뭔지는 모르는 따뜻하고 포근한 기운이 그녀를 감싸줬다고 말했다.

그때였다. 나는 결심했다. 나도 힐러가 되리라고.

원거리에서도 누군가를 도울 수 있고, 단 한 사람의 누군가에게 따뜻함을 전할 수 있다면 그리고 그 사람의 마음이 잠시라도 편해질 수 있다면 더없이 행복할 것 같았다. 그래서 난 힐러의 길을 선택했다. 나는 동생과 함께 온라인 요가와 명상을 시도하였고 내가 알고 있는 힐링테크닉을 가르쳐줬다. 매일같이 동생과 통화하며 일상적인 대화이지만 우리에겐 매우 중요한 식단 이야기를 나누고, 조 디스펜자 박사 세미나의 미라클 같은 이야기를 들려주기도 했다. 그녀의 삶의 에너지가 바뀔 수 있도록 영감을 주는 데 초점을 맞추었고 잘 들어주는 그녀가 감사했다.

6개월이 지났을까? 여동생은 병원검사에서 돌아온 날, 암이 작아졌다는 희망찬 소식을 나에게 전했다.

나는 루이비통 마로퀴니에(maroquinière, 가죽제품 제조공)이다. 내가 사는 이쑤덩(Issoudun)에는 루이 비통 아틀리에가 두 곳이 있다. 이곳에서 나는 자랑스러운 루이비통 공순이이다*.

루이비통 '공순이' 4년 차 되는 해 2021년 10월, 나는 병가를 내고 병원을 들락날락거리기 시작했다. 내 무릎, 허리 어깨 그리고 손가락까지 점점 아파 오기 시작했다. 나의 에너지들이 갈기갈기 찢어졌나 보다. 나의 멘탈도 붕괴되기 시작했다. 이때 여동생의 암도 점점 악화되어가고 있었던 걸 뒤늦게 알게 되었다. 여동생의 아픔이 나에게 전달되었던 것이었을까? 미스테리 같은 의문들이 아직도 많다. 그때 내가 동생의 상황을 제대로 알아차렸다면 상황은 달라졌을까? (안타까운 마음에 이렇게라도 나를 달래어 본다.) 그래도 그렇게 코로나 기간을 잘 견뎌낸 그녀가 자랑스러웠다. 나의 직감 (Gut feeling)이 나를 인도했음은 틀림없다. "우리 이모 보러 가자…" 그렇게 내 아이들과 함께 코로나 이후 2022년 6월 한국을 방문했다. 여동생은 항상 씩씩했기에 우리 가족 누구도 상황의 심각성을 전혀 알지 못했다. 2개월 후 2022년 8월 그녀는 세상을 떠났다.

*나는 항상 내 마음속으로 나 자신을 자랑스러운 루이비통 공순이라고 부른다. 불어도 부족한 내가 이렇게 프랑스사람들과 경쟁해서 들어갔다는 것 자체가 나도 신기했기 때문이다. 토드백 중 카퓌신(CAPUCIN) 모델을 좋아하는가? 여러분 중에 누군가는 내가 정성스럽게 만든 신퓌신을 소지할 수도 있겠다.

나의 카드 해설
결론. 〈내면아이〉, 해방 그리고 새로운 나로 변신하기

감정은 특정 행동을 유발하고, 특정 행동은 습관을 형성하며, 그 사람 및 상황과 관련된 특정 일련의 생각들이 우리를 주도한다. 그러한 사실을 진정으로 믿는다면 내면에 변화할 수 있는 힘이 있다는것을 알게 된다. 지금 바로 책임의식을 가져야 한다. 일단 내가 과거에 붙잡고 있던 것들을 놓으면 용서는 부수적인 결과로 이뤄질 것이다.

— 조 디스펜자

♠나의 무의식을 의식으로 끌어내는 ACTION 2

- 나는 이 프로세스를 통해 나를 얼게 만든 내면아이의 두려운 감정을 재발견했다. 그것은 남성에 대한 불편함과 두려움으로 나타났다. 왜 내가 남성에 대한 불편한 감정을 갖게 되었는지에 대한 그 공포의 뿌리를 내면아이를 통해 확인할 수 있었다.
- 나에게 항상 선택할 권리가 있다. '싫은 나의 모습에 머무를 것인가?' 아니면 '싫은 나의 행동을 깨부수고 내가 원하는 나를 향해 걸어갈 것인가?' 성인이 된 이후에도 20년을 넘게 항상 쉽고 편한 선택을 하며, 마음 한구석의 '나'는 울고 있었다. 나는 울고 있는 수연이를 꺼내주어 자유롭게 해방시켜주고 싶었다. 그래서 나는 더 이상 싫은 내 모습에 머물지 않을 것을 결심했다.
- 나는 아빠에 대해 이해하려고 노력했다. 70년이 넘는 인생을 살아온 아빠를 내가 고칠 수는 없다. 나는 더 이상 그에 대한 미움도 없고 그냥 안타깝고 미안하다. 이제라도 아빠가 술 조금 덜 마시고 건강하게 지내셨으면 하는 바람뿐이다. 아빠를 아빠로서만이 아닌 한 인간으로 이해하려고 노력했다. 나의 영역과 활동이 넓어지고 자신감이 생기면서, '불편한 남자들'이라는 감정에서 벋어날 수 있었다. 성의 개념으로

벗어나서 한 인간으로 대하면 우리는 모두 평등하고 이 우주의 생명일 뿐이다. 나 자신을 많이 발견할수록 나눌 수 있는 것도 점점 늘어갔다. 의견을 제시하기도 더 쉬워졌다. 지속적으로 이러한 두려움에 대한 도전을 통해 극복할 수 있었다.

서론에서 〈할리퀸〉 카드를 통해 만난 나의 내면아이에 대한 자료를 바탕으로 내면아이 치료를 위해 내가 했던 연습들이다.

1. 아빠에 대해 신체적 심리적 거리 두기.
2. 아빠를 한 인간으로 객관적으로 보기.
3. 생명의 근원 오라클 내면아이 명상 그리고 유튜브에 있는 다른 명상들을 연습해본다.
4. 내려놓기 연습
5. 상황에 노출하고 내가 더 커지는 연습을 한다.
6. 나는 누구인가 ? 확언을 외어본다(나는… 확언 참고).
7. 내가 더 커지는 연습은 나다움으로 자신감을 키워가는 것이다.
8. 나다움의 마이크로스텝(micro step)을 실행하고 성취하는 연습을 하다 보면 자신감이 조금씩 상승하는 기운을 느꼈다.

〈내면아이 자기성찰 질문과 답 그리고 평가 1〉

질문	어떤 신념 또는 프로그램에서 해방되어야 하는가?		
	답	긍정평가	부정평가
내 어린 시절에 진정이 필요한 것은 무엇인가?	압박감/ 여자는 이래야 한다.- 남의 눈에 벗어나지 말 것, 눈에 띄지 않게 수수, 청순 이미지의 고정관념과 제한, 억제, 그리고 잘못된 신념에 대한 이해와 해방이 필요하다.	자신감 있는 수수의 이미지로 우아함을 더하도록 노력한다.	-여성의 이미지에 대한 고정관념. -자기표현의 억압. -아빠 눈에 바람직한 딸의 모습.
나는 어린 시절의 기억을 가지고 있나요? 아니면 어린 시절의 기억을 억누르고 있나?	무서운 아빠였기도 했지만, 내 어린 눈에도 아빠가 항상 불쌍하게 느껴졌던 기억이 많다.	아빠에 대한 연민. 그리고 아빠는 나의 연구의 대상이 되었다.	-남성의 불편한 이미지 고착. -연민.

<내면아이 프로그램에서 해방되기-시각화 명상하기 2>

어떤 신념 또는 프로그램에서 해방되어야 하는가?		내가 되고 싶은 모습-시각화 명상
여성에 대한 고정관념적인 이미지 남들 눈에 띄지 않게 제한된 자기표현 남 보기 좋게 포장한 표현 남성우월주의 사상		나다운 자신감, 건강함, 영감을 줄 수 있는… 자신감 있는 나의 전문성과 경험을 사람들과 나눔. 자기표현에 대한 책임을 진다. 언행일치 여성으로서의 나다움의 꽃 피우기

내 친구의 이야기를 잠깐 해보겠다.

그녀는 친아버지와 새아버지에게 대한 불편한 기억을 가지고 있었다. 그녀는 두 아버지 모두에게 성적희롱을 당했다고 했다. 두 아버지에 대해 굉장한 적개심, 분노, 수치심 등 모든 부정감정에 대한 수식어를 붙어도 될 만큼 그녀는 불같은 화의 에너지로 똘똘 뭉쳐 있었다. 심지어 그 사람을 죽이고 싶다고까지 표현했을 정도였다. 그녀는 서른여섯 살 성인의 나이에도 성적접촉에 굉장히 민감하고 '세상의 모든 남자는 동물 같다'고 믿고 있었다. 두 아버지와 함께, 엄마의 힘든 상황들에 대한 트라우마로 가득했다. 그녀 역시 에너지 힐러이다. 그녀의 고통을 이겨내기 위해 최면요법 테리피를 받기도 했다. 그러면서 천천히 에너지 힐러의 길로 들어서게 되었다.

이 친구는 최근에 새 아버지의 현재 아내와 통화를 했다. 친구의 이야기를 들은후 우리는 지각능력(Perception)과 관점에 대해서 이야기를 했다. 흥미롭게도 그녀가지금까지 경멸하던 그 새아버지의 이미지와 새 아버지의 현재 아내가 이야기 하는

남자는 전혀 다른 사람이라는 점이었다.

〈어쩌다 어른〉이라는 프로그램에서 김경일 인지심리학자는 이렇게 설명했다. "기억이란 자체편집 후 남은 결과이다." 우리는 대부분의 기억을 다 날리

고 자신의 개인적인 필터를 통해 자르고 붙인 후 그것을 기억으로 남긴다는 것이다. 만약 여러분 중 과거의 기억으로 아직도 힘들고 고통스러워한다면 이 부분을 한번 고민해보았으면 좋겠다. 어쩌면 편집되어 사실이 아닐지도 모르는 과거 기억의 고통에 머물지 않기를 바란다. 현재 당신의 선택만이 당신이 그 힘든 기억에서 벗어날 수 있는 유일한 열쇠임을 기억하길 바란다.

내 다른 한 친구는 자신이 악마의 자식이라고 믿고 있다. 이 친구는 어린 시절 집안 종교 제사에 본인이 희생물이었다고 말했다. 그래서 집을 도망쳐 프랑스로 어렵게 도착했다고 한다. 어린 나이에 '식모살이'를 하며 여러 많은 혼란과 어려움을 겪었었다. 또 악마의 자식이라고 믿었기 때문에 자신의 빛을 찾기 위해 에너지를 공부했다고 한다.

격하게 힘든 상황 속에 우리는 한 줄기 빛을 발견한다. 빛과 그림자, 음과 양 그리고 선과 악 등 이중성의 존재를 자연의 법칙임을 받아들이는 것은 매우 중요하다. 어느 선택에도 옳고 그름이 없기 때문이다. 끊임없이 선택하고 행동하고 경험하는 것이 우리의 삶이다. 덧붙여 '나의 의지로 한 선택인가 아니면 의무적인 선택인가'에 따라서 인생은 갈래 길로 나누어진다. 의무적인 선택에 대한 결과는 안 봐도 뻔하다. 우리는 이미 수없이 경험해온 것처럼 나를 무의식적인 노예로 가두게 한다. 나의 의지로 한 선택에 대한 헌신이 인간다운 인생이라고 생각한다. 우리에게 자유의지가 있기 때문이다.

나의 내면은 나만이 운행할 수 있는 특권이 있다. 너무 감사하지 않은가?

외부에서 어떤 불편한 일들이 벌어지더라도 나의 마음은 천국이게 만들 수 있다. 당신의 마음은 당신이 누군가를 초대하지 않는 한 누구도 들어올 수 없는 영역이다. 그곳에 당신만의 꽃밭을 가꾸기를 바란다.

KBS 〈생로병사의 비밀〉 '브레인가든' 이야기를 잠깐 해보려고 한다. 이 프로그램은 '긍정과 부정의 감정적인 언어 자극이 뇌의 왼쪽 편도체의 활성화를 일으킨다.* 그리고 긍정에 관련된 언어 자극은 보상과 관련된 부분이 추가로 활성화되고 부정언어 자극에는 무반응이었다'라는 연구자료를 보여준다. 그리고 '부정적인 감정이나 정서가 늘면 뇌의 전두엽(뇌의 앞부분, 전체를 관장하는 CEO와 같으며, 의식적인 인식의 중추이다)은 다른 조절을 마비시키고 감정 조절하는 일만 한다'는 것이다. 반대로 긍정적인 상태가 되면 이 전두엽은 그걸 바탕으로 다른 일을 예측하거나 다른 방법을 찾는다고 한다. 또한 '면역체제들도 직접적인 영향을 받기 때문에 건강과 밀접한 관련이 있다'고 말한다.

정리하자면 외부의 부정적인 감정과 정서에 반응하지 않도록 철저하게 내 마음의 꽃밭을 가꾸는 기술을 연습해야 한다. 명상전문가들 또는 스님들은 한가지 생각만으로 몰입할 수 있는 기술을 익히고 뇌의 다른 부분을 침묵시키는 방법을 터득했다고 한다. 결국 우리는 환경적 노예의 삶에서 벗어나 우리 내면에 시선을 집중해야 한다. 내면으로 시선을 돌리고, 3차원의 물질세계에서 자신을 다양한 차원으로 확장하는 것이 영성이라고 사드구루는 말한다. 이것은 나의 지난 삶을 통해 깨달은 교훈이기도 하다. 나는 지금까지 나의 환경과 사람들에 의해 나의 행복과 불행이 나뉘었다. 내가 깨우치기 전까지는 그들의 탓이었고, 알아가는 과정에서는 누구의 잘못도 아니었다. 나는 내면적으로 어떻게 변화해야 하는지 몰랐기 때문에 자연스럽게 나의 본능적인 최선의 선택을 했던 것뿐이었다. 오늘의 나는 내가 그 당시에 현명하지 못한 내 잘못임을 고백한다.

*편도체는 뇌의 변연계에 속하는 일부로 외부지각과 내적 사고로부터 일차 감정을 만드는 역할을 한다. 이를 통해 우리가 경험에 감정을 부여하고 감각기관을 통해 감지된 위험을 인지할 수 있게 한다.

원하든 원하지 않았든 당신이 선택할 수 없는 상황들에 매일같이 부딪힐 수 있다. 특히 어린 시절의 일들은 부모와 환경에 의해 선택되는 경우가 대다수이다. 그리고 누구에게나 힘든 경험들은 있다. 우리는 각자 인생의 미로에서 헤매고 그 길 가운데에서 열쇠와 메시지를 찾는 게임을 하는 중이라고 생각한다. 『여자를 위한 사장 수업』의 저자이자 나의 스승이신 김영휴 시크릿우먼 대표는 '내답즐 게임' 즉 '내 안에서 답을 찾는 즐거움'이라고 표현했다.

'그 경험을 깨달음으로 자신을 발전시킬 것인가? 아니면 그 힘든 경험 속 과거의 기억에 발목 잡혀 남 탓하며 살 것인가?'는 당신의 선택이다.

'오늘의 나는 진짜 내가 아니고 과거의 결과이다.'

맘에 안 드는 현상이 지금 일어나고 있다면 오늘 당신이 당장 할 수 있는 작은 선택을 생각해보길 바란다. 모두 당신 손에 달려있다.

우리는 모두 '무'에서 '유'를 창조하는 '마술사'이다. 어떤 상황이나 사람을 생각하는 순간, 당신은 그 과거의 기억에 휩쓸려 힘든 순간을 방문한 경험들이 있을 것이다. 하지만 우리는 이런 기억들을 모두 깨끗이 흘려보내야 한다. 그래야만 나는 새로운 사람이 될 수 있다.

다음은 나의 패턴을 바꾸기 위해 내가 했던 실험에 대한 경험을 이야기해 보겠다.

〈생명의 근원 오라클〉을 만나기 오래전 나는 조 디스펜자 박사의 유튜브 강의, 명상 그리고 책을 학습하면서 나의 생각 패턴을 바꾸기 위해 조건반사 실험에 나오는 파블로프의 개를 프로그래밍하는 것처럼 나를 실험했다. 나는 내 두뇌에 자극을 주는 한 가지 사인을 만들었다. 양 주먹을 매우 강하게 쥐는 것이었다(당신이 실천할 수 있는 어떤 사인이든 상관없다). 내가 보낸 주먹 사인은 내 두뇌에 자극을 주었고, 그럴 때면 파도처럼 올라오는 감정들이 과거의 패턴처럼 더 이상 내 마음의 드라마를 전개하지 않았다.* 그리고 차분해졌다. 눈을 감고 명상을 했고, 다른 생각으로 전환을 시킨다거나, 요리를 한다거나 또는 무조건 걸으러 나갔다.

나에게 마음 비우기 최고의 방법은 걷기명상이었다(초기에는 환경을 바꿔주는 것이 효과적이었다). 매일같이 10km를 걸었다. 처음에는 나의 억울한 마음과 상대를 상처 내는 말들이 무섭게 올라왔고, 나 자신은 보이지도 않았다. 나의 화, 억울함 등 부정적인 감정들이 나의 이성의 눈을 가렸고 오히려 화의 에너지를 연료로 태우며 나를 더 빠른 속도로 걷게 해 주었다. 5~6km 즈음 온몸은 땀으로 젖어왔고, 몸이 피곤해지기 시작해지면서 내 마음의 목소리가 수그러들기 시작했다. 이때부터는 진짜 내가 보이기 시작했다. 무릎도 아파 오고, 10km의 목표를 완주할 것인가, 포기하고 집에 들어가 뻗을 것인가 고민하기를 계속하며 남은 거리 10km까지 채우며 걷기를 3개월 했다.

나는 여기서 다시 나에게 질문했다. 나의 동기부여는 무엇이었을까? 나의 무엇이 미친 듯이 걷게 하고 힘든 감정들을 극복하게 만들어 주었을까?

나의 동기부여는 내 세 명의 이쁜 자식들이었다. 그리고 그 너머에는 되고 싶은 나에 대한 큰 그림이 있다. 내 머릿속에는 반전적인 두 이미지 '비포(before)/ 애프터(after)'가 여전히 상충하고 있는데, 하나는 '영혼이 빠진 좀비 같은 엄마의 모습'과 다른 하나는 '영혼이 충만하고 완전한 엄마이자 성공담이 많은 인간'이 두 이미지의 각인이다. 여전히 이 두 이미지는 나를 불태우는 연료가 되고 있다.

*그전에 나는 현재에 있었지만, 힘든 기억에 휩쓸려 그 감정의 낡은 프로그램대로 다시 과거에 머물러 살기를 반복했다. 그리고 씁쓸하고 슬픈 하루를 보낸 그 날 밤은 나의 에너지가 고갈된 채로 잠자리에 들어갔던 일상의 반복이었다.

『위너 브레인』 저자 마크 펜스크는 동기부여의 중요성에 대해 말한다. 무엇이 우리를 행동하게 하고 성취로 이끄는가? '두뇌의 편도체, 뇌 앞쪽 줄 무늬체, 복내측 전전 두피질에서 나오는 신호들도 우리의 감정적 충동의 원인이 되는 부분이며 그것이 우리의 목적에 동기를 부여한다'라고 설명했다. 즉, 뇌의 여러부위에서 나오는 신호들이 감정을 자극하고, 이 감정이 우리에게 목표를 이루려는 동기를 부여한다.

한국과학기술원 뇌과학연구센터의 이수연 교수는 "성취를 위해 선택이라는 희생이 요구된다. 그의 배경에는 동기부여가 있어야만 그 희생을 감내하고 원하는 것을 얻어낼 수 있다"라고 설명했다.

변하고 싶다면 'WHY'라는 동기부여를 찾아야 한다. 당신의 동기부여는 무엇인가?

〈생명의 근원 오라클〉 카드는 나처럼 자신의 삶에 대한 호기심과 질문이 많은 사람에게 필수적인 카드라고 생각한다. 나만 알고 싶은 나의 사생활을 이제 다른 사람들에게 의견을 물어보거나 의존하지 않아도 되고, 오라클 카드를 통해 나의 무의식과 대화하며 내 안의 힘을 발견하고 균형을 찾을 수 있기 때문이다. 그동안 내 삶에 대한 많은 질문을 주변의 어르신들이나 친구들에게 했다. 하지만 하소연하는 것도 한두 번이지 여러 번 하다 보면 나도 지치고 상대도 지치기 마련이다. 또 이런 내가 결국 하찮게 느껴지는 우울한 느낌을 많이 받았다. 그래서 나는 이 카드가 내게 온 것이 너무 감사하다.

이 카드를 만난 이후 나는 많은 좋은 일들이 생겼다. 외출할 때마다 이 카드를 항상 들고 다니게 되었다. 같은 벤치에 앉아있는 모르는 누군가에게도 그냥 가볍게 말을 건네며 카드를 가지고 놀고 사람들과 쉽게 어울릴 수 있었다. 당연히 카드는 개인적인 내용을 담게 되니 사적으로 더 친분을 가질 수 있는 기회도 덩달아 찾아왔다. 나는 아이들과 많은 시간을 나누지 못하지만 한 번씩 아이들과 오라클 카드놀이를 하며 시간을 보낸다. 그러면서 아이들의 현재 심리 상태를 한 번씩 엿보기도 한다. 여행갈 때 미리 카드를 뽑아보며 상황을 짐작해 보기도 한다. 실제로 오라클 카드를 통해 한국여행을 미리 엿보았듯이 나의 잠재의식을 통해 더 많은 행운을 끌어오는 기회를 내가 만들 수도 있다.

나는 많은 사람과 함께 성장하고 싶다. 내가 성장해야 내 아이들의 미래가 밝아지듯이 나와 같은 세대의 엄마 아빠들이 함께 성장해야 모든 아이의 미래가 더 건강해질 수 있다고 생각한다. 이 오라클 카드로 '나와 함께 많은 사람이 더 성숙하고 발전할 수 있다면'이라는 희망을 가져본다.

이 해설책에는 에너지의 핵심내용이 함축적으로 간결하고 단순하게 설명되어 있다. 내가 지금까지 내가 몇 년을 어렵게 공부한 내용을 대중적으로 함께 풀 수 있을 기회가 되어 행복하다. 종교적인 차원에서 벗어나 에너지 힐링에 접근하고 치유라는 더 높은 에너지장으로 이동함으로써 이와 함께 개인의 변화, 성장과 발전에 도움이 될 수 있다고 확신한다. 나는 조 디스펜자 박사의 이 말을 항상 마음에 새기고 있다.

사람은 에너지가 바뀌어야만 삶의 변화가 일어나고 바뀔 수 있다.

내면의 변화에서 삶의 변화가 시작된다. 오라클 카드의 자기성찰을 통해 관찰자의 위치에서 자신의 존재상태를 향상시키며, 내면의 오르간을 조율하고 지휘봉을 휘두르는 각자 우리 스스로에게 스포트라이트와 박수를 보낸다. 자기만의 빛을 되찾아 밝게 빛나며 타인의 어둠까지도 밝게 비춰줄 수 있는 세상을 꿈꾼다. 이 세상은 우리 손에 달려있다.

진정한 아름다움은 어둠 속에서도 꺼지지 않는다.

에세이를 마무리하며

나를 의심하지 않고 아낌없이 사랑해주고 지원해주는 생명의 근원 오라클 에너지 힐러 두 분을 소개한다.

2023년 2월이었다.

우리 세 사람은 비슷한 40대 초반과 중반이며 자기 개발녀라는 공통점을 가지고 있다.

44세 김민정 님은 자기개발러이자 독서모임운영자로 활발한 활동을 하며 화가이자 유튜브 컨텐츠 크리에어터 등 많은 활동을 하고 있었으나 오라클 힐링 수업에 오기 전까지 무엇을 하면 좋을지 원씽을 하기가 매우 힘들어 해서 본인의 에너지를 무분별하게 분산시키고 있었다. 현재 아로마테리피스트와 미술치료사로 즐겁게 활동하고 있다.

40세 햇밤님은 자기개발러이자 도서 블로거, 스릴러 단편소설작가 등 여러 활동을 하고 있다. 전에는 8년 이상 수학강사로 일했다. 강사일을 그만 둔 뒤 한동안 본인의 미래에 대한 불안함 때문에 무기력하고 자신감이 낮은 상태였다. 인생의 진로결정의 사거리에 있을 때 생명의 근원 오라클 카드 힐러 수업에 참여하게 되었다. 현재는 다시 수학강사 사업을 시작했고 두번째 스릴러 소설을 준비중이다.

나 강수연은 생명의 근원 오라클 번역기획 작가를 꿈을 꾸며 2022년 오라클 카드 힐링 이벤트를 진행하면서 이 두 분을 만나게 되었다. 2022년 한국을 방문하며 이 두 분들과 깊은 인연을 맺고 1박 2일 동안의 생명의 근원 오라클카드힐링 수업을 진행했었다.

2023년 나는 '#프랑스베리마녀마을에서에너지힐러가된강수연'이라는 닉네임으로 인스타에서 활동중이다. 프랑스에서 '프라닉힐러(PRANIC HEALER) 심화과정'을 공부하고 연습하고 있으며, 현직은 루이비통에서 가방을 제작하는 마로퀴니에(Maroquinière)이다. 한국문화 그리고 삶과 에너지와 과학적인 자연치유에 대해 꾸준히 연구하고 있다.

개인적으로 '#프랑스베리마녀마을에서에너지힐러가된강수연'이라는 브랜드 사업을 하고 싶다, 라는 소망을 가져본다.

나는 하고 싶은 일이 참으로 많은 사람이다. 어쩌면 아직도 나는 경험들을 수집하는 중일 수도 있겠다. 즐겁게 아무 생각 없이 현재에 집중하고 '저스트 두 잇(Just do it)' 정신으로 성공이든 실패든 주저 없이 그냥 저질러 보려고 한다. 내가 하고 싶은 일은 다 해보려고 결심했기 때문이다. 내 삶이 영화보다 더 진하고 재미있다. 내 마음대로 시나리오를 바꿀 수 있기 때문이다.

나도 여러분도 우리는 모두 경험을 하기 위해 이 지구에 왔다. 여러분이 믿든 안 믿든 다음 이야기는 재미있게 애교로 들어주길 바라는 마음으로 적어본다.

우리는 이 지구에 오기까지 굉장한 노력을 했다고 한다. 어떤 수행을 해서 테스트에 통과해야만, 이 지구별에 올 수 있다는 것이다. 나는 무엇 때문에 그렇게 힘들게 노력해서 이 지구별에 온 것일까? 나는 왜 어렸을 때부터 '제발 저 좀 평범하게 살게 해주세요'라고 기도하고 다녔을까? ('어쩌면 이 기도가 이뤄진 것일 수 있다'라는 생각을 해본다.) 나에게 왜 이런 일이 일어나는 것일까? (이 우주는 내가 원하는 것을 다 주었기 때문이다.) 내가 무엇을 잘못했길래, 어려운 사람들과 연이 닿았을까? 어느 누가 내가 외국인이랑 결혼할 거라고 예상했을까? 남편을 만난 이후로 나의 인생은 180도로 뒤바뀌었고, 이해할 수 없는 환경과 사람들과의 오해와 불편함이 가득했다. 무엇이 평범하고 평범하지 않고, 무엇이 옳고 그른가?

내가 내 자식을 낳았다고 하지만 사실은 자식이 그 부모와 가족을 선택해서 엄마 배에 잉태한다고 한다. 그렇다면 나는 그런 못난 아빠를 선택하고 1등짜리 인내심 상을 줘야 할 만큼 미련한, 하지만 장군처럼 용감한 엄마를 선택했을까? 나는 왜 이런 내 남편을 선택했을까?

그럼 왜 내 아이들은 나와 내 남편 사이에서 나오기를 선택했을까? 괴짜 같은 아빠를 피해 한국을 떠났음에도 불구하고 아빠와 비슷한 유형의 시어머니를 만난 이 인연은 무엇일까? 나는 왜 프랑스에 굳이 이 마녀마을에 정착하게 되었을까? 그럼 내가 이사 온 곳에 양쪽으로 자리 잡고 있는 나의 이웃이자 친구들은? (두 친구 모두 에너지 힐러들이다.)

나는 감정의 노예로 긴 시간을 지냈다. '감정의 노예와 감정 에너지'라는 말조차 존재하는지 모르고 살아왔다. 살기 위한 몸부림으로 조 디스펜자 박사의 두뇌과학과 영성의 융합을 만나게 되었고, 그는 과학적인 설명과 함께 나를 영성의 길로 인도해 준 스승이기도 하다. 사드구루(Sadhguru)의 '이너 엔지니어링(Inner Engineering)' 수업은 내가 '진정한 인간으로 살아가도록 안내해주는 지침서'가 되었다. 그와 함께 나는 마스터 콕 슈이(Master Kok Sui)의 프라나 힐링(Prana Healing)-에너지 힐러 심화수업을 들으며 에너지를 삶에 녹여 활용하는 중이다. 이 삼박자는 내 인생의 균형을 맞추는 데 큰 가르침을 준다. 그리고 여전히 영혼에 대한 깊은 호기심을 풀기 위해 카르마, 아카식레코드 수업을 들으며 꾸준히 공부하고 있다. 나는 여전히 내 삶의 질문이 많다. 당신이라면 누구에게 질문할 것인가? 바로 이때 하나 더 확실한 도구, 생명의 근원 오라클 카드가 내가 와주었다. 덕분에 나는 더 재미난 내 인생 실험을 하며 삶의 풍요를 느끼며 지내고 있다.

초·중학교 중간 성적(국어를 너무 싫어하고 수학과 영어를 좋아했음), 신림동 미림전산고등학교 뒤에서 10등 안, 대학교 디자인학과 장학금, 국어와 책 읽기를 너무 싫어하는 내가 에너지 공부에 대해 깊이 빠져, 지금은 책을 쓰고 있다. 무슨 생각이 드는가?

참 신기하지 않은가? 인생은 참 재미있고 흥미롭다. 아마 여러분들도 나처럼 많은 인생 질문들이 있을 것이다. 이렇게 많은 개인적인 질문들을 주변 사람들에게 생각 없이 질문했다. 대부분 사람이 나를 이상하게 보는 것을 느낀 이후, 나는 사람들에게 불편한 질문을 하는 것을 멈추었다. 생명의 근원 오라클 카드는 나와의 안전하고 깊은 대화에 빠져들게 했다. 나는 내면의 나를 접속해서 어느 누구도 나한테 해줄 수 없는 대답을 들을 수 있었다.

나는 이제 나에 대한 판단 이외는 누구도 판단하지 않는다. 이 우주의 양면성 법칙에 우리는 살고 있고, 모두 존재해야 우주가 돌아가는 것이고, 순환해야 하는 것임을 깨달았기 때문이다. 나는 순환해야 하는 우주 에너지의 작은 원자에너지이자 이 지구별에서 나의 삶을 빛나고 아름답게 창조해야 하는 '생명적 의무'를 갖고 있다고 생각한다. 그래서 우리 모두 각자의 천재성를 타고 났을 것이다. 그 천재성은 우리가 경험해야만 찾을 수 있다. 아무리 당신이 좋아하는 어떤 것이라도 당신의 생명의 근원, 그 소스(Source)에 정렬되지 않는다면 성공하기는 힘들다고 한다. 과연 나는 나의 근원 에너지에 정렬되어가고 있는 걸까? 그런 것 같은 느낌은 있지만, 아직 잘 모르겠다. 오히려 잘 모르는 게 당연한 것이 아닐까? 나는 내 생명의 근원 오라클의 에너지를 연습하며 나의 경험 범위를 확장하는 중이라고 생각한다. 분명한 것은 나는 지금 신명나게 살고 있다. 나의 넘치는 에너지와 열정에 나의 혼을 불어넣고 성공이든 실패든 이젠 중요하지 않다. 그 경험의 결과와 결과에 대한 교훈만 있을 뿐이다. 그리고 그 결과는 나에게 재미나는 삶의 방향을 제시해 줄 것이다. 그래서 나는 안전함을 느낀다. 그동안 괜한 완벽주의적인 성격에 안절부절, 할까 말까, 아직 준비가 안 되었다 등 이런 핑계들은 충분하게 사용했다. 존재조차도 하지 않는 그 완벽이 되려고 하니 힘든 게 당연한 게 아니었을까?

나의 이런 아픔의 릴레이 속에서 상처받고, 그 상처에서 나라는 고귀한 생명을 발견했다. 김새해 작가의 인스타그램에서 본 피드가 기억난다. "'아름다움'에서 '아름'이란 뜻은 나다움을 말한다." 나도 아름답고 싶다.

나에게 이 생명의 근원 오라클 카드는 자신(自神, 스스로 자, 귀신 신)의 모습이다. 내가 모르는 나, 무의식의 나를 만날 수 있는 긴밀한 데이트 시간으로 신성한 나의 근원으로 안내해주는 오작교와 같다. 처음 나갔던 미팅의 어색함을 기억하는가? 섞이듯 섞이지 않는 듯 매우 짧은 시간에 우리는 서로를 이미 점찍는다. 이미 서로의 마음의 채널이 생긴 것이다. 내 짝이 누구인지 말하지 않아도 안다. 보이지 않는 밀당을 하며 서로가 가지고 있는 소스를 슬쩍 내보이기를 하며 우리는 친해진다. 그리고 우리는 자연스럽게 사랑에 빠지고 하나가 되어간다. 이렇게 〈생명의 근원 오라클 카드〉는 진심인 나와의 데이트 시간을 마련해주고, 안전한 대화를 통해 나와의 깊은 대화를 끌어준다.

당신이 사랑이 되는 진정한 데이트 시간을 원하는가?

우리 각자 자기 안에 신성한 신(神) 〈1. 근원〉에 가까이 완벽하게 접근할 수 있다. 나의 무의식에서 나와 대화를 유도하고 의식으로 끌어내어주는 역할을 해 줄 것이다. 인간의 무의식 95% 중 당신은 얼마만큼을 의식으로 끌어낼 수 있을 것인가? 〈18. 외눈거인〉처럼 안전을 위해 보이는 물질세계와 에고(EGO)에 의존하며 창조와 멀어질 것인가? 〈4. 열쇠〉는 이렇게 말한다. 내가 온전히 살기 위해 나의 제한된 틀에서 벗어나 열쇠를 선택하고 그 문을 직접 열고 들어가야만 한다. 〈3. 기사〉는 주도적인 선택에 대한 헌신과 책임은 온전한 삶을 위해 필수적임을 말한다. 〈6. 무용수〉처럼 내면의 참나와 내가 하나될 때의 완전함을 느낀다. 또한, 참나와 자신(神)과의 신성한 만남을 통해 이 완전함에 일치하는 내면의 〈14. 오르간〉의 감동을 느끼길 바란다. 이 감동을 자주 느끼면 느낄수록 〈39. 소용돌이〉처럼 나의 직관력과 에너지는 극대화되어갈 것이다. 그 에너지에 내어 맡기며 이렇게 나의 성공 청사진에 일치되는 천재성을 만나게 될 것이다. 결국 이 천재성은 〈2. 연꽃〉 같은 순결한 사랑을 통해서만이 가능해진다.

모든 고난은 〈10. 미로〉처럼 나에게 경험이고 학습이 되어 큰 지혜를 얻게 되었다. 〈17. 별자리〉처럼 내가 보낸 주파수와 같은 인력이 2023년 김영휴 대표의 '여자를 위한 사장 수업'으로 나를 안내해주었다. '여사수' 수업 중 '내답즐게임'을 통해 다시 한번 오늘의 나를 만나도록 안내해준 내 인생의 모든 악역의 주인공과 엑스트라 그리고 나의 천사들에게 〈28. 감사〉하는 시간을 가졌다. 〈5. 도서관〉, 나의 발사조준법을 심어주신 김영휴 대표의 인사이트와 코칭을 통해 나 자신에 대한 〈20. 사무라이〉 자신감 그리고 끊임없이 샘솟는 〈37. 크리스탈〉 같은 에너지를 얻게 되었다.

판단과 비판의 시선이 아닌 이해와 용서로 나와 상대를 보듬어 주고 놓아주기는 연습을 반복하고 있다. 〈38. 할리퀸〉처럼 실수하고 마주하기 불편한 나를 외면하지 않고, 있는 그대로의 나를 대면하고 또, 따뜻한 시선으로 나를 바라봐 주는 것이다. 그렇게 목소리내는 내 안의 나를 관심있게 봐주려고 노력한다. 나는 결국 관심과 경청을 원하는 것이었기 때문이다. 어떤 이유에서든 누구나 실수는 있게 마련이다. 〈32. 구원〉 카드의 놓아주기 연습과 호오포노포노 미용고사를 통해 나는 좀 더 자유로워질 수 있고 내가 놓아준 발걸음만큼 성장하며 앞으로 나아갈 수 있었다. 요즘 나는 내가 무엇을 놓아주면 내가 앞으로 자유롭게 더 나아갈 수 있을까에 재미가 들렸다. 이 《#4545오라클》 저널링을 통해 당신도 진정한 자유를 느끼며 해방되는 감동을 느껴보길 바란다. 당신의 신명나는 세상이 될 것이다.

사람마다 각각의 성공의 지표는 다를 것이다. 나의 성공은 '오늘의 나는 나로서 온전한 기쁨이며 나의 온전한 기쁨이 사랑이 되어 세상에 향기로 퍼지는 것'이다. 나는 배우고 생각하는 것들을 나에게 체험하고, 실험하고 연구하는 나 자신의 과학자이다.

어제와 같은 카드를 뽑았는가? 매일 아침 해가 다르게 뜨는 것처럼 그때의 상황, 장소, 만나고 스쳐 지나가는 인연 등, 어느 것도 같지 않다. 그렇기 때문에 당신이 받는 메시지는 같은 카드를 보더라도 매번 달라질 수밖에 없다. 또는 메시지는 같더라도 당신의 관점이 달라져 다르게 느껴질 것이다. '왜냐하면?' 하고 다음의 확언을 읽어보기 바란다.

매일같이 나는 나의 허물을 벗고 다시 태어난다.
어제의 나는 오늘의 내가 아니다.
나는 매일 어제보다 나은 선택으로 오늘을 살아간다.
나는 매일같이 어제의 나보다 더 성장한다.
성장과 변화는 나의 DNA를 바꾸기 때문에 나는 점점 다른 사람이 되어갈 수밖에 없는 것이다.

— 나의 확언

우리 집에는 큰 마녀 그림이 걸려 있다. 이 그림은 내 첫째 아들이 유치원

네 살 때 미술활동 시간에 그려온 것이다. 지금에 와서야 왜 마녀를 그렸는지 물어보니 본인도 기억이 안 난다고 한다. 프랑스 베리 마녀마을에서 에너지 힐러가 된 강수연! 어쩌면 지금 나의 모습을 큰 아이가 예언(?)하고 있었던 건 아닌가 하는 생각이 든다.

《4545오라클》 저널링

1단계. 진정한 나와 안전한 대화란 무엇일까?

아래의 조건들을 갖춰 대화를 이뤄나가길 바란다.

'나는 조명되고 싶고 경청받고 싶다'라는 나의 기본적인 욕구를 인정해주기로 했다. 나는 나 자신을 너무 소외시킨 나머지, 내면의 외침이 강하게 울려 펴졌다.

C1. 나다움을 인정해주는 대화

C2. 내면의 소리를 편안하게 들어주는 대화

C3. 나를 있는 그대로 인정해주고 받아주는 대화

C4. 나의 실수나 결점을 받아주는 대화

C5. 고백 그리고 기록

2단계. 나다운 것을 할 수 있는 시간을 만들어 시간계획표 안에 넣는다.

혹시 다이어리를 쓰다가 포기한 적이 있는가? 사실 나의 경험담이다. 욕심부려 너무 많은 계획을 잡고 지쳐서 포기한 적이 여러 번 있었다. 하다가 지치고 실망하고 결국은 포기했다. 나는 좀 행동이 느린 성격이다. 속도가 느린 사람이 많은 리스트를 처리하려고 하니 과부하가 걸린 것은 너무 당연했고, 못한 부분에 대한 죄책감은 나를 자괴감에 빠지게 했다.

오늘 해야 할 리스트들을 다 끝내지 못해서 나 자신이 불만스럽다면 혹시 내가 너무 과한 리스트를 만든 건 아닌지 생각해볼 수 있다. 오늘의 작은 성공에 집중해보면 어떨까? (1일 1카드 / 1일 1목표를 추천한다.)

1. **스케쥴링-중요한 일, 특히 나와의 약속을 시간표에 배치해 둔다**(안 그러면 자꾸 잊어버리게 된다).

나는 《#4545오라클》 저널을 45일간 습관화하기 위해 스케쥴에 저장해 두었다(구글 캘린더 등 알람 사용함).

2. **나다움을 일상으로 채워가기 연습.**

앞에서 배운 대로 오라클 카드를 섞기/ 자르기/ 그리고 카드 한 장을 뽑고 나에게 진동하는 메시지를 읽고 메모한다. 메시지를 메모할 때 딱 한 가지 메시지와 한가지 성찰 질문을 뽑는다. 나머지 일과들은 오늘의 할 일 리스트에 우선순위대로 적는다.

여기서 나다운 휴식, 취미 등 당신이 좋아하는 것을 생각해보고 꼭 프로그래밍하길 바란다. 어쩌면 당신 인생의 전환점이 될 수 있다(참고 〈2. 무용수〉 카드 저널링 참고).

나는 그때 당시 나의 자존감과 자신감을 높이기 위해 나다움을 유지할 수 있는 주변의 친구들과 집중적인 만남을 가지며 나를 실험했다. 내가 나답지 않은 상황은 무엇일까? 그리고 이때 어떻게 리액션을 해야 할까에 대한 관찰을 하고 내가 원하는 나의 모습의 리액션을 명상을 통해 재프로그램하는 연습을 했다.

3. 그날의 카드를 뽑으면 자기성찰을 통해 작은 미션을 매일같이 자신에게 줄 수 있다.

이 미션은 당신이 하루 동안 행동으로 옮겨야 하는 작은 성공미션이다. 아무리 깨우침이 깊고 많아도 실천하지 않는다면 변화와 성공의 뿌듯함을 느끼기 힘들 것이다. 작은 성공미션을 해낸 나를 칭찬하고, 나의 리액션은 얼마나 주도적으로 그 상황에서 나다웠는지를 평가했다. 그리고 난 이 부분을 매우 중요하게 생각한다.

리액션은 '나와 외부환경 사이'에 대한 '나의 리액션'을 말하는 것이다.

외부의 환경에 내가 끌려갔을까? 아니면 그 외부의 환경에 내가 조화되어 얼마나 주도적으로 상황을 끌어갔는가는 매우 다른 결과를 가져오기 때문이다.

오라클저널링이 다른 저널링과 다른 점은 나의 성찰을 통해 더 깊이 내면으로 들어갈 수있다는 점이다.

4. 더 깊이 내면에 접속하는 연습을 통해 나의 생명의 근원에 가까이 갈 때, 깊은 삶의 변화를 만들어 낼 수 있다. 당신이 정직할수록 더욱 효과적인 결과를 얻을 수 있다.

5. 위의 내용은 여러분이 쓰는 일반적인 저널에 적응할 수 있도록 정리해놓은 것이다.
나는 45일간 매일같이 한 장씩 뽑은 오라클 카드로 그날의 운과 지혜를 미리 엿보고 나의 내면성찰에 집중하여 일기를 작성했다. 만약 집중적으로 자신의 내면성찰에 집중하겠다면 별도의 오라클 카드 저널을 마련하기를 추천한다. 다음은 나의 저널링을 한 나의 경험담을 적어보았다.

경험 1. 저널링을 하다 보면 내가 어쩔 수 없었던 과거의 고백, 별로 들춰내어 보고 싶지 않은 기억들이 훅 훅 튀어나올 것이다. 나의 저속한 저 밑바닥 감정의 기억을 들춰낼 때면, 나에게 글을 쓰면서 나에게 미안한 마음을 고백하고 나를 토닥토닥 품에 안아주었다.

경험2. 나를 얼어붙게 만든 과거의 속상하고 억울한 감정이 파도처럼 휩쓸려 올 때면 상대가 미워지고 그 사람 탓을 하는 속상한 나의 목소리가 내 안에서 울려퍼지는 것을 느낄 수 있었다. 살아있는 동물인지라 나라고 어쩔 도리는 없었나 보다.

'누워서 침뱉기.'

알면서도 왜 그렇게 이 행동을 멈추기가 어려웠을까? 돌이켜보면 창피한 일이지만 한참 동안 사람들을 찾아다니며 '나 좀 봐주세요. 나 이렇게 억울해요'를 외치고 있었다(어쩌면 이때 나의 불어 실력이 늘었었을지도 모르겠다). 상황은 바뀌지 않았고 나는 점점 더 불쌍해졌다. 그것을 깨달은 이후로 나는 나의 어리석음이든 착함이든 이것을 무기로 나 자신을 드라마의 피해자로 전개하고 있는 것을 그만두었다.

경험 3. 또 나는 남편에 대한 불만을 이야기할 때면 꼭 그 한 친구한테만 한다는 것을 알아차린 후, 몇 번이고 입을 다물려고 했다. 그러나 같은 환경에 노출된 나는 내가 원하지 않는 그 행위를 반복하고 있었다. 나의 이 행동 패턴을 고치기 위해 그 친구에게는 미안한 일이지만, 나는 그 친구를 만나는 것을 오랫동안 피했다. 나는 물리적으로 나의 환경을 바꿔주는 것을 선택했었다.

경험 4. 카드리딩을 통한 나에 대한 성찰과 탐구는 몸에 습관화되어가며, 새록새록 허물을 벗고 새살을 드러내는 나의 모습을 바라보는 관찰자가 되어가는 중이다.

경험 5. 똥배짱같이 뭐든 다 할 수 있을 것 같은 자신감이 생겼다.

경험 6. 아래에 나의 저널링과 치유과정을 〈참고 1-3〉 사진을 통해 공유한다.

각각의 카드는 나에게 항상 다른 영감을 준다. 그들의 메시지와 명상은 나를 한 걸음 더 깊이 치유에 이르는 나만의 치료 레시피로 발전시킬 수 있었다. 우리는 모두 창조자이지 않은가? 나는 영감을 받으면 아이디어에만 머무르지 않고 나에게 실험하고 실습했다. 그래서 이 카드를 재미있게 가지고 놀았던 것 같다.

나는 여러분 자신의 상상의 날개를 그냥 지나치게 두지 않기를 바란다. 그것을 열어 펼쳐보고 지나치는 티끌의 생각을 잡아 실험해보길 바란다. 당신의 삶이 무수한 마법과 미라클로 정말 흥미진진해질 테니 말이다. 당신만의 치료 레시피를 발전시켜보지 않겠는가?

참고 1〉 〈기사〉 카드 뽑은 날 무의식을 의식으로 끌어내기 연습

내가 《#4545오라클》 저널을 진행하면서 〈기사〉 카드를 뽑은 날 무의식을 의식으로 끌어내던 연습지이다.

지금 다시 보니 새롭다. 이 저널링을 하기 전과 후의 나는 분명히 달라졌다. 나도 신기하다. 이때 나는 정착을 하면 자유를 잃을까 봐 발만 동동 구르고 있었다. 그래서 사업에 도전하고 싶은 마음, 하고 싶은 것이 많은 반면에 액션으로 행동하지 못했다.

두달 전 나의 의식과 무의식 상태

- 7월 중순, 루이비통 아틀리에 복직을 미리 염려하고 있었다. 내가 일을 쉬게 된 이유는 무릎, 허리, 어깨, 손에 통증으로 일을 계속하기가 힘들었기 때문이었다. 복직함으로써 다시 느낄 것만 같은 통증에 대해 미리 염려하고 있었다.

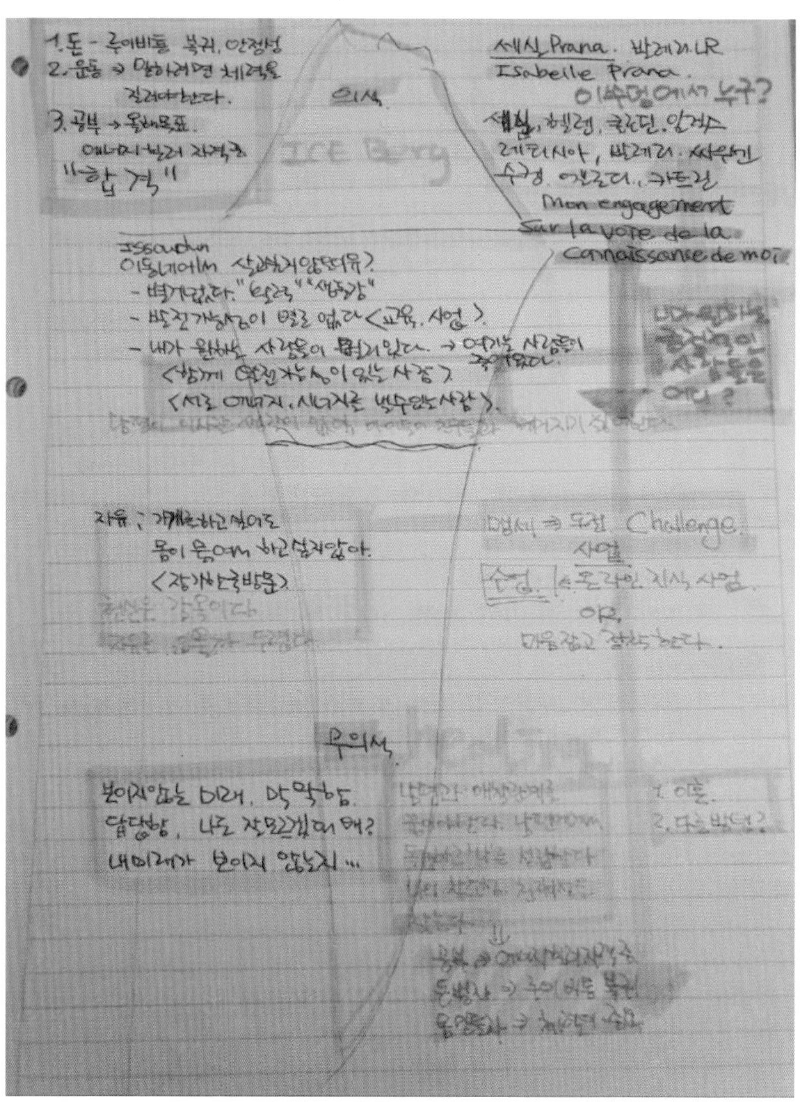

의식
ICE Berg
세실, Prana. 발레리. LR
Isabelle Prana.
Mon engagement sur la voie de la connaissance de moi
Issoudun
Challenge.
무의식

- 내가 살고 있는 동네에 대한 부정적인 감정.
- 예측불가능한 남편과의 관계와 나의 미래에 대한 불안감.
- 사업을 하고 싶은 마음과 몸이 묶이고 싶지 않은 두 마음 사이에서 갈등하는 나의 모습.

위에 적어놓은 나의 무의식에서 의식으로 끌어야 할 액션?

- 통증의 두려움을 극복하는 방법 찾기.
- 누구의 탓하지 말고, 내가 원하는 긍정적인 친구들과의 네트워크를 발전시키기.
- 내가 원하는 사업이 있다면? 재지 말고, 두려워하지 말고 바로 하기. 그리고 헌신하기.
- 예측하지 못하는 나의 미래의 안정을 위해 남편에게서 심적, 경제적 독립을 하고 내가 원하는 일에 더 집중하기.

현재 나

- 일주일에 3일 체력, 근력 운동을 한다. 달리기 걷기를 하고 있으며 내 체력에 대한 자신감이 붙은 상태이다. 달리기는 여전히 나에게 쉽지 않은 종목이나 내년에는 마라톤에 출전하고 싶다.
- 내가 원하는 친구들과 소통을 하며 사업적인 이야기도 나누고 있는 중이다. 내 사업에 대한 관심을 갖는 사람들이 많아지고 있다.
- 현재 나는 한복을 통해 한국문화 알리기 프로젝트를 기획하는 중이다. 아직 명확한 아이디어는 없다.
- 남편과의 관계에 대한 생각을 보류하고 그냥 자연스럽게 흘려 보내고 있다. 자연에 맡기기로 했다. 그 에너지를 책 쓰기와 한복사업, 그리고 에너지 힐링 공부에 집중하고 있다.

참고 2〉 무용수

이 카드는 나의 혼이 몸에 실려 기쁨의 무용수로 표현되는 큰 영성적 카드이다. 나의 기쁨으로 몰입의 그 순간이 많으면 많을수록 나는 행복한 사람일 것이다. 그래서 나는 나다움을 찾기 위한 연습을 했다(불어실력을 늘리기 위해 불어로 오라클저널링을 쓰기 시작했음/ 양해 바람).

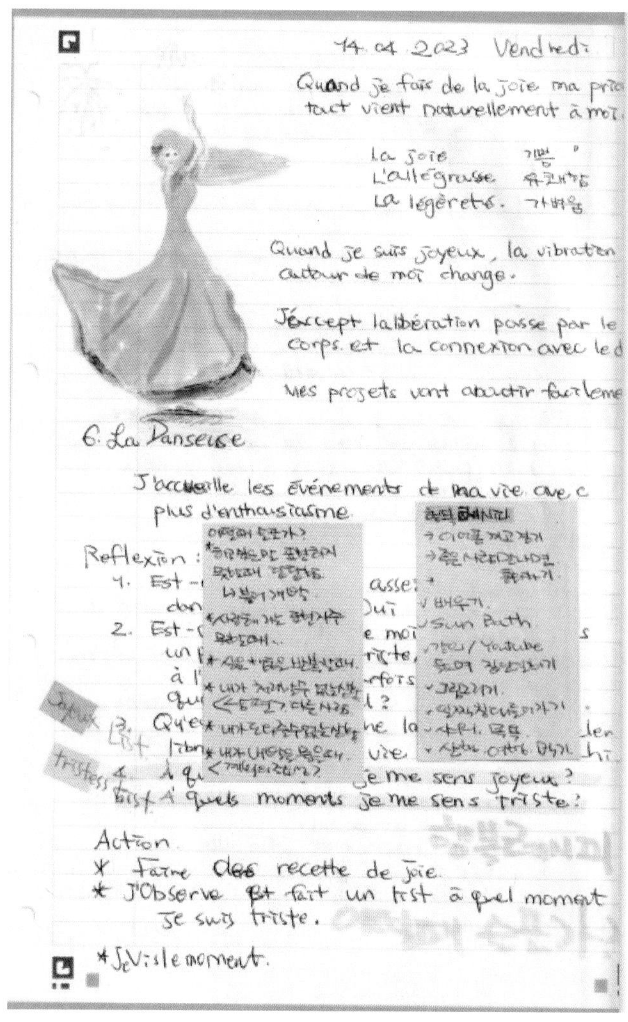

앞에서 나다움 꽃 피우기 힐링 레시피 작성 연습 페이지를 보면서 성찰 시간을 가져보기를 바란다.

1. 행복 레시피

2. 슬픔 레시피

행복 레시피는 더 자주 내가 알아차려주고 실행해야 하는 리스트들이고 슬픔의 레시피는 의식적으로 내가 알아채려 내가 슬픔을 자처하는 행동을 하지 않도록 도와준다. 행복 레시피를 당신의 일상에 넣어 더 잦은 행복을 느끼길 바란다.

이 연습을 통해 내가 행복할 수 있는 일들을 자주 할수록 나는 더 창조적인 사람이 되고 자신감있는 사람으로 발전할 수 있는 것을 느꼈다.

아직도 나다움의 힐링 레시피를 정리하지 못했다면 다음 성찰 질문들을 보며 지금 다시 정리해보자.

나다움의 힐링 레시피 만들기

아래는 생명의 근원 오라클 카드 〈6. 무용수〉 카드와 함께 연습한 내용들이다. 무용수 카드는 당신의 즐거움이 크면 클수록, 당신이 더욱 생명의 근원 오라클에 다가갈 수 있음을 강조하며 그러기 위해서는 당신에 대해 더 잘 알아볼 필요가 있다, 라고 말한다.

나의 무의식적인 행동들을 추적, 탐구하고 나를 기록하는 것은 중요하다. 나의 무엇이 불편했던 것인지 대면해야만 어떻게 성장해야 할지를 고민할 수 있다.

나다울 수 없는 시간들은 감정이 많이 소모되고 기억되지 않을 수 있다. 이들은 무의식적인 반응과 행동으로 나타나기 때문이다. 그리고 그 반복적인 행동들이 당신의 무의식에 기록되어 있다.

- 나의 평상시 무의적인 행동은 무엇일까?
- 불안할 때 하는 행동은 무엇일까?
- 우울할 때 혹은 기분이 별로라서 하는 행동은 무엇일까?
- 기분이 좋을 때 하는 행동은 무엇일까?
- 내가 반복하는 행동 중 누가 시키지 않아도 하는 행동은 무엇일까?

나의 아침과 저녁 리추얼은?

- 리추얼(ritual, 의식, 반복적인 행위)을 나열해보고 나에게 긍정적인 영향을 주는지 아닌지 판단해본다.
- 각각의 리추얼 행동에서 당신이 느끼는 감정은?
- 부정적인 감정이 든다면 왜 그런 감정이 드는지 확인한다. 어떻게 하면 나의 성장에 긍정적인 영향을 줄 수 있을까?

종합/ 실천하기

- 액션 리스트 3개를 만들고 그중 micro step 하나를 선택하고 실행한다.
- 그리고 긍정적인 영향을 주는 리스트는 유지하며 업그레이드하는 방법을 생각해본다.

참고 3〉 불사조

이 카드는 나의 지난날의 경험을 지혜로 몸에 입고 새롭게 태어나는 것을 이야기한다. 이때 내가 한 연습은 다음 장의 그림에서 보다시피 나의 발전을 저해하는 나의 신념, 낡고 아픈 감정, 그리고 그 감정과 연결된 사람들을 종이의 한 페이지에 고백하고 불에 태워 날려 보내는 것이다. 이때 당신이 쓰는 고백에 당신이 말로 표현할 수 없는 욕, 악한 감정들을 모두 다 정직하게 편지로 쓰는 것이다. 이 모든 감정을 모두 불에 태워 당신의 마음을 가볍게 정화시켜줄 것이다(나는 이 작업을 뒷마당에서 했다).

실제로 체험을 하고 싶다면

① 방화에 대비하여 장갑, 집게, 큰 스테인리스 냄비, 성냥 그리고 안전을 대비해 큰불이 올라오면 바로 끌 수 있는 물 또는 모래를 옆에 준비하길 바란다.

② 종이가 불이 붙기 시작하면 급하게 불꽃이 올라오기 때문에 당황할 수 있으니 조금의 거리를 유지한다.

이것이 첫 번째 단계이다.

두 번째 단계는 당신의 현재 상태에 대해 고백한다. 솔직하면 할수록 당신의 치유는 효과적일 것이다. 나의 긍정적인 점과 부정적인 점, 또는 당신이 정말 당신다울 때의 모습과 그러지 않을 때의 모습, 그리고 그러지 못할 때의 고통을 방문하고 느껴본다.

세 번째 단계는 당신이 새로 태어나고 싶은 모습, 불사조처럼 아름다운 르네상스를 상상하며 당신의 판타스틱한 시나리오를 작성한다. 당신의 꿈은 클수록 좋다. 만약, 여기서 당신의 판타스틱한 미래가 그려지지 않는다면 당신의 제한된 믿음이 아직도 존재하는 것임을 뜻한다. 그것이 뭘지 다시 고민

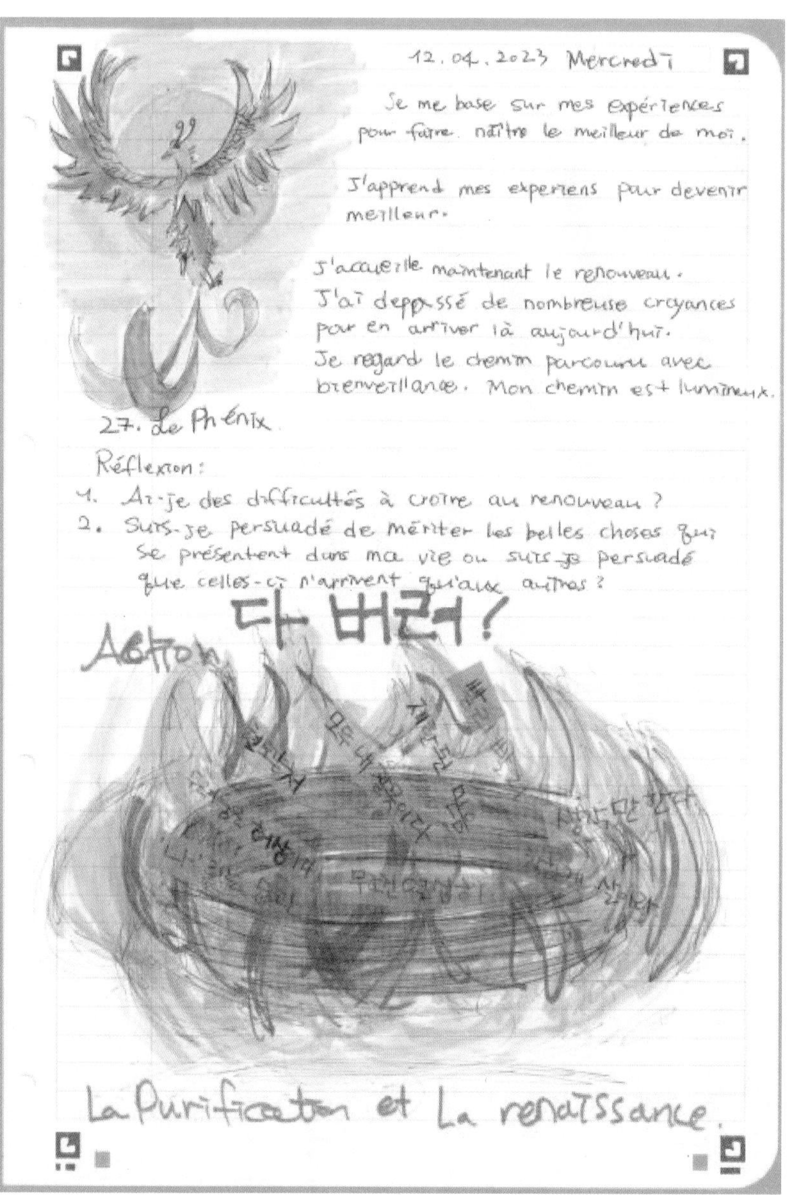

12.04.2023 Mercredi

Je me base sur mes expériences pour faire naître le meilleur de moi.

J'apprend mes experiens pour devenir meilleur.

J'accueille maintenant le renouveau.
J'ai deppassé de nombreuse croyances pour en arriver là aujourd'hui.
Je regard le chemin parcouru avec bienveillance. Mon chemin est lumineux.

27. Le Phénix

Réflexion :

1. Ai-je des difficultés à croire au renouveau ?
2. Suis-je persuadé de mériter les belles choses qui se présentent dans ma vie ou suis-je persuadé que celles-ci n'arrivent qu'aux autres ?

La Purification et La renaissance.

해보길 바란다.

네 번째 단계는 세 번째 단계에서 그린 판타스틱한 미래를 비전 보드로 만들어보기이다. 이 비전 보드는 당신의 방안 곳곳에 붙일수록 좋다. 인간은 망각의 동물이다. 나는 비전 보드를 핸드폰 바탕화면에 두고 매일같이 본다(이 테크닉은 비전 보드 전문가 김수연 님의 워크숍을 통해 알게 되었다. 매우 효과적이다).

다섯 번째 단계는 이제 행동으로 옮기기 위해 마이크로 스텝을 계획한다. 작은 성공을 매일같이 만들어가고, 그 작은 성공은 당신의 자신감을 채워줄 것이다. 이 자신감은 다른 도전으로 이어지고 이렇게 계속되는 반복은 스노우볼처럼 점점 커지며 당신에게 복리로 돌아올 것이다. 그렇게 당신은 성장할 것이다.

여섯 번째 단계는 이 비전 보드를 매일 수시로 잠들기 전, 아침에 일어나서 꼭 보길 바란다. 그리고 명상을 통해 시각화하고 당신의 잠재의식에 재프로그램밍을 하는 것이다.

일곱 번째 단계는 피드백단계이다. 오늘 당신이 있었던 일 중에 맘에 걸리는 일들을 재기억하고 다시 나답게 행복할 수 있는 행동으로 시각화하는 작업이다.

이 7단계는 실제 내가 실험하고 연습하고 있는 방법이다. 이 방법이 여러분들에게도 도움이 되길 바란다.

나의 인생을 뒤바꾼 그 말 한마디

"사랑하는 것이 아니고 사랑이 되는 것이다."

"요가는 하는 것이 아니고 되는 것이다."

— 사드구루

『암잉아웃』 Vol 3. 습관 편에 정혜욱 님의 '기여'라는 소제목에 이 문구가 잔잔한 파동으로 내 마음에 밀려왔다.

'내가 나를 사랑할 때 비로소 알게 되는 세상에서 내가 해야 할 일.'

내가 나를 사랑할 때 나는 온전해지며 나는 사랑이 된다. 내가 사랑이 되는 것이 생명의 근원에 도달하는 채널이다. 당신의 주파수가 사랑과 일치되며 곧 생명의 근원 오라클이 내가 되는 것이다.

지금 다시 생각해보면 '나 자신을 사랑하라'는 말이 참 어색하게 느껴진다. 그러나 21세기 현대사회에 맞는 표현이다. '생명의 탄생'은 '사랑'이다. 나도, 여러분도 태어날 때부터 '사랑'이었다. 안타깝게도 우리 사회 환경에 대한 적응은 '자신을 사랑하는 삶', 그리고 '자신'을 잊고 성장하게 만든다. 경쟁사회에서 우월한 위치는 비교에서 오기 때문에 타인의 삶에 나의 집중력을 빼앗길 수밖에 없다. 그래서 우리는 다시 사랑하는 방법을 배워야 하는 것이다.

우리는 '사랑하라'라고 가르침을 받았다. 남편, 가족, 아이들, 이웃, 그리고 나조차도 사랑해야 한다. 나를 사랑하는 방법을 찾아 헤매는 판국에 누구를 사랑하라는 말인가? 나 자신을 사랑으로 채울 수 없으니 물질적으로 충족하려 하고 누군가에게 사랑받기를 기대하고 기다린다. 아직도 백마 탄 왕자, 또는 공주를 기다리는가? 우리는 '사랑을 준다, 그리고 받는다'라고 표현한다. 뭔가를 준다는 말은 그 말대로 비워지는 것을 의미한다. 당신이 주는 사랑만큼 채워지면 다행이다. 그것이 사람 마음이다. 허전함, 섭섭함 등의 감정으로 표현한다. 수학적으로 계산할 수 없는 사람의 마음, 그래서 사랑을 하는 것은 희생을 요구한다. 그래서 '상처를 남긴다'라는 말도 나온 것 같다. 내가 '나의 소중한 것을 주고 그것에 대한 상처를 받는다'라는 참으로 애석한 일이다. 애초부터 '사랑을 준다'라고 생각하지 않았다면 '상처를 받는다'라는 생각조차 하지 않을 것이다. 그래서 나는 사랑이 되어 보기로 결심했다.

3. 펜듈럼의 기초

왜 펜듈럼을 사용할까?

더 섬세한 메시지를 받을 수 있다. 당신의 무의식의 지식을 꺼내볼 수 있는 강력한 마법의 도구이다.

이를테면 눈으로 감지하지 못하는 비물질적인 에너지와 같은 것들을 물리적 진자운동으로 확인할 수 있는 도구로 사용하는 것이다.

예를 들어보겠다. 생명의 근원 오라클 카드 중 반지 카드를 뽑았다고 하자. 이때 만약 당신이 결혼이나 계약 등 날짜, 달, 년도 등 더 자세한 질문을 하고 싶을 때 펜듈럼을 이용하는 것이다. 이 밖에도 많은 용도로 사용하고 있으나, 여기서는 오라클 카드 리딩을 중심으로 설명하겠다.

그럼 펜듈럼은 믿을 수 있는 것일까?

다시 반복하겠다. "모든 것이 에너지이다."

구체적인 물질뿐 아니라, 당신의 감정, 생각, 공간 등 모두 99.999999999999% 에너지로 채워져 있다. 우리가 보는 현실은 0.00000000001%임을 앞의 생명의 근원 오라클을 통해 배웠다.

그렇다면 당신의 에너지의 주파수(Hz)는 어떤가? 실험해보고 싶지 않은가? 나는 당신이 더 쉽게 이해하고 받아들일 수 있도록, 과학적인 감정주파수에 대한 수치에 대한 자료를 첨부한다.

펜듈럼의 정의와 사용방법을 살펴보고, 현재 우리 각자의 주파수를 확인해보자.

헤르츠 진동 스케일

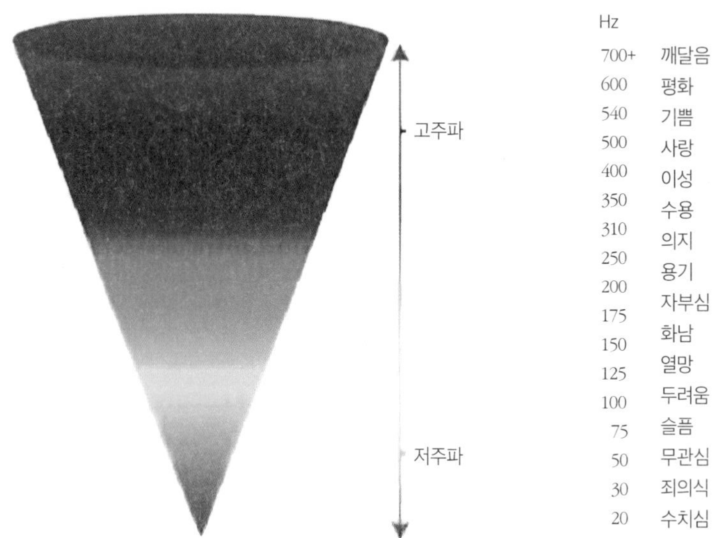

출처- TEDx UNO / Transformational Speaker Susanne Adams

펜듈럼이란?

진자 운동을 하는 흔들리는 추를 의미한다. 보통 추의 무게는 5~10g이며, 줄이나 실에 추를 매달아 직접 만들 수 있다.

다우징이란?

페듈럼이나 다른 도구를 사용해 포괄적으로 물질, 그리고 비물질적인 것까지도 감지하는 넓고 포괄적인 개념을 말하며, 고차원의 정신과학이기도 하다. 이 펜듈럼을 이용하여 우리는 오라클 카드와 같이 궁금한 점을 질문하고, 추의 움직임을 읽고 메시지를 받는 방법을 배울 것이다. 이를 통해 신점을 치고, 가까운 미래를 예측하며 자기계발의 도구로 더 적극적으로 사용할 수 있다. 또한, 당신의 신비로운 직관력을 향상시키는 데 도움을 줄 것이다.

무엇에 사용되는가?

힐링, 정화, 방사에너지 감지, 광물, 수맥 찾기 등 모든 것의 방사에너지 감지 등 다양한 용도를 사용된다. 불어로 라디에스테지(Radiesthésie), 영어로 다우징(Dowsing)이라는 기(氣)감을 연구하는 학문으로 알려져 있다. 재미있는 이야기는 영국의 다우저라는 사람이 왕의 분실물을 찾는 데 도움을 주며 다우징 전문가라는 말이 생겨났다고 한다. 다우징을 하는 사람을 다우저(Dowser)라고 부른다. 우리나라는 수맥과 건강 그리고 명당을 찾는 도구로 더 많이 알려져 있다.

인간은 오감 이외에도 여섯 번째 감각이 있다. 이 능력은 인간이 학습과 사회활동에 적응하고, 에너지보다는 물질적인 삶에 의존하면서 아쉽게도 소멸되어 가고 있다. 이 능력이 기(氣)감이자 직감이다. 이 기회를 통해 자신의 본성을 알아차리고, 자신만의 여섯 번째 감각을 기를 수 있는 계기가 되어보길 바란다.

언제 우리나라에 소개되었나?

펜듈럼은 1895~1931년 선교사 프랑스인 에밀리오 신부에 의해 한국에 소개되었으며, 한국에서 42년간 머물며 막대기나 추로 500여 개의 지하수맥을 찾아낸 것으로 유명하다.

어떻게 펜듈럼이 작동하나?

생명의 근원 오라클은 우리 개개인의 본성을 말한다. 그래서 개개인 모두는 거대한 우주의 지식창고와 연결되어 있다. 우리의 99.9%가 공통된 에너지로 연결되어 있음을 다시 강조한다.

다우징 또는 라디에스테지를 하나의 학문으로 접근하기보다는 실생활에서 우리가 지혜를 얻기 위해 도구로 사용방법과 유의점을 쉽게 설명하려고 한다.

우리도 에너지이다. 우리 몸에서 방사되는 에너지를 '아우라(그리스어/숨)'라고 부른다. 우리 몸이 36.7도의 신체 온도를 유지한다는 것은 몸은 에너지를 만든다는 것을 설명한다. 에너지는 차크라(Chakra)와 경락(Meridian system, 인체 내에 기혈이 흐르는 통로)을 통해 순환한다. 순환이 막힐 때 우리는 질병, 화, 피로, 근육 뭉침, 통증, 그리고 생각이 흐려지는 것을 느낀다.

모든 물질과 비물질적인 것들도 다양하고 고유한 복사(방사)에너지를 방출한다. 실제로 사람이 에너지 장 안으로 들어갈 때 에너지는 아우라를 통하고 인체의 신경계는 이 에너지의 파동을 감지한다. 순수 자연의 일부인 우리는 추를 도구로 사용하여 진자운동을 통해 오감 너머의 세계와 소통하며 정보를 확인하는 것이다.

주의〉 다우징을 통한 이 우주의 지식창고와 의사소통하는 능력자가 되기 위해서는 많은 수련과 고도의 기술을 요하며 각각의 파동을 구분하고 이해할 줄 알아야 하며 그 안의 철학까지도 배워야 한다.

우리는 신성한 본성에 다가가며 제한된 낡은 관념에서 벗어나며, 창조적이며 주체적인 자신만의 CEO의 삶을 사는 것이 지구 삶의 목표라고 생각한다. 우리 자신의 신성성을 이해하며 그 신성성의 빛으로 서로가 서로를 밝혀주는 선한 영향력의 순환을 이어나가기를 기대한다. 당신의 신성한 능력을 오용하지도, 남용하지도 않기를 부탁한다.

나만의 펜듈럼 찾기

마음에 드는 펜듈럼을 고른다. 실제로 당신이 만들 수도 있고, 추와 같은 모양만 하고 있다면 무엇이든 사용할 수 있다. 당신 손의 흔들림에 영향을 받아

추가 움직일 수 있으므로 너무 가볍지 않은 것을 추천한다(5~10g 추 추천).

보통 추를 들고 다니지만 필요할 시기에 추를 집에 두고 온 경우, 나는 작은 액세서리 끈을 매달은 휴대폰을 추 대신 사용하기도 한다. 그러니 부담 없이 맘에 드는 추를 찾기 바란다.

나는 장미 원석, 투명한 백수정 원석, 자수정 원석 그리고 매탈 원석 추를 가지고 있고 보통 장미 원석이나 투명한 수정 원석을 자주 사용한다. 각 원석에는 고유의 성격이 있기 때문에 질문의 용도에 따라 다르게 사용하는 사람들도 있다.

장미 원석(Rose Quartz)은 연분홍빛을 띄며 심장 차크라와 연결되어 있다. 타인에 대한 배려와 사랑의 기운을 상승하고 상처를 치유하는 데도 효과가 있다.

백수정(Clear Quartz)은 투명한 석영을 말하며 자신의 색이 없기 때문에 모든 차크라와의 조화를 이루며 생체 자기장을 활성화와 증폭시켜주는 역할을 하며, 정화와 힐링작용에 효과가 있다.

자수정(Amethyst)은 보라색을 띠며 정신적 노동을 많이 하는 사람들 특히 스트레스가 심하다거나 심리적인 안정이 필요한 사람들에게 안정을 줄 수 있는 고유한 특성이 있다. 그래서 면역력을 향상시키는 데 효과가 있다. 신비로운 보랏빛은 영성을 대표하는 색이기도 하다.

동(Bronze)은 10원짜리 동전을 연상하면 된다. 안정적이고, 동기부여 및 진정효과의 특성이 있다. 수맥을 공부하면서 수업시간에 받은 선물이다. 단단하고 깨질 염려가 없어서 마음 편하게 들고 다니는 추이다.

펜듈럼 잡기 방법

0. 무의식적인 당신은 오른손으로 물건을 자주 드는가? 아니면 왼손으로 물건을 자주 드는가? 잘 모르겠다면 지금 바로 당신 앞에 물건들을 놓고 실험해보자. 이 손

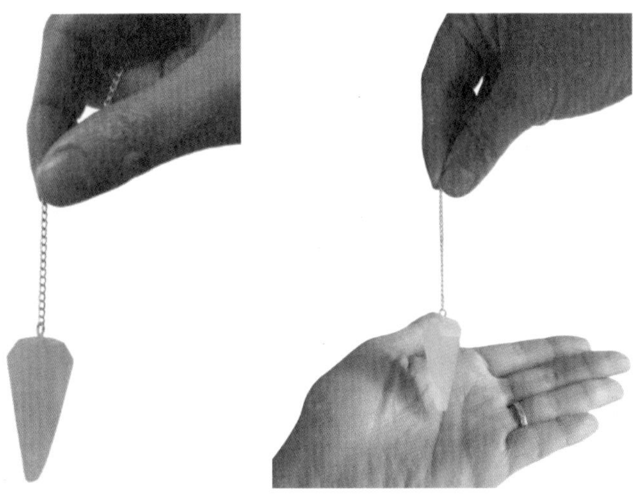

이 당신이 메시지를 받는 손이 될 것이다.

1. 엄지와 검지손가락으로 펜듈럼을 잡는다. 어떤 사람은 엄지 검지 중지손가락으로
2. 체인을 손바닥에 가지런히 둔다.
3. 엄지와 검지 그리고 중지 손가락으로 펜듈럼을 잡고 아래로 향하게 하며 체인이 길다면 부드럽게 주먹을 쥐어 체인을 잘 감싸준다. 아래 보이는 줄의 길이는 5~10cm 사이가 좋다.
4. 메시지를 받는 손바닥 위로 펜듈럼을 위치한다.

펜듈럼 기초

사람에 따라 다르게 펜듈럼의 기준점을 정해줄 수 있다. 누군가는 원석의 지성이 원하는 대로 '예/ 아니오'를 정한다. 사실 나도 초기에는 그렇게 배웠다. 하지만 추마다 각각 다른 지성이 있다. 그래서 추에 따라 '예/ 아니오'의 방향이 달라질 수 있다. 나는 여러 다른 수업을 통해 다른 선생님을 만나며 오늘의 방법을 선택하게 되었다. 그것은 나의 '예'와 '아니오'의 방향을 내가

설정하고 추에게 프로그래밍하는 것이다.

주의〉 이 단계에서 추에게 명확한 명령을 주지 않는다면 추의 지성 마음대로 움직이게 될 것이다. 이 기준점이 명확하지 않다면 누가 주인이고 도구인지 혼돈이 오게 되고 잘못된 대답을 얻게 된다.

1. 펜듈럼 길들이기 - 길들여질 때까지 반복한다.

명령〉 오른쪽으로 돌아줘.

왼쪽으로 돌아줘.

멈춰줘.

2. 펜듈럼 프로그래밍 - 명령하면 바로 반응할 때까지 반복한다.

양기의 방향은 오른쪽으로 돌고, 음기의 방향은 왼쪽으로 돈다. '차크라와 에너지 음과 양의 이해'에서 설명을 읽어보고 직접 실험을 통해 이해하기를 바란다.

그래서 나는 오른쪽을 '예' 그리고 왼쪽을 '아니오'라고 명령했다.

예〉 나는 추 너에게 오른쪽으로 도는 것을 예, 왼쪽으로 도는 것을 '아니오'라고 명령한다.

"'예'의 방향으로 돌아줘."- 나의 명령대로 오른쪽으로 돌아야만 한다.

"'아니오'의 방향으로 돌아줘." - 나의 명령대로 왼쪽으로 돌아야만 한다.

"질문에 대한 답을 모른다면 멈추거나 앞뒤로 움직여줘."

예외〉 만약 당신이 펜듈럼 차트를 이용한다면 예외이다. 차트의 안내 방향에 따라 움직일 것이다.

3. 바람직하지 못한 질문이거나 질문의 명확성이 떨어지면 추는 움직이지 않거나 앞뒤로 움직일수 있다. 부정적인 의도를 가진 질문은 절대적으로 피한다. 당신이 오라클 카드와 펜듈럼을 이용하는 목적을 본래의 초심을 다시

생각해보길 바란다.

4. 펜듈럼에 하는 질문은 단호하고 명확할수록 좋으며 '예/ 아니오'의 단답형의 질문만 한다.

5. 펜듈럼이 제대로 작동하는지 실험해보자.

펜으로 +와 -를 표시해 놓은 메시지 받는 손 위에 펜듈럼을 위치한다. 그리고 질문한다.

(펜듈럼) 아, 우리 서로 소통하고 있는 거야? 여기서 "예"라고 대답할 때까지 집중적으로 반복해서 질문한다.

예라는 답을 받았다면, 손가락의 + 위에 펜듈럼을 위치해 본다. 당신의 양의 방향으로 돌아갈 것이다. 손가락의 - 위에 펜듈럼을 위치하면 음의 방향 돌아갈 것이다. 그리고 엄지손가락 위에 위치하면 멈출 것이다.

이 부분은 매우 중요함으로 다시 당부한다. 펜듈럼은 당신의 무의식을 따라간다. 그러니 항상 마음을 정화시킨 후 다우징을 시작하길 부탁한다.

모두 정상적으로 양과 음의 방향으로 움직인다면 당신의 펜듈럼은 당신이 주문한 대로 프로그램이 되었다는 의미이다.

다우저의 기초 자세

이제 펜듈럼은 당신과 한몸이 되었다. 당신의 생각과 마음이 펜듈럼을 움직이게 할 것이다. 여기서 매우 중요한 포인트는 다우저는 마음을 내려놓은 상태에서 질문해야 한다. 만약 당신의 질문에 미리 예측해 놓은 답이 있다면 펜듈럼은 당신의 마음대로 움직이기 때문에 꼭 마음을 비운 상태로 다우징을 시작하길 부탁한다.

주변의 환경을 정돈하고, 심호흡이나 명상을 하여 고요함을 유지하는 것을 추천한다.

펜듈럼 정화하기

인센스 이용하기, 알코올로 닦아주기, 정화주문 외우기, 흙에 묻기, 달빛이나 태양 빛에 정화시키기. 이렇게 여러 정화 방법들이 있다. 여기서 내가 가장 자주 사용하는 정화 주문에 대해 설명하겠다.

어떤 방법으로 정화하든 중요한 것은 나의 의도이다. 인센스, 알코올, 흙, 달빛 그리고 태양에 정화를 맡길 때도 나는 항상 이 주문을 외운다. 그래서 나는 나의 정화방법을 공유하고 선택은 여러분들에게 맡기겠다.

정화방법은 매우 간단하다.

1. 다우저의 마음 자세로 추를 든다.
2. 다음 주문 또는 당신의 원하는 주문을 외운다.

> 친애하는 나의 '사랑의 빛과 천사'들에게 나를 보호하여 주시며, 지금 여기 내 손에 들고 있는 펜듈럼을 완전히 정화해 주시기 바랍니다.

당신의 가이드 이름을 정하셔도 좋다. 나는 나의 가이드를 '사랑의 빛과 천사'라고 부른다.

3. 그러면 추가 왼쪽으로 돌기 시작할 것이다. 추가 멈출 때까지 당신의 의도에 집중하며 주문을 외운다.
4. 정화가 끝나면 추는 알아서 멈출 것이다.

덧붙이자면, 이 주문형식에서 변형시켜 당신이 원하는 다른 것을 요청한다. 요청 주문은 당신이 자세하게 요청할수록 더 좋은 결과를 얻을 수 있다. 단, 당신의 권한 안에서만 요청을 한다. 남의 집이나, 회사 등 당신의 소유가 아닌 것은 요청하지 않는다.

예〉 집, 환경, 신체 정화 요청, 차크라 밸런스 요청.

친애하는 나의 '사랑의 빛과 천사'들에게
나를 보호하여 주시며, 지금 여기 나의 몸을 완전히 정화해 주시기 바라며 차크라의 밸런스를 조화롭게 맞춰 주시기를 요청합니다.

다우징 경험사례

♠ 옆집 친구의 고양이가 일주일째 아무것도 먹지 않고 살이 빠져서 병원에 데리고 갔다. 결국 암 진단을 받았다. 나는 그때 다우징을 했다. 수술결과에 대한 질문, 그리고 수술 후 회복에 대한 질문을 했다. 수술결과는 매우 긍정적인 예를 보여주었지만, 수술 후 3개월도 버티지 못한다는 메시지를 다우징을 통해 받았다. 결국 친구의 고양이는 3개월을 견디지 못하고 떠났다.

♠ 오라클 카드를 뽑고 신점을 예측할 때 예를 들어 귀인이 나타난다는 메시지를 받는다면 성별이 궁금해질 것이다. 펜듈럼을 이용하여 '남성인가/ 여성인가'에 대한 질문을 할 수 있다.

♠ 2022년 12월에 한국을 가기 전에 오라클 카드를 수차례 뽑은 적이 있다. 엄마의 무릎 수술은 취소되었고, 내 아이들을 두고 혼자 가기가 마음이 너무 불편하던 차였다. 가야 할까 말아야 할까에 대한 질문을 오라클 카드와 펜듈럼에 반복했다. 모든 답은 '예'를 가리켰다. 신기한 경험이었다. 오라클 카드에서는 귀인을 만날 것을 예견해주었고 펜듈럼 또한 한국행을 반복해서 보여주었다.

한국을 가기로 마음먹고 내가 비행기표를 예약하려고 여행사에 전화했다. 가격이 꽤 올라있어서 생각해보겠다고 하고 전화를 끊었다. 다음날 다시 전화해서 가격을 알아보는데 직원이 본인도 이런 일이 흔하지 않은데 가격이 200유로 이상이 떨어졌다는 것이었다. 나는 그래서 하루만에 200유로 이상 저렴한 비행기티켓을 살 수 있었다. 한국에 도착한 후 출판사를 찾는 중 인친 님을 통해 책마을해리 출판사와 인연을 맺을 수 있었다. 그리고 두 분의 오라클 예비 힐러들과 1박 2일 워크숍을 진행했다. 프랑스에 돌아온 나는 오라클 카드의 작가 레티시아와 미팅을 한 후 책마을해리 대표께 카톡 메시지를 남겼다. 와우, 대표님이 이탈리아에 국제 도서전에 참가하여 마무리 중이고, 그다음날 프랑스 파리에 도착하신다는 것이었다. 대표님은 베리마녀마을 이쑤덩에 방문하셨고 레티시아와의 만남을 가졌다. 참으로 신기하지 않은가? 내가 계획하지 않았는데 저절로 수레바퀴가 서로 맞물려 돌아가듯 일들이 척척 굴러가는 것이다. 생명의 근원 오라클은 나의 삶을 이렇게 숙명적으로 안내해주고 있음을 깨닫게 한다.

다음은 2022년 12월 한국에 가기 전에 실제 오라클 카드와 다우징의 사례이다.

질문〉 아이들을 뒤로하고 한국을 가려는 마음이 너무 무거운데 가지 말까?

사실 다른 마음 한편에 나는 오라클 카드를 번역, 그리고 출판기획을 하고 싶다는 마음이 있었고, 만약 한국에 간다면 오라클 힐러 되기에 관심있는 학생들을 모집해서 아뜰리에를 하겠다라는 마음의 결심을 한 상태였다.

'오라클 카드를 번역하겠다'라는 결심했음에도 불구하고 처음으로 도전하는 일이기에 두려움과 흥분이 힘겨루기를 하고 있는 중이었다.

내가 이렇게 용기를 낼 수 있었던 건 여러 에너지 공부를 통해서 쌓인 에너지에 대한 믿음도 있었지만, 특히 조 디스펜자의 이야기처럼 나는 퀀텀필드의 무지의 세계에 나를 맡기기로 결심했기 때문이었다.

Trust unknown and Surrender to the universe.

미지의 세계를 믿고 우주에 맡겨라.

나의 현재 상태에 대해 알고 싶었다. 그래서 다음과 같은 배열로 다섯 장을 뽑았다.

〈용〉 나의 두려움에 맞선 투쟁은 어떤 결과도 가져다주지 않는다. 나의 두려움이 뭔지 보아라. 두려움을 대면하고 내려놓자. 그러면 그 용도 나와 싸우려고 하지 않을 것이다.

〈사무라이〉 나의 용기부족, 용기를 내라. 이미 나에게 무엇이든 할 수 있는 힘이 있다.

〈별자리〉 내가 보여주고 싶은 가식적 나의 부족한 이미지를 보이지 말고, 진짜 나의 진정성을 보여주자.

〈나무〉 결심과 정착의 뿌리를 내려야 함을 보여준다. 그리고 나의 뿌리 즉 한국 가족들과의 유대관계를 나타내기도 한다.

〈등대〉 나의 내면의 불편한 무언가를 꺼내 불빛에 드러낸다. 카드를 뽑을 때마다 자주 뽑히는 카드이기도 하다. 이 카드를 뽑을 때마다 나는 이런 생각을 했다. 그래 숨어있지 말자. 나의 약점을 인정하고 나를 당당하게 드러내자.

더 정확한 답을 얻기 위해 3 유도카드 뽑기를 하였다.

질문) 나의 무엇을 등대에 비춰야 하나?

답변) 〈검〉 부적절한 독 관계를 자르고 시간을 갖는다.

질문) 무엇을 잘르고 유지해야 하나?

답변) 〈가리비 껍데기〉(내가 살고 있는 이 동네를 의미한다).

다음엔 다우징을 사용하였다.

질문) 가리비는 내가 사는 동네를 이야기하는가?

답변) 네.

질문) 이 동네를 떠나라는 이야기인가?

답변) 네.

질문) 영원히 떠나라는 말인가?

답변) 아니오.

질문) 그럼 지금 잠시 2일 후에 떠나라는 말인가?

답변) 네.

전체 카드 해설

1. 왼쪽 〈17. 별자리〉 카드

내가 처한 상황을 바라보는 나의 시선을 말한다.

자신을 거울로 잘 비쳐 보라. 나는 또 다른 사람들 생각대로 또는 그들 시선에 눈치 보며 초점을 맞추지 않았는가? 나는 나 자신에게 정직한가? 한국에 가고 싶은 마음을 왜 당당히 가족들 앞에 내보이기 두려워 하는가? 정확한 명분이 없기 때문인가? 놀러 간다고 말하기가 불편한가?

2. 오른쪽 〈20. 사무라이〉 카드

나 앞에 있는 장애물을 말한다.

현재 나는 자신감이 떨어져 있는 상태이다. 아이들에 대한 걱정에 마음의 불편함은 당연하지도 않고 지구의 삶을 복잡하게 생각하지 말라. 나 자신을 저평가하지 말고, 현실에 대한 결정을 받아들인다면 나의 지혜의 천사들이 도와준다.

3. 상단 〈8. 용〉 카드

외부의 도움을 말한다. 나의 에고, 스트레스에 싸우며 지쳐 있다. 너무 완벽하려고 하지 마라. 완벽에 갇힌 싸움(자기 사진과의 싸움)은 나의 계발을 전진시키지 못한다. 놓아버리면 자유와 평정이 찾아지며 알아서 제자리로 돌아간다.

4. 하단 〈42. 나무〉 카드

이 상황에서 얻을 수 있는 장점을 말한다.

'나'라는 자연과 나의 뿌리를 연결한다. 나의 뿌리로 연결된 이곳은 나의 어머니 지구이며 나의 정체성을 충전시킬 것이다. 지금 이 자체로 사랑받는 존재이며 지구로부터 환영받는 존재임을 그리고 이렇게 위대한 존재임을 확인하자. 나의 뿌리가 깊이 박힌 만큼 나는 더 튼튼하게 성장한다. 한국과 프랑스 가족 사이에서 힘의 균형을 깨지며 조금 지쳐있는 나에게 한국 땅에서 나의 뿌리를 찾고 그곳에서 에너지를 깊이 충전하여 돌아오라는 메시지였다.

5. 중앙 〈25. 등대〉 카드

결과를 보여준다.

나의 불편한 어두운 부분을 밝히고 들여다보자. 빛들이 나의 전체를 속속들이 비추게 하여, 깨끗하게 정화시키고 힐링되며, 그것이 나를 성장시키는 힘으로 밀어줄것이다. 이 단계는 다음 발전을 위해 꼭 지나쳐야 하는 단계이며 지금 하고 있는 프로젝트가 있다면 성공할 수 있는 일이니 일을 더 섬세하게 마무리할 수 있도록 용기를 가진다.

내가 진행하려고 했던 오라클 카드 번역 프로젝트와 여동생의 사망으로 한국 가족들의 아픔이 모두 치유될 수 있는 시간이 필요함을 명백하게 비춰주고 있었다. 그날 난 프랑스 가족들에게 선포하고 가방을 미련 없이 꾸렸다.

"정말 미안한데, 나 한국 갈래."

결론

이 경험 이후로 직감능력이라는 것이 무엇인지 정확히 알게 되었다. Gut feeling, 위장에서 느껴지는 그 직감적인 느낌이라고 하는 것, 이런 느낌들을 항상 무시한 채로 살고 있었던 것을 이제서라도 알게 되어 너무 감사했다.

미련하게 출국하기 이틀 전까지 흔들리는 아내와 엄마의 모습이 분명히 당신들 안에게도 있을 거라고 생각한다. 나도 당신도 보통 나의 가까운 가족을 위해 무의식적인 희생을 자처한다. 그것을 우리는 사랑이라고 부른다. 사랑으로 포장된 희생이라는 표현이 더 정확할 것이다. 당신이 "yes"라고 말한 것이 진정성의 "yes"인가 아니면 거부당한 "no"의 대답을 덮어버린 "yes"인가?

어쩌면 당신은 희생에 너무 익숙해져버린 나머지 당신의 가려진 'No'의 외침을 알아차리지조차 못할 수 있다.

내가 그랬고 육체적으로 고통스러웠기에 이제라도 잠자고 있는 당신을 깨우고 싶다. 그전에 나였더라면 아마 남편에게 물어보지도 않고 내가 알아서 비행기티켓을 취소했을 것이 너무 뻔하다(레티시아 안드레에게 나의 상황에 대해 물어보기까지 했고, 그녀의 오라클 카드점 역시 한국행을 말했다. 내가 오라클 카드를 직접 펴보지 않았더라면 나는 무의식대로 착한 아내와 엄마로의 선택에 머물렀을 것이 뻔하다).

나의 지성의 외침이 내 몸뚱이를 움직이기에는 여전히 역부족이었을 것이다. 솔직한 고백으로 나는 이 생명의 근원 오라클을 통해 나의 지성의 말을 더 경청하고 존중해 줄 수 있었다. 결국은 이 작은 경청이 나에게 큰 영향력을 주었다. 오늘 내가 생명의 근원 오라클 에세이를 마무리할 수 있는 엄청난 변화와 힘을 가져다준 것을 다르게 설명할 수는 없을 것 같다.

실전 연습에 들어가기

내가 알고 있는 단순한 질문부터 시작해본다.

1. 나의 이름은 강수연인가?

2. 나는 여성인가?

3. 나의 남편 이름은 무엇인가?

4. 나는 1978년생인가?

5. 행사를 앞두고 있을때… 주말 날씨는? 토요일에 비가 오는가?

6. 동전의 앞/뒷면 맞춰보기 등.

여러분의 재미있는 상상에 맡겨 재미있는 시간을 보내보자.

이제 당신의 주파수를 확인해보는 시간이다.

〈실험〉

오른쪽 옆의 감정을 가린 상태로 다음의 수치에 대해 질문한다.

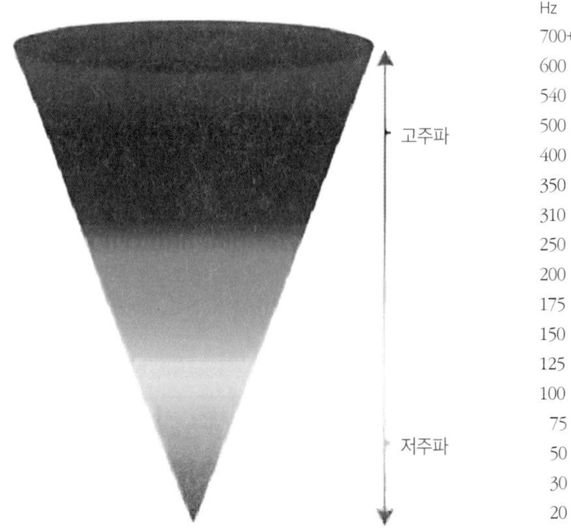

질문〉 나의 에너지 주파수를 알고 싶은데 수치로 알려줘? 그럼 질문할게.

1. 나의 주파수는 250Hz 이상이야? 예.

2. 나의 주파수는 500Hz 이상이야? 예.

3. 나의 주파수는 540Hz 이상이야? 아니오.

4. 나의 주파수는 500-540Hz 사이야? 예.

5. 여기서 마무리 해도 되고, 더 자세히 알고 싶다면 이 수치 안에서 다시 더 질문한다.
   나의 주파수는 530보다 낮아? 예.

6. 나의 주파수는 510Hz 이상이야? 예.

7. 나의 주파수는 520Hz야? 예.

다시 앞 장의 표로 돌아가 보자. 나의 주파수는 500~540Hz 사이이고, 나의 감정상태는 사랑(Love)과 기쁨(Joy) 상태임을 알 수 있다.

이제 당신 차례이다. 당신의 주파수를 확인해보자.

당신의 실험 결과에 만족하는가?

마무리

펜듈럼을 들고 당신의 의도와 함께 다음 또는 당신만의 주문을 외우며 마무리한다. 추가 멈출 때까지 기다려 준다.

> 친애하는 나의 '사랑의 빛과 천사'들에게
> 오늘의 정화(힐링) 세션을 종료하고 통로를 닫습니다. 나를 보호하여 주시며, 나의 요청에 응답해 주시고 안내해 주셔서 감사합니다.

여기서 간단하게, 지금까지 내가 배우고 경험한 것을 바탕으로 나의 주파수를 올리는 방법을 공유한다.

당신의 Hz를 높이는 방법?

1. 운동.

2. 깔깔대고 웃기.

3. 명상: 생명의 근원 오라클 《#4545오라클》 저널을 통해 자기성찰과 명상을 실천한다.

1) 사랑이 되어가는 것: 느끼기, 알아차리기, 맡기기, 감사하기.

2) 내가 되고 싶은 것을 선택하고 불빛을 밝힌다. 나의 꿈 또는 내가 원하는 것에 연결하고 집중한다(우리는 마술사이다).

- 내가 되고 싶은 것들을 적어본다.
- 깜깜한 곳에서 전등을 준비하고 내가 되고 싶은 것을 선택하고 불을 밝힌다.
- 내 마음과 연결하여 이미지를 찾아본다.
- 이 이미지를 이용하여 드림보드를 만들어본다.
- 드림보드를 이용하여 실천 리스트를 만든다.
- 실천 리스트와 함께 저널링을 한다(감사일기).

4. 나의 에너지를 향상시킬 수 있고 내 꿈에 가까운 사람들과 시간을 보낸다

- 내 꿈에 가까운 사람들을 찾아본다. 그들과 인맥을 맺고 소통한다.

5. 내가 집중하는 곳으로 에너지는 향한다. 우주에 맡기고 자유로워진다. 여기서부터는 꾸준함이 답이다. 즐겁게 감사하는 마음으로 게임을 즐긴다.

- 꾸준하게 나의 드림보드 계획대로 실천하며 사람들과 깊고 좋은 소통을 하며 콜라보레이션을 진행해본다.

6. 자기계발 루틴

- 아침-10분 눈운동 독서/ 건강 리추얼- 눈뜨고 미소짓기/ 감사, 손바닥 비비기, 이불 개기, 오일 풀링, 레몬꿀물, 요가/명상.
- Just do it.
- 일주일에 3일 근육운동/ 천천히 마라톤 도전.

- 저녁- 잠자기 전 나에 대한 피드백과 명상/ 감사하기/ 맡기기.

이제 당신 차례이다.

당신의 주파수를 올리는 방법에 대해 함께 이야기하고 싶은가? 당신의 실험담과 경험담이 매우 기대되고 궁금해진다.

4. 차크라와 에너지, 음/양에 대한 이해

우리 몸에는 대중적으로 알고 있는 주요 7개 차크라가 있으며 각 차크라가 담당하는 기능과 성격은 다르다. 어렵게 생각할 것 없다. 한의사가 환자를 치료할 때 말하는 큰 혈자리와 같은 개념이다. 현대사회에서 조금은 멀게 느껴지는 '신성한 에너지'는 사실 우리 조상들도 이미 직관적으로 알고 사용하고 있었다는 사실을 되새겨보길 바란다.

'엄마 손이 약손이다'라는 말도 있지 않은가? 내가 배가 아프다고 엄마 무릎 위에 머리 대고 누우면 엄마는 내 배 위에 손을 얹어 돌리면서 배를 마사지해줬다. 너무 자연스러운 현상이었기에 어린 나이의 나는 의식적으로 받아들이지 않았다.

현재 나는 에너지 치료 심화 과정을 듣고 있는 에너지 치료사이다. 에너지 치료시 부정적인 에너지를 제거하거나 정화할 때 손을 시계 반대 방향으로 돌린다. 에너지가 부족할 때 채워주기 위해서는 손을 시계방향으로 돌린다. 분명히 나처럼 비논리적인 접근으로 이해하기 힘들어하는 독자들이 있을 수 있다. 이제 나는 에너지를 공부하고 체험하고 있기 때문에 에너지를 믿지만, 무의식적으로 받아들이는 일반인들에게는 불편한 진실, 또는 믿거나 말거나 하는 진실로 넘겨질 수도 있을 것이라고 생각한다.

나의 자료조사와 경험를 바탕으로 한 에너지 이야기가 단순히 신비주의에 머물지 않게, 그리고 당신이 에너지를 인식하는 데 적극적인 도움이 되길 바란다.

차크라는 정말 7개일까?

여기서 우리는 〈생명의 근원 오라클 카드〉의 이해를 돕기 위해 일곱 색깔 무지개와 통일하여 대중적으로 알려져 있는 7차크라에 대해 이야기할 것이다. 척추 꼬리뼈 쪽-뿌리 차크라/ 하복부-성례 차크라/ 상복부-태양신경총 차크라/ 심장 차크라/ 목 차크라/ 눈 사이 미간-눈 차크라/ 머리 꼭대기-크라운 차크라, 이렇게 7개 메인 차크라가 있다. 인간의 생명의 근원 에너지는 이 7개 차크라라고 불리는 에너지 센터에 의해 조정된다. 그래서 우리 몸 안에는 총 112개 차크라, 그리고 몸 밖에 2개 차크라를 합쳐 114개 차크라를 이야기한다.

우리의 육체는 생리적 화학적 측면의 에너지 시스템이다.

각 차크라는 온 우주의 생명 에너지를 흡수하고, 이 에너지는 우리의 감정과 생각에 영향을 미친다. 또한, 우리 몸의 화학적인 구조와 세포까지도 영향을 미치며 감정과 육체 에너지로 발산되어 아우라로 표현된다. 이 아우라는 우리 눈에 보이지 않는 '에너지-몸(energy body)'이다. 누군가가 당신의 뒤통수 쪽에서 바라보는 느낌을 받아본 적이 있을 것이다. 상대의 에너지가 당신의 에너지-몸에 닿으면 당신은 육감적으로 느낄 수 있게 되는 것이다. 모르는 사람인데 첫 느낌부터 불편한 경험도 같은 예이다.

이처럼 에너지-몸 즉, 아우라는 우리의 영적 수준을 알려주는 에너지들의 자유로운 표현 공간이다. 그래서 생명 에너지의 흡수와 정화를 하는 차크라에 대해 더 주목해 볼 이유인 것이다. 우리의 에너지-몸이 깨끗하지 못하다는 것은 내가 운전할 때 안개가 가득한 도로를 운전하며 심호흡이 편하지 않은 느낌과 같은 개념이다. 불편함과 답답함에서 오는 스트레스는 우리를 병들게 한다. 각 차크라가 부정적인 감정과 스트레스, 제한된 신념 그리고 식습관에 의해 막히게 되면 필터가 작동하지 않는 것과 같다. 외부환경에서 오는 모든 오물이 우리 몸에 달라붙고 차크라는 작동을 멈추는 것이다.

나는 인간의 몸을 마리오네트 인형이라고 생각한다. 영혼이 삶을 경험하기 위해 육체라는 옷을 입는 것이다. 육체라는 옷은 오감을 경험할 수 있게

〈생명의 근원 오라클 차크라 설명표〉

차크라 이름	위치	성격	내분비선	신체 제어	에너지요소
7. 왕관	머리 위	영적 깨닭음, 영성	송과선	뇌/ 손바닥/ 6번 차크라와 연결	지식/통합/공감
6. 제3의눈	미간	예지력, 지혜, 통찰, 직관, 제3의 눈	뇌하수체	머리 상체, 신경계통, 코, 귀, 눈/ 약지손가락	빛/ 시각화 통합/ 공감
5. 목	목	창조, 의지, 순수, 정직	갑상선	기관지, 성대/ 검지손가락, 2번 차크라와 연결	에테르/ 의사소통/ 표현력
4. 심장	심장	타인에 대한 사랑, 수용, 균형	흉선	심장, 혈액순환계통, 호흡기관계통/ 새끼손가락	공기/ 사랑/ 기쁨
3. 태양신경총	태양신경총	자아, 감정, 정체성	췌장	위장, 간, 쓸개/ 중지손가락	불/ 의지/ 결단/ 자신감
2. 성례	배꼽 아래	성과 창조	생식선	생식계통/ 엄지손가락, 신장, 다리	물/ 창조
1.뿌리	꼬리뼈	생명의 근원	부신	척추, 다리	흙/ 안정/ 재물/ 본능 생명 에너지

해주기 때문에 영혼에게는 필수적이다. 우리는 경험을 하기 위해 이 지구에 왔다. 나의 영혼은 어떤 경험을 하기 위해 나의 몸을 입고 태어났을까? 이 모험과 여정이 나의 삶의 연장선이라고 생각한다.

7개 차크라의 고유 색을 이용하여 컬러 테라피와 함께 자신의 차크라의 균형 맞추고, 에너지를 보완할 수도 있다. 각 차크라의 고유 성격의 색상과 파장은 힐러의 손을 통해 유도하고, 에너지의 정화와 보완을 하는 데 매우 중요한 요소이기도 하다.

차크라는 산스크리트어로 바퀴라는 의미를 가지고 있다. 차크라는 오른쪽으로 돌면서 외부의 생명 에너지를 우리 몸 안으로 흡수하고 왼쪽으로 돌면서 몸 안의 사용된 찌꺼기 에너지를 배출하는 기능을 반복한다. 시계추가

〈인간의 몸에서 발산되는 영적 에너지의 빛의 공간〉

ying 음의 에너지 흐름	Kundalini 쿤달리니 생명에너지 흐름	yang 양의 에너지 흐름	AURA 여러겹의 Aura
물, 달, 과거, 여성, 감정, 밤, 차가움, 땅	코스믹 우주 에너지통로 생명의 근원 에너지 통로	불, 공기, 낮, 태양, 남성, 미래, 액션, 활동	인간의 몸에서 발산되는 영적 에너지의 빛의 공간
━	‖	━	○

왔다 갔다 하는 것을 연상하면 되겠다. 하나 더 더한다면 우리가 숨을 쉬는 기계적인 움직임을 생각하면 이해하기 쉬울 것이다. 우리의 생명 호흡 시스템은 평균적으로 매 40분 간격으로 오른쪽 그리고 왼쪽으로 숨의 방향이 바뀐다. 교감신경과 부교감신경계의 항상성을 유지하는 것과 같다. 아래 소개하는 나디 쇼다나 호흡법은 음과 양 또는 교감신경과 부교감 신경, 이성과 감정의 균형을 유지하기 위한 강력한 호흡법이다.

〈38. 할리퀸〉 카드 명상의 이해를 돕기 위해 자료를 첨부한다.

〈38. 할리퀸〉 명상 부가 설명

"자비를 강조하고 호흡 훈련으로 마음을 맑게 비울 것입니다. 오른쪽 엄지손가락으로 오른쪽 콧구멍을 막고 왼쪽으로 숨을 들이쉰다. 오른쪽 검지손가락으로 왼쪽 콧구멍을 막고 오른쪽으로 숨을 내쉰다."*

— 본문 중에서

아래에 참고로 혼동을 막기 위해 전통 나디 쇼다나 호흡법에 대한 간단한 설명을 붙인다.

나디 쇼다나 호흡법은 오른쪽 엄지손가락으로 오른쪽 콧구멍을 막고 왼

* 여기서 작가는 전통적인 나디 쇼다나 호흡법과 다르게 기안 무드라(Gyan Mudra-엄지와 검지 집게손가락)를 함께 사용했다. 이 무드라는 지식과 긍정적인 사고의 확장을 유도한다.

쪽으로 숨을 들이쉰다. 오른쪽 약지 손가락으로 왼쪽 콧구멍을 막고 오른쪽으로 숨을 내쉰다. 이것을 수리아무드라(Surya mudra)라고 한다.

수리아무드라는 활력과 신경계를 강화하는 에너지의 특징을 담고 있다. '나디'는 에너지의 흐름이 통과하는 관을 의미하며 '쇼다나'는 '청소하다'라는 의미를 가지고 있다. 호흡과 멘탈 구조는 깊은 관련이 있다. 나의 생각, 몸, 감정에 균형을 맞춰준다.

오른쪽과 왼쪽의 몸의 에너지가 통과하는 신경을 정화하고 안정시키는 '교대 호흡법'이다. 음과 양의 에너지의 균형을 조화롭게 맞춰주면서 자신의 신념에 갖혀 정직하지 못한 마음을 비우는 데 도움이 될 것이다.

무드라의 의미는 다섯 가지의 각기 다른 에너지 즉, 엄지는 불, 검지는 공기, 중지는 아카시, 약지는 물, 새끼손가락은 지구를 의미하는 손가락을 연결하는 손가락 요가 동작이다. 각기 다른 동작을 이용하여 다른 에너지의 흐름을 유도한다.

〈32. 구원〉 카드 명상중 호오포노포노(Hooponopono) 설명

호오포노포노(Hooponopono)는 하와이 원주민들의 전통적인 치유 방법 중 하나로, 문제 해결, 자기 발전, 그리고 감정적인 해방을 위해 사용되는 기법이다. 이 기법은 "사과하고 용서하며 사랑하고 감사합니다"라는 네 가지 핵심 원칙에 기반을 두고 있다.

1. 사과(I'm sorry): 자신이나 다른 사람이 만든 문제와 상황에 대해 사과하는 것이다. 이는 자책하지 않는 것을 의미하며, 더 나은 상태로 나아가기 위해 과거의 실수나 오류를 인정하는 것이다.
2. 용서(Please forgive me): 자기 자신에게 용서를 구하는 것과 다른 사람에게 용서를 구하는 것을 포함한다. 자신과 다른 사람들에 대해 용서의 마음을 가지고, 그들을 풀어주고 놓아주는 것이다.
3. 사랑(I love you): 자기 자신과 다른 사람들에 대한 무조건적인 사랑을 나타내는 것이다. 모든 상황에서 사랑의 에너지를 느끼며, 그들과 자기 자신을 포용한다.
4. 감사합니다(Thank you): 그리고 감사의 마음을 표현한다. 모든 상황에서 느낀 감사함을 표현하고, 삶의 축복과 기회에 감사한다.

연습 방법은 간단하다, 내면적으로 또는 고요한 공간에서 편안하게 앉아 있거나 누워있는 것이 좋다. 그런 다음, 다음과 같이 진행한다.

1. 자기 자신이나 다른 사람에 대해 문제를 느낀다면 "사과합니다(I'm sorry)"라고 속으로 말합니다.
2. 그리고 "용서합니다(Please forgive me)"라고 속으로 말하면서 자신과 다른 사람들을 용서합니다.
3. 그다음 "사랑합니다(I love you)"라고 속으로 말하면서 무조건적인 사랑을 느끼고 표현합니다.
4. 마지막으로, "감사합니다(Thank you)"라고 속으로 말하면서 감사의 마음을 느끼고 표현합니다.

이 과정은 간단하지만, 강력한 치유와 감정적인 해방을 가져다줄 수 있다. 꾸준히 연습하면서 삶의 문제에 대해 더 평온하고 조화로운 균형을 찾을 수 있을 것이다.

우리 삶에 녹아있는 음과 양의 에너지와 생명력의 관계

지금까지 내가 경험한 음과 양의 에너지를 간단하게 표현해보겠다.

양은 실체, 즉 물질적으로 확장하려는 특징이 있고, 음의 성격은 움츠리고 비물질적인 순수한 에너지의 상태를 표현한다. 어린아이는 음(비물질적 에너지)에서 양(육체적 인간)으로 탄생한다. 나이가 들면서 인간은 양의 에너지가 축소하며 점점 음으로 변하게 된다. 그리고 무형의 자연으로 돌아가게 되는 생명적 순환을 하는 것이다.

생명의 근원 오라클 해설책과 함께 설명했듯이 우리 몸의 육체는 99.999999999999%가 에너지임을 양자학을 통해 확인했고, 아이슈타인의 물질은 곧 에너지, $E=mc^2$으로 확인했다. 물이 2개의 수소원자와 산소원자로 분리되고 이 원자들은 중성자와 양성자로 쪼개진다. 이 순수한 최소의 원자를 다시 들여다볼 때 99.999999999999%가 순수 에너지인 것이다. 유형의 양의 에너지인 물에서 무형의 에너지 음으로 사라진 듯 존재하다가 다시 유형 양의 에너지로 나타나기를 순환한다(우리 인간의 무한적 창조능력도 이와 같은 원리임을 기억하자. 우리는 태어날때부터 마법사이다. 그 능력을 되찾을 때이다).

그래서 태양과 달, 인간과 (귀)신, 따뜻함과 차가움, 건조함과 습함 그리고 단단함과 유연함 등, 이런 이중성의 대립, 이 우주 조화의 법칙 안에 살고 있는 우리는 이 자연 중에 하나이다. 남성은 양의 성격을 띠고 여성은 음의 성격을 나타낸다. 각각의 성은 우주와 같은 생명의 조화를 이루기 위해 음양의 조화가 필수적이다.

양의 방향은 왜 오른쪽일까? 음의 방향은 왜 왼쪽일까?

이제 차크라가 생명 에너지를 호흡할 때 오른쪽과 왼쪽 즉, 양쪽 방향으로 왔다갔다한다는 것을 이해했을 것이다. 이제 양의 방향과 음의 에너지 방향에 대해 이야기해 보자.

이 부분은 논리적인 접근보다는 경험을 통해 접근하겠다. 펜듈럼을 직접 돌려보자.

간단한 실험을 함께 해보자.

- 지금 막 요리한 음식에 펜듈럼을 돌려보라. 어느 방향으로 돌아가는가?

  오른쪽으로 돌아갈 것이다.

  당신의 생명력을 얻기 위해서는 양기가 가득한 음식을 먹는다. 그래서 삼계탕 등 보양식을 먹지 않는가? 그렇다. 양기가 가득한 음식에 추를 돌려보면 오른쪽으로 돌아가는 것이 명백하다.

  결론〉 양기에 추는 오른쪽으로 돌아가면서 반응한다.

- 이젠 음기를 확인해보자. 집에서 수돗물을 받아 그 위에 추를 돌려보자.

  왼쪽으로 돌아간다. 수돗물은 이미 소독이 된 물이기에 생명력보다는 그냥 안전한 물에 가깝다.

  결론〉 그래서 생명력이 없거나 에너지가 없는 물체는 움직이지 않거나 음으로 돌아가게 된다.

여기서 재미있는 실험 방법을 하나 더 알려주겠다.

- 당신이 섭취하는 음식 또는 마시는 물의 에너지의 양을 측정해보자. 위에서 우리가 이미 측정했던 우리 몸의 '에너지 진동수를 물어보는 질문지'를 응용해보기를 바란다.

참고서적

- ELOGE DU VIVANT(삶의 찬양), ISABELLE CELESTIN-LHOPITEAU ELSA FAYNER/ Harper Collins- 차크라 사진 사용
- Les Chakra et leurs Fonctions(차크라와 그들의 기능), Maitre Choa kok sui/ Institute for Inner Studies, Publishing Foundation, inc.
- 캐릭터-Toon Art 앱 사용.
- Inner Engineering(이너엔지니어링), 사드그루/ Penguin
- 꿈을 이룬 사람들의 뇌 -저자 조 디스펜자/ 한언
- 브레이킹(Breaking)-당신이라는 습관을 깨라, 닥터조디스펜자/ 산티

  에고- 생존본능의 나/ 균형잡힌 에고의 자연스러운 본능은 자기보호이다. 나의 욕구와 다른 사람들의 욕구 사이에 대한 관심과 다른 사람들에 대한 관심 사이에 건강한 균형이 존재한다. 오랜기간 만성적 스트레스는 화학물질이 분비되어 몸과 뇌의 균형을 무너뜨리고 에고는 생존에만 과도하게 초점을 맞추게 된다. 그 결과 자기 연민 또는 자기 혐오에 빠지거나 이기적인 자아를 키운다. 이렇게 외부환경에 초점을 맞추면서 현실의 에너지 99.999999999999로부터 완전히 분리되었다고 느끼기 때문에, 모든 상황을 과거의 기억대로 예측하려고 한다. 그리고 물질을 통해 자기 정체성을 드러내고싶어 한다. - 조 디스펜자, 『브레이킹(BREAKING)』 p.148
- 당신도 초자연적이 될 수 있다, 조디 스펜자/ 산티
- 당신이 플라시보다, 조 디스펜자/ 산티
- 여자를 위한 사장수업, 김영휴/ 다른상상

  문제 속에 빠진 나의 내답즐(성찰)에 정직할 수 없거나 어려운이유는 무엇일까?

  아래 내용은 여자를 위한 사장수업에서 내답즐(내안에서 답을 찾는 즐거움)이라는 수업 내용에서 발췌하였다. 나도 여러분 중 누군가는 솔직해질 수 없는 이유가 있어서 나를 무시하고 외면하게 되었을 것이다. 당신이 외 그런지 생각해본 적이 있는가? 다음 내용을 통해 너무 당연해서 의식적으로 고민도 없이 바로 무의식으로 저장해 놓은 삶의 페이지들이 있지 않은가? 다음 내용을 보고 자신의 삶을 섬세하게 관찰할수 있는 기준점을 찾아보길 바란다.

내 삶의 영역 - 가족	비즈니스 영역
규칙이 없는 사적인 관계는 뭐라 말하기도 불편하다. 괜히 죄의식이 느껴지고 미안한 느낌이 크게 마련이다. '좋은 게 좋은 거다'라는 관행 때문이다. 규칙이 없는 애정관계에서 괜히 상처줄까 봐 두렵다. 다다익선적인 사고는 날카움이 없다. 잘 산다는 것은 갈등이 없는 것이라고 생각하기 때문이다.	공과 사의 구분연습이 필요하다. 일과 감정 구분이 필요하다. 문제와 상황을 구분하는 규칙 또는 방법을 알아야 한다. 사적인 일과 비즈지스의 구분을 한다. 공익적 사랑에 대해 고민해본다.

- 수맥이 뭐길래, 케테, 바흘러/ 이만호 편역/ 한국수맥학회
- The complete dictionary of ailments and diseases(신체병상에 따른 심리적의미와 병명의 근원에 대한 정의), Jacques Martel/Editions Quintessence

인터넷 자료

- 김훈 경주 전통한옥 학교장의 10가지 상징적 의미
- 원자의 정의, ko.m.wikipedia.org에서 내용 참고
- 現 이화여대 물리학과 김찬주 교수의 2015년 K-MOOC 원자, '우주 그리고 나' 강의
- Channeling(채널링)-구글 정의
- 물방울에 의한파동 그림(https://commons.wikimedia.org/wiki/File:2006-01-14_Surface_waves.jpg#/media/파일:2006-01-14_Surface_waves.jpg)
- 파장의 정의와 설명-정보통신기술 용어 해설 참고
- 김민정 한의원장 칼럼 세포의 돌연변이와 진화 그리고 암은 어떤 연관이 있나(http://www.kimminjung.co.kr/bbs/board.php?bo_table=6_1&wr_id=39&page=2).

제 앞에 나타난 모든 분께 감사합니다

다시 엇갈리는 감정의 파도가 밀려옴을 느낀다. 내 앞에 나타나 준 모든 사람들에게 감사하다. 그들이 오늘의 나를 만들어주었다. 말수 없고 지루해질 수 있는 사람을 이야깃거리가 많은 사람이 되게 해주었다. 나의 삶에 대해 그리고 그들의 존재에 대해 무한한 감사를 전한다.

이 순간 나는 호포노포노를 다시 고백하고 싶다.

제가 한 모든 잘못을 고백합니다.

저의 부족함을 용서해주세요.

사랑합니다.

제 앞에 나타난 모든 분들께 제게 지혜의 열쇠를 주셔서 무한한 감사를 전하고 축복합니다.

과거 움츠러 있던 내게 나의 무한한 능력을 알게 해준 헬렌보너(Hèlène BONNAUD, 그녀 용기와 코칭 덕분에 말못하는 내가 루이비통에 들어갈 수 있었다), 북적북적 소란스런 나의 프랑스 가족, 특히 나를 이렇게 성장시켜 준 선생 같은 내 아이들 아론(Aaron), 마트(Matt), 그리고 레아(Leah), 한국에 있는 나의 가족(강대윤, 문천악, 강병수, 이수연, 주일권 그리고 내 조카들), 나의 정신적 선생님들(조 디스펜자, 사드그루, 마스터 슈아 콕 수이 등 덕분에 삶의 어려움을 지혜로 다시 내 몸에 장착하여 다시 새로운 나로 태어날 수 있었다), 또한 한국의 에너지힐링에 관심을 갖던 나를 2023년 제자로 받아주신 대한수맥학회 김옥현 스승님, 그리고 여자를 위한 사장수업(여사수)을 통해 만난 나의 스승이자 멘토 씨크릿우먼(SSecret Woman) 김영휴 대표님께 감사드린다.

따뜻하고 인간적이며 신성한 이 〈생명의 근원 오라클 카드〉와 책을 개발한 저자 레티시아 안드레(Laetitia André)에게 감사를 표한다. 그리고 책을 번역하는 과정에서 나의 잦은 질문에 항상 즐겁게 답변해주고, 공동저자로 출판에 응해준 것에 감사한다. 이 책의 번역 출판을 흥쾌히 받아주시고 먼 이곳 프랑스 마녀마을로 방문해주신 책마을해리 이대건 대표님과 기획 편집팀원들에게도 깊은 감사를 드린다.

마지막으로 나를 에너지 힐러라는 운명의 길로 안내해주고 2022년 이 세상을 떠나 이제는 내곁에 함께 있는 천사 강민정에게 감사를 전한다.

프랑스 베리 마녀마을에서 에너지 힐러 강수연

길을 찾다가, 혹은 내 안의 에너지를 찾을 때

¤ 엄밀히 자기계발이란 자신의 잠재된 무의식의 영역을 의식으로 끄집어내어 활용하는 과정이라고 말할 수 있다. 모든 인간이 내적 자발적 동기를 가지고 스스로 자기성장을 해나가는 과정 또한 자기계발이라고 해도 무방할 것이다. 오라클 카드 또한 자기계발에 진정한 욕구를 가진 사람들에게 45장의 카드 도구를 통해 자기성찰을 효과적으로 가능할 수 있도록 재미와 해설로서 그리고 몰입도 있는 카드게임 같다. 자기계발을 조금 더 심층적으로 학습해, 실시간 지속함으로 충만한 지금을 살아가는 데 도움을 받고 싶은 이에게 추천하고 싶다.

— 씨그릿우먼 김영휴 대표

¤ 같은 오래된 집이라도 사람이 살면 낡았어도 지탱하지만, 사람이 살지 않으면 금방 무너집니다. 이는 사람의 기운 때문이고, 도라지와 더덕, 인삼과 산삼의 주성분은 사포닌이지만, 산삼은 기운이 강하기에, 죽어가던 사람도 기운을 차리게 합니다. 인삼은 기(氣)가 없으나 열을 가하면 氣를 방사합니다. 그래서 홍삼이 좋은 것이고, 생지황도 氣가 없지만, 열을 가해서 찌면 氣가 강해집니다. 따라서 숙지황을 한약으로 사용합니다.

에너지는 그 자체로 방사되기도 하지만, 열을 가하거나 변형을 주었을 때 방사하기도 합니다. 황토의 기운은 약하지만, 유약을 발라 열을 가하면 氣가 강해집니다.

氣는 축척도 가능하고 방사도 가능합니다. 그리고 그림이나 사진에도 氣가 방사되기도 합니다. 하늘의 기운[天氣]와 땅의 기운[地氣], 살아있는 것의 기운[生氣] 등, 모든 기운은 살아 있을 때, 느끼고 흡수하지만, 죽고 나면 소용없게 됩니다. 따라서 건강해지려면 늘 기를 흡수하여 축적하고, 살면서 안 좋은 기운은 배출하거나 멀리해야 건강에 도움을 줍니다. 좋은 기운의 환경에서 좋은 기운을 마시면, 건강해지고 하는 일도 잘됩니다. 아우라(aura)를 찍어봐도 차이가 나는 것을 알 수 있습니다.

— 대한수맥학회 김옥현

¤ 이 책은 벗 강수연이 살아온, 다채로운 삶의 여정과 많이 닮아있습니다. 처음 만났을 때는 공연장의 무대감독으로, 이곳저곳을 뛰어다니던 수연이가 인생의 동반자를 만나, 외국에서 살게 되면서 그곳에서 만나게 된 새로운 인연과 삶의 공부를 통해 이 책을 쓰고, 더 깊고, 넓어지고, 에너지가 좋은 사람이 되었습니다. 자신의 삶을 더 주체적으로, 소중하게 이끌게 되었습니다. 저는 이 책이 수연이에게 주었던 것처럼 다른 누군가의 삶의 길에 함께 하길 바랍니다. 길을 찾다가, 힘들 때 열어봐도 좋고, 내 안의 에너지를 찾아보고 싶을 때 읽어봐도 좋을 듯합니다.

— 수연이의 벗, 신상미

¤ 멀리 프랑스에서 수연님의 메시지가 왔다. 작년, 한국에 사는 친동생이 암진단을 받자 인스타를 통해서 나를 찾은 분이다. 이번에 책을 출간하는 데 나에게 추천의 글을 부탁했다.
아! 타로 책이다.
사실 얼마 전 타로를 배우겠다고 덤볐다가 내가 긍적적으로 읽은 카드를 다른 힐러가 부정적으로 해석하는 것을 보고 바로 그만두었다. 내가 원하는 타로, 힐러의 모습이 아니었기 때문이다. 암환우들을 많이 만나는 나는 그들의 이야기를 많이 들을 수밖에 없고, 깊은 이야기를 꺼내기에 도구가 필요한가,라고 생각하던 차였다. "저는 대표님이 진정한 힐러라고 생각하거든요"는 말에 그래 한번 읽어보자, 용기를 내었다.
나는 어떤 사람인가? 어렸을 적 엄마의 칭찬 한번 받아보지 못하고 오십이 다 되어서도 엄마의 칭찬 한번 받겠다고 착한 일을 하는 어린아이 같은 내면아이를 만났다. 왜곡된 과거의 기억일 수도 있겠다. 엄마의 젊은 시절 아들을 낳아야 한다는 강박에 딸 다섯에, 유산 두 번, 결국 아들을 낳지 못하고 아빠가 밖에서 아들을 낳아올까 전전긍긍…. 그래서일까? 엄마의 속옷은 항상 야했다. 엄마에 대한 이해, 동정. 그리고 깊은 나의 내면, 결국 죽음에 대한 두려움 같은 것이었다.
저자 강수연의 에세이를 읽으며 많은 생각을 하게 되었다. 이런저런 생각에 밤새 잠 못 이루고 오늘도 난 떠난다.

— 아미북스 조진희 대표